本丛书获介休市人民政府资助出版

主编 乔健 王怀民

『黄土文明·介休范例』丛书

延续的文明

山西介休的历史透视

周大鸣　郭永平 等◎著

中国社会科学出版社

图书在版编目（CIP）数据

延续的文明：山西介休的历史透视/周大鸣等著.—北京：
中国社会科学出版社，2016.5
（黄土文明·介休范例）
ISBN 978 - 7 - 5161 - 8245 - 1

Ⅰ.①延…　Ⅱ.①周…　Ⅲ.①文化史—介休市
Ⅳ.①K292.54

中国版本图书馆 CIP 数据核字（2016）第 111782 号

出 版 人	赵剑英	
责任编辑	郭晓鸿	
特约编辑	席建海	
责任校对	李　莉	
责任印制	戴　宽	

出　　版	中国社会科学出版社	
社　　址	北京鼓楼西大街甲 158 号	
邮　　编	100720	
网　　址	http://www.csspw.cn	
发 行 部	010 - 84083685	
门 市 部	010 - 84029450	
经　　销	新华书店及其他书店	

印　　刷	北京君升印刷有限公司	
装　　订	廊坊市广阳区广增装订厂	
版　　次	2016 年 5 月第 1 版	
印　　次	2016 年 5 月第 1 次印刷	

开　　本	710 × 1000　1/16	
印　　张	21.5	
插　　页	2	
字　　数	325 千字	
定　　价	78.00 元	

总　序

乔　健[①]

　　笔者祖籍是山西省介休市洪山镇，出生于省会太原市。唯幼小时适逢抗日战争初起，不及随父亲撤退至后方，只能先与姐、妹及弟随母亲投靠文水县南武度村的外祖家。三年后才搬回介休祖家，但 1942 年便逃往陕西省宜川县秋林镇与父亲相聚。抗日战争胜利后，1946 年，返回了太原市，却因内战，没能再回介休。在介休虽然只住了两年多，不过在童年的记忆中，却是最鲜明的一页。

　　1985 年得费孝通教授举荐，民盟中央安排，笔者应邀在山西社会科学院作学术讲座。讲座后次日，便由山西民盟人员陪同访问了介休。承当地领导热忱接待，特别是县委副书记张培荣、副县长段景勤、王融亮等都亲身陪同笔者到了洪山村。当地的源神庙、水磨、槐树院都残缺了不少，但对笔者而言却仍是那么熟悉而亲切，更可喜的是，源神池的泉水依旧涓涓涌出。

　　2011 年秋，应山西凯嘉古堡文化研究院路斗恒院长之邀，笔者偕妻李洁予女士及子乔立博士，全家回到了介休市，详细参观了正在保护修建中的张壁古堡、祆神楼、后土庙、城隍庙以及汾河湿地公园。这次有幸与修复这些文化遗产、发展城市文化的介休市王怀民市长见了面，作了数次访谈，且承其安排在介休一中新建成的报告厅做了一场学术讲座。

---

　　① 乔健，美国康奈尔大学人类学博士、香港中文大学人类学系创系主任，人类学高级论坛学术委员会主席、世新大学荣誉教授。

在笔者所接触过的众多中国内地的地方首长中，王市长是对地方建设最有定见、最具热忱的一位，对学者们的意见更能充分理解与接受。他委托笔者推荐一批学者为介休的遗迹保护与文化建设提供建言与方案，笔者所识主要是同行人类学家，于是在内地五所大学各选了一位，日本民族学博物馆选了一位，连同笔者共集聚了七位人类学者来研究介休这样一个中型城市，绝对是史无前例的事。其意义，稍后再讨论。为了补强在实践上可能的不足，笔者特别邀请了台大最具声望的城乡规划专家夏铸九教授，另外也邀请了两位世新大学同人，一位传媒专家、一位历史学者。介休市政府也邀请了八位专家，包括复旦大学的历史地理学家安介生教授。

这群学者专家于 2012 年 9 月 1 日齐集介休市，参访之后于 9 月 3 日举行圆桌论坛，就有关如何维护当地文化遗产、发展城市文化各抒卓见，记录成文，集为专书，已在台北出版。[①]

论坛后，议定五位学者就不同的领域在介休进行深入而较长时期的实地调查研究，如下表所示。

领域	负责人	职称
历史	周大鸣	中山大学社会与人类学教授
地理	安介生	复旦大学历史地理研究中心教授
民族	徐新建	四川大学文学与人类学研究所教授
文化	彭兆荣	厦门大学人类学研究所教授
总设计	乔健	世新大学荣誉教授

上列五人中，四位是人类学家，所以人类学显然是总研究的领导学科。人类学是西方产物，其哲学基础全在西方，面对现实中国社会，其理论与方法，自有一定隔阂。这个问题在别的社会科学学科，如社会学、心理学等中，都普遍存在，相关学者也都积极促成其学科的中华本土化。费孝通先生一直都在思考这个问题，到了晚年终于想到一个具体主张——"文化自觉"。这是他在 1997 年于北京大学开办的第二届社会文化人类

---

① 乔健、王怀民主编：《黄土文明一亮点：介休市保护文化遗产与发展城市文化论述》，华艺学术出版社 2014 年版。

学高级研讨班上演讲中提出的：

> 文化自觉只是指生活在一定文化中的人对其文化有"自知之明"，明白它的来历、形成过程、所具的特色和它发展的趋向，不带任何"文化回归"的意思。不是要"复旧"，同时也不主张"全盘西化""全盘他化"。自知之明是为了加强对文化转型的自主能力，取得决定适应新环境、新时代文化选择的自主地位。①

以上这段话，还有一个背景必须说明。1990 年 12 月为了庆贺费老八十岁诞辰，日本的中根千枝教授与笔者特别在东京举办了"东亚社会研讨会"（Studies in East Asian Society）。广邀中国、日本、英国、美国、韩国、中国台湾、中国香港等地与费老相熟的学者逾十五位出席，同为费老贺寿。费老作了主题演讲，题目是《人的研究在中国》（Study of Man in China）。早在此会前，当代英国人类学大师之一的 Sir Edmund Leach 曾送了笔者一本他的新作《社会人类学》（Social Anthropology，1985）。书中评论了许烺光、林耀华、杨懋春与费老对中国社会的研究。由于欧美人类学家的传统是不赞成研究自己的社会，所以对于前三位的研究都持贬义，唯独赞成费老的研究《江村经济》。所以笔者特地买给费老一本。他看了之后大为欣喜，激发了他在主题演讲中提出的论点。

费老与 Leach 同时是 Malinowski 的学生，同修其"席明纳"（Seminar）。那本书使他忆起 Leach 在课堂上的能言善辩、意气风发的神采。费老把这次的主题演讲当作是与 Leach 的另一场辩论。可惜 Leach 在此会之前不幸逝世，只能是一场一方缺席的辩论。

主题演讲之后，费老特别慎重地用毛笔写了四句后来广为流传的四字真言作为结论。他在上引 1997 年有关"文化自觉"的演讲里，也不忘把这四句真言作为结语：

---

① 费孝通：《反思·对话·文化自觉》，《北京大学学报》1997 年第 3 期。

　　七年前在我 80 岁生日那天在东京和老朋友欢叙会上，曾瞻望人类学的前途，说了下面这一句话："各美其美，美人之美，美美与共，天下大同。"这句话我想也就是今天我提出的文化自觉历程的概括。①

　　可见费老的"文化自觉"概念是在思考如何与 Leach 论辩时激发的。由于有了这四句真言，"文化自觉"便不会突出任何民族中心论的意味。因为研究者不只是对自己的文化有充足了解与喜爱，对接触以及研究过的他族文化也要有充足了解与喜爱。各美其美之外，还要美人之美。这样美美与共，方能达致天下大同。

　　不过从人类学的观点，两人辩论的重点乃是对人类学价值问题的看法。对此，费老有清楚的解释：

　　我与 Edmund 可以说是 Malinowski 门下的同门弟子，可是 Edmund 坚持认为人类学是纯粹的智慧演习，而我则觉得人类学如果不从实际出发，没有真正参与到所研究的人民的生活中去，没有具有一定程度的实践雄心，就难以获得自身应有的价值。

　　我学人类学，简单地说，是想学习一些认识中国社会的观点与方法，用我所得到的知识去推动中国社会的进步，所以是有所为而为的。②

　　费老晚年，常喜题写"志在富民"四字，来表达对自己所学的人类学能早日达到"学以致用"的急切愿望。

　　对于人类学学科中华本土化的问题，费老到了耄耋之年，才想到文化自觉以及人类学的终极致用与价值这两个课题，其余课题与细节仍待后人集思广益。笔者不自量力，谨先提出一个构想，且名之曰"自觉发展"。

4

---

　　① 费孝通：《反思·对话·文化自觉》，《北京大学学报》1997 年第 3 期。

　　② Fei Xiaotong, Study of Man in China, In Home Bound, *Studies of East Asian Society*, Chie Nakane and Chien Chiao, eds. , Tokyo：The Center for East Asian Cultural Studies, Tokyo Bunko, 1992.

　　自觉发展是文化自觉必然的后续步骤，两者是不能分割的。一个人对其文化有了自知之明也即自觉之后必须有一切实可行的方案，可以让他能主动而自觉地推动其文化或其中某些项目向着他期待的方向发展，获得他所期待的成果，这样他的文化自觉才会有一个圆满的实现。

　　文化自觉的完成主要靠自身的努力，自觉发展的实现却同时需要相关单位、地区、族群的掌权人，如地方首长或族群领导充分配合才行。进行介休市调查研究的笔者等五人何其幸运，能遇到王怀民市长这样全心、全力、热忱、积极配合的地方首长。王市长不单对介休市的文化、社会、经济等有全面与彻底的认知，对研究调查所涉及概念与学理也充分理解。所以全体参与人对介休市的研究与发展所涉及的从文化自觉到自觉发展这一过程，从现在的情况看来确实十分令人满意。现在首期调查研究报告已按时完成，即将依前列四个领域编辑出版为四部专书。然后全体参与人员会仔细、深入、认真进行检讨与反思。希望通过这次对介休市的实证研究，能把人类学中华本土文化的特点体现出来，并记录下来。同时把归纳与推论出来的可能成为自觉发展的重点成果也尽量列出供行政部门参考。也就是说，我们希望可以依据首期对介休市实证研究的心得与介休市政府实施我们建议的情况，建构一种人类学中华本土化的初期模型，重复这种运作或选择介休市以外地区作同类运作，可以更完善这种模型，这是我们在学术上的理想。在实践方面，便是希望通过文化自觉与自觉发展这一过程的运作能使介休或其他地区的人民更富裕，生活更美满。

　　"黄土文明·介休范例"首期工程能顺利如期圆满完成，端赖王怀民市长暨介休市政府全体领导及行政人员，特别是郝继文与张志东两位先生全心全力的协助与精诚无私的配合。对此，我们谨致上最高的谢忱。

5

2015 年 10 月 25 日

致　　谢

《延续的文明——山西介休的历史透视》（以下简称历史篇）是"黄土文明·介休范例——历史篇"的重要研究成果。我们首先要感谢课题的发起者和倡导者——我国台湾世新大学讲座教授乔健先生！感谢乔先生和夫人，及子乔立先生不辞辛劳，先后数次往返于我国台湾和大陆之间，亲力亲为推进课题的顺利开展与日臻完善！

感谢介休市政府！感谢介休市市长王怀民先生对课题研究给予的充分理解、关注和支持！没有来自介休市政府和政协的鼎力协助，如此大型的综合课题在较短时间内完成研究是难以想象的。

感谢介休市政协！在多次调查中，政协副主席郝继文先生和文史办公室主任张志东先生总是亲自前往调查点，为我们落实交通、食宿等具体事宜，帮助我们解决了许多实际问题。

感谢介休市各级领导！在历次实地调查的过程中，我们得到了镇、乡、村各位领导、相关单位和同志的帮助与支持。他们分别是绵山镇大靳村、张兰镇北贾村、洪山镇洪山村、义安镇北辛武村各级管理部门，北贾中学（张兰二中）、大靳小学负责人，谢谢他们给予我们的照顾与关怀。

感谢介休市相关部门的帮助！我们感谢介休市文物局、介休市博物馆、介休市文联、介休市旅游局、介休市规划局、洪山水利管理处等相关单位主要领导和工作人员的大力支持！正是他们无私地提供了宝贵的文献资料，为课题的最终完成奠定了坚实的史料基础。

我们同样不能忘记那些给予我们热情指点和谆谆教导的介休当地学

者！我们要特别感谢侯清柏先生、郭大顺先生、师延龄先生，祝愿各位健康长寿！

同时，感谢与我们一道完成"黄土文明·介休范例"其他子课题的成员，他们是复旦大学安介生教授带队的历史地理组成员、四川大学徐新建教授带队的民族组成员、厦门大学彭兆荣教授带队的文化遗产组成员。在调查期间，四个课题组针对课题进展过程中存在的诸多问题专门组织了学术交流与讨论会。正是有了不同大学、不同学科的交叉研究和深层互动，才得以完成这次人类学从社区研究向区域研究的跨越。

最后，向所有曾经帮助过我们的人表示真诚的感谢！

2015 年 6 月 12 日

目　　录

导　言

人说山西好风光

地肥水美五谷香

左手一指太行山

右手一指是吕梁

站在那高处

望上一望

你看那汾河的水呀

哗啦啦啦流过我的小村旁

杏花村里开杏花

儿女正当好年华

男儿不怕千般苦

女儿能绣万种花

人有那志气永不老

你看那白发的婆婆

挺起那腰板

也像十七八

　　当耳旁再次响起《人说山西好风光》[①] 这首歌曲的时候，相信很多人都不会感到陌生，因为这首歌不仅曲调优美，委婉动听，感情真挚，

---

　　① 由张棣昌谱曲，乔羽作词，郭兰英演唱的《人说山西好风光》是一首山西民歌，是电影《咱们村里的年轻人》的插曲。歌曲创作于 1959 年，20 世纪 60 年代开始唱遍大江南北。

丰富生动，极富乡土气息；更重要的是这首歌蕴含着丰富的文化气息，所展示出的是山西"表里山河"的地理方位、物阜人丰的区域优势，民众斗志昂扬、积极向上的精神状态，这早已成为外界了解山西，以及山西向外界展示自我的载体。在山西这片黄土文明所孕育的土地上，很早就有人类居住，文明的形成也较早，因此也被认为是华夏文明的重要发源地。"黄土文明·介休范例"就是立足黄土高原地区文化，同时着眼中国古代文明起源和地方社会发展的一项强调综合性、系统性的专业研究。课题得到了中山大学、厦门大学、复旦大学和四川大学等合作单位的大力支持。各合作单位根据课题研究要求，结合自身的专业研究方向，分别选定历史、文化、地理、民族四个领域深入开展研究工作。

报告是此次合作项目的子课题之一历史篇，由中山大学社会学与人类学学院周大鸣教授担任负责人，目的是在黄土文明的分析框架和宏观视野下，以人类学的学科视野为主导，融合历史学、考古学、建筑学等学科理论和方法，通过细致梳理山西介休市的地方社会史线索，深入挖掘当地民族文化传统的形成与发展，为拓展黄土高原历史文化研究，推动中国文化模式的科学分析与建构，提供以典型案例为载体的历史人类学研究路径和全景式文化研究方式。

历史篇是"黄土文明·介休范例"合作项目的重要组成部分之一。研究的首要目的和侧重点，是全面梳理介休悠久的地方社会史，并以介休为范例深入剖析黄土文明厚重的历史文化内涵。历史篇报告共分六个章节。以介休地方社会史和文化研究为重心，前两个章节首先对"黄土文明"和"介休范例"两大核心概念进行了深入分析与阐释。第三章和第四章，分别从当地的聚落生态、地方建筑文化传统、宗教文化以及农业等涉及黄土文明核心内涵的重要方面，对介休历史悠久的社会人文生态，进行综合分析和有针对性的深入探讨。第五章到第七章集中记述了历史篇课题组暑期田野考察三个乡村考察点的研究成果，分别是洪山镇洪山村、张兰镇北贾村和绵山镇大靳村。不仅调查较为充分、内容翔实，而且具有宏观动态的历史视野，很好地建构起了黄土高原乡土社会的历史发展进程和当前人文社会生态之间的历史逻辑关系。第八章则再次立足于黄土文明的宏观视野，从整体上对黄土高原历史文化发展进程中的核心因素加以归纳总结，同时，也对以介休为代表的基于黄土高原特殊地理环境的地方社会发展前景，进行了富有建设性的文化展望，是对"黄土文明·介休范例"历史篇研究的理论概括和观念提升。

一　研究缘起

文化自觉是费孝通先生晚年所提出的重要思想之一，为中国历史文化研究的理论与方法论的研究树立起一座极为重要的新的里程碑。

2013 年 9 月，人类学家、我国台湾世新大学教授乔健先生，进一步就文化自觉理念的内涵加以拓展，并在一篇题为"文化自觉、自觉发展"的文章中，正式对两者之间的有机联系，进行了深入阐释。

"文化自觉是指生活在一定文化中的人对其文化有'自知之明'，明白它的来历、形成过程、所具有的特色和它发展的趋向。因此，文化自觉，既拒绝复古，也不主张全盘西化。'自知之明'是为了加强对文化转型的自主能力，取得适应新环境、新时代文化选择的自主地位。只有首先建立文化自觉，人们才能形成切实可行的方案，推动其文化或其中某些方面向着期待的方向发展，获得预期的成果。因此说，自觉发展是文化自觉必然的后续步骤，两者是不能分割的整体。"①

近些年，随着中国人类学研究不断取得进步，特别是在全球化进程的内在驱动下，地方社会和文化小传统，越来越成为中国人类学界以及其他人文社会科学研究的新热点。乔健先生所提出的"自觉发展"理念，正是敏锐洞察这一研究发展趋势，并基于中国地方社会的历史与现实，为中国人类学界提出了一个充满期待和挑战的研究发展方向。"黄土文明·介休范例"课题，也可视为对乔健先生一直以来有关"文化自觉、自觉发展"思想的一次理论深化和实践探索。

介休是乔健先生的故乡，更是黄土高原汾河流域中一颗璀璨的明珠，拥有 2600 多年的建城史和丰厚的民族文化遗产。2012 年 9 月，应

---

① 乔健：《文化自觉、自觉发展——以黄土文明中介休市范例说明地方文化建设的道路》，"黄土文明·介休范例"课题研讨会讲稿（未刊稿），2013 年 9 月。

乔健先生和介休市市长王怀民先生邀请，中国人类学高级论坛主办的"维护文化遗产，发展城市文化"圆桌会议在介休举行。乔健先生初步讨论了"文化自觉、自觉发展"构想，并在此基础上首次提出"黄土文明·介休范例"这一致力于推进地方文化建设的研究方案。[①] 2013 年 9 月，在乔健先生的倡导和多方推动下，介休市政府与中山大学、厦门大学、复旦大学和四川大学先后达成合作意向，联合开展"黄土文明·介休范例"大型课题，从历史、民族、历史地理、文化遗产等多个侧面，就介休地方历史文化传统进行深入研究。

在乔健先生的思想感召下，课题研究方案尤其强调立足于介休地方社会，全面梳理当地人如何理解他们的文化，包括它的来源、历史、本质以及在现代国家社会甚至在全球社会中的地位，如何才能做出最好的文化发展等，若干深刻影响介休未来社会发展与城市建设的重大问题，以激发介休地方社会史研究和民族文化传统的自觉认同为切入点，结合调查研究、行政执行和教育督导三个主要方面，全面推进介休城市文化建设和社会现代化转型。

二 研究过程与方法

2012 年 9 月，第十一届中国人类学高级论坛在山西大学召开，并首次于"维护文化遗产，发展城市文化"圆桌会议（介休）上提出"黄土文明·介休范例"研究计划，2013 年 9 月课题正式立项。在此期间，在乔健先生的倡导和介休市政府的积极推进下，各合作单位以中国人类学高级论坛为平台，先后多次与来自我国台湾世新大学、山西大学、中央民族大学、广西民族大学，以及日本国立民族学博物馆等专业院校与机构的专家学者，围绕调查研究、具体执行和教育督导相结合的初步构想，展开深入细致的专题研讨和实地考察，逐步商定并明确了切实履行"黄土文明·介休范例"研究计划的各关键环节，为合作单位全面推进调

---

① 参见研讨会成果详见乔健、王怀民主编《黄土文明—亮点：介休市保护文化遗产与发展城市文化论述》，（中国台湾）华艺学术出版社 2014 年版。

查研究铺平道路。目前，专家发言稿和会议论文，均已由介休市政府、政协相关部门编辑成册并内部发行，取得了显著的阶段性研究成果。①

2013 年 11 月，在周大鸣教授的带领下，中山大学课题组成员首次前往介休进行实地考察。此次考察为期一周，主要在介休市政府和政协相关工作人员的引导下，初步走访介休市域范围内的重要文物保护单位、传统民居、村落、古堡，同时对琉璃、陶瓷、制香、食醋等地方传统手工业的保护与传承加以了解。

在初步考察和文献研究的基础上，2014 年 4 月，周大鸣教授再次率领中山大学课题组来到介休，进行第二次实地调研。此时正值清明，而寒食节是介休当地历史悠久的民间风俗和重要的非物质文化遗产，此次调研的首要目的便是对介休特有的民族文化传统进行深入探访。在介休市政协和相关部门的组织协调下，我们陆续走访了绵山镇所辖的张壁古堡、兴地村、大靳村，张兰镇所辖的北辛武村、北贾村，初步了解和认识了这些历史文化村落及其文化遗产。其中，干调秧歌、介休三弦、军事古堡等内容，为我们提供了许多重要线索。除此之外，子课题历史篇侧重全景式社会史研究和文化阐释，调研工作必须尽可能广泛深入，既要回到历史现场，也要兼顾城乡转型，将历史时期和当下的社会文化发展共同纳入研究范畴。因此，第二次调研的另一项重要任务，是在市域范围内挑选适宜的田野考察点。带着明确的调研目的，课题组成员在周大鸣教授的带领下，再次前往介休市辖区的广大乡村踩点，并最终选定张兰镇北贾村和绵山镇大靳村作为下一阶段田野考察基地。

第二次介休考察期间，厦门大学、复旦大学和四川大学课题组也同期抵达。在分头调研的间隙，各课题组负责人与介休市政协主要领导一同组织了课题沟通会，各组工作人员分别汇报了各自的阶段性成果，就共同关心的话题交换意见，并对课题研究宗旨和目标达成深度共识。

2014 年 7 月至 8 月暑期，由周大鸣教授和程瑜副教授带队，组织中山大学人类学系学生 20 余人，分成四组，分别以介休市洪山村、北

5

---

① 参见乔健、王怀民主编《黄土文明一亮点：介休市保护文化遗产与发展城市文化论述》，（中国台湾）华艺学术出版社 2014 年版。

贾村、大靳村和介休历史城区为调查点开展田野调查。由于时间较为充分，此次调研持续了一个月，重点就介休社会发展史、地方传统建筑、聚落文化、区域民族文化构成、文化生态，以及城市化背景下的社会转型等问题进行调查研究。本次田野调查得到了介休市政府、政协、镇村主要领导和工作人员，特别是当地公众的广泛支持与协助，工作进展十分顺利，并获得了大量宝贵的研究资料与信息，为深入研究并撰写研究报告奠定了必不可少的基础。

诚如所述，历史篇报告不仅包括十分复杂抽象的核心概念阐释和理论分析，更广泛涉及内容庞杂的田野调查，比如地方建筑文化传统、宗教文化、宗族文化、水利社会等诸多方面。根据主题和研究重心的差异，研究者必须选取有针对性的专门方法和技术手段。这就使得历史篇研究所采取的方法，需要在遵循人类学研究视角和分析框架的前提下，尤为注重兼顾人类学与历史学、考古学和相关专业交叉融合的跨学科特点。

人类学理论和研究方法经历了从历时性到共时性再到互动研究的历史转变，同时也实现了从强调社会静态结构剖析，到动态关注文化变迁的观念转型。历史人类学特别强调将研究对象还原到动态发展的社会历史进程中，结合行动主体的心理作用机制和社会文化环境演变，对特定历史时期、特定地域空间和文化语境中的历史事件及行动主体进行动态的、交互式的分析与综合研究。

立足地方社会史从事人类学研究，尤其需要在传统民族志研究的基础上，广泛借鉴人类学所提倡的互动研究和文化分析方法，关注历史时期以及当下地方社会的深层结构转型与文化变迁，注重其内在规律的发现和归纳。

在历史篇研究工作的各个阶段，研究者在不断深化田野调查的基础上，通过亲自参与、个案访谈、资料分析等方法，一方面对介休当地社会结构进行功能分析和比较研究，另一方面十分注重对访谈对象、事件当事人、信息提供者以及历史文献所涉及的各种行动主体进行综合文化研究，并将对行动主体的动态研究与其再现的社会史景象加以参照或结合，力图从中获得更多有关地方传统文化变迁的细节线索。在历史资料和考古文献的基础上，还注重把静态的结构分析与逻辑推演同动态的主体研究结合在一起。通过相互之间取得呼应和对照，既有助于更加准确地把握研究资料的真实性，也可以有效检验研究结论的科学性和合理性。

三　研究的价值与意义

"黄土文明·介休范例"课题的总体研究方案，不仅浸润着乔健先生对家乡故土的深厚依恋，更充分展现了一位学者多年来对专业学术研究孜孜不倦的执着追求。

早在 20 世纪 90 年代，乔健先生便开始密切关注中国人类学的方法论及其本土化问题。在《中国人类学发展的困境与前景》[①] 一文中，乔健先生对中国人类学面临的困境和发展前景进行了透彻分析，特别指出研究方法存在的欠缺与不足，是中国人类学未能有效研究中国社会的主要原因。"从研究简单的小型的社会发展出来的人类学方法没有足够的能力去研究分析像中国这样内涵广博、历史悠久而地域差异极大的社会。如果有一天真能有效地做到了，那就是现代人类学方法全面的提升而不仅仅是单向的中国化。"

虽然直观来看，中国人类学研究方法与其学科建设和本土化发展联系更为紧密，但从长远来看，不断提升专业研究方法与技术手段，更将深刻影响中国人类学各领域有关中国本土社会和历史文化的深入研究。因此，人类学研究方法、中国人类学的本土化和国际化，以及中国社会历史文化研究，三者之间始终存在密不可分的有机联系。

在客观分析中国人类学面临的诸多困境之后，乔健先生扼要回顾了改革开放前后人类学研究所取得的一些突出成绩，对其发展仍然抱以积极乐观的态度，指出中国人类学未来发展的四个主要前景。第一，中国人类学将在新的中国资料中受一次洗礼，洗礼之后，它会变得更具世界性，提升到更高的理论水平。第二，人类学家着重考察文化变迁的具体

7

---

① 乔健：《中国人类学发展的困境与前景》，《二十一世纪》1995 年 2 月号，总第 27 期。

而详细的过程，以及社会制度与行为的兴起、发展、衰落与改变。这些研究成果会让我们对中国文化乃至整个人类文化变迁的过程有一个更清楚更准确的认识。第三，中国是一个多民族统一的国家。人类学研究能够为这一多元一体格局提供全面的、客观的、系统的解释，向全世界提供中国的经验。第四，中国文化史非西方文化中的主支，中国人类学者可以充分利用比较方法和结构分析方法深入中国文化根源，把其中的认知方式、世界观与价值观提炼出来以充实甚至更新现代人类学。

可以看到，上述令人期待的发展前景虽然各有侧重，但总体上仍然紧密围绕中国人类学学科建设与研究宗旨，着眼于中国历史文化研究和对多元一体格局等核心问题的探索。乔健先生的一系列客观分析与积极展望，使我们清楚地看到他富于前瞻性的宏观视野和学术主张，以中国地方社会及其民族文化传统为主体和出发点，深入分析历史发展逻辑和文化模式所蕴含的自身规律，一方面，可以在促进中国人类学理论水平和研究方法全面提升的同时，为人类文明史的研究提供典型范例，并为全球化背景下的世界多极化发展提供成功的历史经验；另一方面，具有突出现实意义的是，深入开展地方社会史和民族文化的系统研究，对于今天处于快速城市化进程中的地方社会至关重要，不仅有助于激发当地社会形成文化自觉意识，积极构建主体身份认同，应对城市均质化发展的挑战，也为区域民族文化传统的保护、传承和科学发展提供专业依据和决策参考。

第一，有利于丰富中国人类学研究方法和学科建设。

乔健先生在《中国人类学发展的困境与前景》一文中明确指出，"中国人类学的困境之一，是现有人类学的方法不足以有效地研究中国社会。从研究简单的小型的社会发展出来的人类学方法没有足够的能力去研究分析像中国这样内涵广博、历史悠久而地域差异极大的社会"[①]。

依据乔健先生的治学经验和客观分析，小型而简单的原始社会单元，通常意味着一个小而清晰的地理空间范围。在这个相对有限的空间范围内，居民内部可能存在的族群边界，因其相对稳定的人口数量、生

---

① 乔健：《中国人类学发展的困境与前景》，《二十一世纪》1995 年 2 月号，总第 27 期。

计方式和文化构成等因素，显得较为清晰而明确。相应地，综合各种元素而构成的地方社会史、文化变迁等典型的人类学研究内容，也更容易通过历时性或共时性的研究方法来把握。但是，中国社会却是一个地域广袤、历史悠久，且经历了漫长社会变迁的复杂社会体系。所谓"内涵广博、历史悠久、地域差异极大"，往往意味着需要采取互动理论来关注社会行为、主体意识、文化交往以及动态发展问题的核心理论及方法，对现有的人类学研究体系加以补充和完善。

中国历史的悠久、社会的广博、多元文化的差异，为中国人类学乃至中国文明史研究，提出了充满机遇和挑战的方法论问题。而"黄土文明·介休范例"恰好提供了这样一个宝贵的机会和平台，以黄土文明为宏观视野和解释框架，立足介休地方社会史和民族文化发展脉络，展开跨学科综合性区域文化研究，为中华文明的起源提供了新的解释路径，为中国人类学更加开放的学科研究体系开辟了空间。同时，也正如乔健先生所展望的那样，通过拓展中华文明起源和文化模式的科学研究，为世界文明史提供了中国经验与历史依据，并为共同推进中国人类学走向更高程度的本土化和国际化奠定了研究基础。

第二，有利于探索中华文明起源与文化模式变迁。

中华文明以其悠久的历史，特别是不曾间断的民族文化传统，历来受到国内外历史学界和人文社会科学领域的普遍关注。英国历史学家汤因比先生曾专门就古希腊文明、古埃及文明和古中国文明进行深入细致的历史比较分析。他尤其对中国古代社会等典型的农业文明中不断上演的治乱交替循环十分着迷。在进行了多方比较和社会深层结构分析之后，汤因比先生得出结论："自从大一统国家成立之日起，便似乎在文明史中盛行着治乱交替的韵律。这个韵律贯穿各统一国家的历史，有一个人为的解释，也就是经济意义上的解释。"①

经济因素在决定一个统一国家崩溃或幸存方面发挥着重要作用。在这一研究发现的基础上，汤因比进一步指出，科学技术特别是农业种植技术，是古代农业文明治乱交替循环的重要变量。农业技术的适时发展

9

---

① ［英］阿诺德·汤因比：《历史研究》，上海人民出版社 2000 年版，第 40 页。

和改良，能够有效重建古代农业社会的经济结构平衡，拯救大一统国家于崩溃的边缘。由此，他更加相信如果这一解释框架是真实的，那么，现代社会则必须依赖科技进步和协议，通过调适人类文明内部的经济合理性，维持稳定和平的国际社会秩序。

汤因比先生成功地揭示了古代农业文明的一项重要发展规律，但这一研究发现明显受到西方认知论和价值观的影响，是基于西方文明史经验的一般理论观点。事实上，中国封建王朝不断从分崩离析的废墟中重整旗鼓，以大一统的政治格局再次步入新的历史阶段，既得益于民族文化传统的强大内聚力和向心力，更深刻根源于中国古代社会的内在特质和文化特征。有关连续性文明的理论创见，张光直先生曾在20世纪80年代从中国古代社会的"萨满式"（shamanistic）宇宙观和世界观的角度进行深入阐释，提倡重新梳理并建立一套以连续性文明为基础的人类社会发展的一般法则，以丰富世界文明发展规律的科学探索。①

立足中国黄土高原地方社会层面的历史文化研究，无疑能够在经济合理性解释之外，揭示更多契合中国古代社会史逻辑的社会科学一般法则。这些新的法则不仅将有利于深化有关中华文明起源的研究，也将极大地补充和修正人类文明发展规律的解释框架。

山西属北温带半干旱大陆性季风气候，地貌条件塬垫相交，清晰划定了黄土高原东缘边界。纵横交错的山地丘陵和河谷盆地，赋予山西多样的地理地貌条件与丰沛的自然资源，成为古代农牧业交汇的重要地带。随着自然气候条件和社会历史环境的变化，农牧业界限曾频繁游移于山西中部地区，大量草原游牧民族和汉族农业定居者长期在此杂居共处，分享大自然的馈赠，也共同建构了山西多元民族社会所特有的丰富民族文化。从黄土高原乃至中国版图来看，山西更像一条狭长而纵贯南北的民族文化走廊，伴随着中华民族发展演进的漫长历程，始终发挥着沟通南北、融合农牧，跨越东西、戍边兴邦的重要历史作用和社会影响。

介休市地处山西省晋中，自古以来便是汾河流域的重镇之一，集农

---

① 参见张光直《中国古代史在世界史上的重要性》，《考古学专题六讲》（增订本），生活·读书·新知三联书店2013年版。

牧业生产、商业贸易和交通运输等多重区位优势于一身，积累了历史悠久的地方文化传统。根据中国古地理地图等文献资料来看，晋中盆地的前身是一片广袤无垠的内陆湖——坞城泊。汾河流经晋中地区，曾由东北方注入坞城泊，再经西南方霍山峡谷流出，形成汾河下游流域。介休恰好位于这片古内陆湖的西南边缘，背靠绵山山麓余脉，整体高踞汾河下游河口之上，地势高又临近水源，很早便掌握着汾河水利运输的咽喉。与散布在晋中盆地边缘的许多其他重要城市相比，介休在商业贸易、交通运输以及民族融合等方面的区位优势不仅得天独厚，而且贯穿山西早期社会发展历史进程，对黄土高原早期文明的形成和发展，都造成了举足轻重的历史影响。

但凡长时段的中国古代社会史研究，我们都会受到早已模糊难辨的历史线索困扰，但我们不应淡化这段复杂却十分重要的历史进程。明清晋商的崛起有史可证，更产生了深远的社会文化影响。但晋商崛起并非山西社会发展成就的孤证，更不是历史偶然。无论是晋商个体的成功，还是山西所造成的区域文化影响，都必然存在一个更加深层次的社会历史根源等待我们去洞悉。

自汉代以来，黄土高原地区便不同程度地出现了草原游牧民族逐步定居并汉化的现象。多元民族融合的社会进程，曾以北魏孝文帝的一系列汉化政策为标志达到历史高潮。纵观中国古代社会史，西部少数民族逐渐定居、汉化的过程，既包含区域自然地理环境所提供的前提条件，比如宜农宜耕的土壤条件和气候环境，更取决于一系列少数民族自身的文化价值取向的转变，以及中原王朝边疆政策适时调整等社会、人为因素的共同作用。因此，历史上黄土高原民族融合的进程总体而言是漫长而曲折的，其中所包含的历史必然性尤其值得我们运用历史人类学等社会科学方法持续研究。

首先，在推动黄土高原民族融合进程的诸多社会和人为因素中，根据来源不同，大致可以分为三类。第一类是少数民族自身的文化心理转变，第二类是中原王朝边疆政策，第三类则是来自中亚古老商路上滚滚流淌的佛教和商业文化。

很长一段历史时期，中国西部少数民族大体由操汉藏语系的山地民

11

族和操突厥语、蒙古语或通古斯语的草原游牧民族构成。由于长期以游牧迁徙为主要生活方式，这些少数民族的社会组织机制，仍属于松散的军事组织或部落贵族制性质。在向农业定居生活逐渐过渡的过程中，少数民族统治者不得不更多仰赖汉族谋士出谋划策，并借鉴华夏政治机制提升自我管理水平，以适应新的生产生活方式。而这些社会组织机制中，裹挟着大量儒家文化思想和礼制观念。这些华夏民族传统文化当中的思想精髓，不仅在多民族融合初期扮演重要的社会角色，而且在中华民族历来争取民族和平、国家统一的进程中也扮演着极为重要的历史角色。

出于维系大一统国家政权，以及满足国家社会日趋系统化发展的需要，中原王朝通过向少数民族首领授予爵位、联姻、互派使节等外交手段，并结合赠予农业产品、手工业产品和奢侈品，开通商业贸易渠道等文化交往方式，使农耕文化因子潜移默化地渗透到少数民族文化心理中，逐步转化为一种文化优势和心理优势。这一系列对外政策和外交措施，曾十分有效地使部分边疆少数民族定居下来，有规律地垦殖土地，为中原王朝提供稳定兵源，并共同维系着和平安定的贸易通商渠道。

而佛教在中亚绿洲地带的广泛传播，更加作为一种普遍信仰，成为各族人民共同文化的心理基石，在一定程度上有助于消解族群边界固有的排他性，有效地推动了以华夏民族农耕文化为主体的多元一体格局在黄土高原地区逐步确立。

其次，张光直先生也曾对有关连续性文明发表过精彩的论述，从宇宙观、世界观的角度为我们深入理解中国古代社会的内在属性和特征打开另一条重要途径，使我们得以从社会深层结构剖析阐释中华文明源远流长、生生不息的内在决定性因素。

20世纪80年代，张光直先生多次在讲演和专业论著中阐释过关于"连续性文明"和"破裂性文明"（或称突破性文明）的理论观点。所谓"连续性文明"和"突破性文明"，是从人类文明起源阶段的宇宙观、世界观角度加以比较分析的一种理论创见，也是对人类文明演进规律和本质属性的一种类型分析。

基于多年从事考古研究工作的成果和新发现，张光直等一批致力于中华文明起源研究的学者，逐渐意识到中国古代史研究在社会科学一般

12

法则上的重要意义。[①] 而有关中华文明起源的新的研究发现，使越来越多的学者倾向于认同中国古代文明是所谓萨满式的文明。这是中国古代文明最主要的一个特征。[②] 与之相应的一系列文化因素，比如宇宙分层理论、沟通天地人神的重要媒介（世界之树、宇宙之树）、龟策、神鸟、植物性迷幻剂、生产工具、宗法制度、古代城市和乡村的关系、文字，以及有关存在的本源哲学体系，均带有显著的连续性特征，与萨满式文明高度吻合。

这些有关中华文明起源和连续性特征的系统研究充分说明，"中国（能够）提供足够的资料从它本身来拟定新的社会科学法则"[③]，而且，"对中国、玛雅、苏美尔文明的初步比较研究显示，中国的形态很可能是全世界向文明转进的主要形态……社会科学里面来自西方经验的一般法则不能有普遍的应用性。我们将中国的形态叫作'连续性'的形态，而将西方的叫作'破裂性'的形态"[④]。

在联系性的宇宙观的基础上，形成了人们熟知的万物有灵论，以及人与动物、植物等世间万物可相互转化的文化心理和哲学观点。这些强调普遍联系的文化心理和哲学意识为我们解释了，连续性的文明中能够独占通灵法器的巫师，往往也成为垄断政治权力、社会财富和资源的首要人选。与此同时，社会财富积累和文明进步，并不绝对取决于技术手段或贸易手段，而首先通过政治手段进行调节，是人与人之间关系变化的结果。[⑤] 这与西方式的突破性的文明，主要依赖技术革新和贸易手段进行社会资源配置，从而激发更大的社会生产力以促进社会财富增长，存在巨大反差。

13

---

① 张光直：《连续与破裂：一个文明起源新说的草稿》，《中国青铜时代》（第二集），生活·读书·新知三联书店1990年版，第133页。
② 参见张光直《中国古代史在世界史上的重要性》，《考古学专题六讲》（增订本），生活·读书·新知三联书店2013年版。
③ 张光直：《连续与破裂：一个文明起源新说的草稿》，《中国青铜时代》（第二集），生活·读书·新知三联书店1990年版，第133页。
④ 同上书，第134页。
⑤ 参见张光直《中国古代史在世界史上的重要性》，《考古学专题六讲》（增订本），生活·读书·新知三联书店2013年版。

上述关于张光直先生对中国文明起源的类型分析，从宇宙观和世界观这一社会深层结构层面揭示了中华文明绵延不断的根源，丰富了我们立足本土从事区域文化研究的史学分析框架。这一研究成果同样从方法论的角度，给予我们十分重要的借鉴和启发意义。

人类文明起源的研究不能局限在任何单一的地理境域或文化单元。在关注社会变迁、文化模式演进的历时研究的同时，还需要运用区域化视野进行广泛的横向比较。连续性文明这一概念，既建立在大西洋和太平洋之间赤道两旁多种文化单元的相似性比较的基础上，也因其与两河流域突破性文明的代表苏美尔文明所存在的差异而愈加凸显。

为了更好地解释中国古代文明的形成，张光直先生借鉴了美国考古学家约瑟夫·考德威尔所提出的"交互作用圈"（Interaction Sphere）解释框架，以及秘鲁考古学家班内特的"地域共同传统"这一重要概念。张光直先生解释道，这两个概念实际是相同的，即一个地域内的许多不同的区域性文化，它们彼此之间的交往对于形成这个地域的共同特征具有很大作用。① 可见，无论是地域共同传统，还是交互作用圈的形成，区域性文化单元的相互交往都是共同传统和文化区域形成的重要决定性因素。对这两个概念的借鉴，不仅为区域研究奠定了方法论基础，也提示我们关注交往行动和区域文化影响等动态因素具有重要意义。在对文明起源做静态类型分析的同时，引入互动理论和研究方法，将更有助于我们贴近区域社会史经验及发展规律。

"黄土文明·介休范例"为我们提供了一次深化黄土高原地方社会史研究的直接机会，也为我们创造性地运用人类学研究方法，提供了一个以区域社会为对象的更大的研究平台。

如果恰如何炳棣先生曾在《东方的摇篮》一书中所指出的那样，中国的文明是东方文明的摇篮，如同两河流域很适合被称为西方的摇篮一样，华北的黄土地区也当称为东方的摇篮。② 那么，"黄土文明·介休

---

① 参见张光直《从世界古代史常用模式看中国古代文明的形成》，《考古学专题六讲》（增订本），生活·读书·新知三联书店 2013 年版。

② 参见张光直《中国古代史在世界史上的重要性》，《考古学专题六讲》（增订本），生活·读书·新知三联书店 2013 年版，第 1 页。

范例"立足地方社会史研究，着眼地方社会发展，同时致力于提升人类学研究方法，并拓展黄土文明核心内涵，全面推进中国人类学和文明史研究更加走向本土化、国际化的一系列重要初衷，其学术研究价值便远远超越了小而简单的民族志研究或截取的静态历史片段研究，而是涉及广泛区域文化变迁，以及中华文明起源等宏观命题和社会深层结构剖析。

黄土高原地区是中华文明的重要发源地之一。与中华文明内在属性和特征密切相关的一系列社会活动和文化因子，比如农业种植、民族交往、聚落模式、社会制度、文化心理和身份意识等，都在这片土地上经历了重要的形成与发展阶段。至今，黄土高原仍然是多民族共同生活的家园，也是民族文化和地域文化相互交融、影响的重要地区之一。在当地人的日常生活习惯、民族风俗、宗教文化、传统居住方式，以及现代化的社会文化生态中，仍能广泛看到历史上民族融合与地域文化交往的潜在影响。人们不仅对身处中华文明的发源地深感自豪，更加对一脉相承的中国传统诗词书画、人文艺术和地方先贤文化充满热爱。在全球化和城市化双重驱动下，黄土高原更将成为新西部大开发、欧亚经贸合作、一带一路战略构想等更大范围区域合作、文化交往活动的中心和重要枢纽。我们有理由期待，在新的区域发展趋势中，中华文明将随着黄土高原地区文化的现代化转型，获得更进一步的延续与发展。

介休作为黄土文明的典型代表，融合了古代农牧业、商业贸易、交通运输、民族融合、多元文化构成等多方面重要社会历史因素，不仅为我们洞悉黄土高原地方社会史、民族融合的复杂历程以及源远流长的民族文化传统提供了典型案例和宝贵契机；同时，也为实践多种不同侧重的跨学科研究方法，揭示符合中国社会史逻辑的社会科学法则，搭建起一个不可多得的研究合作平台。我们同样有理由相信，对于拓展黄土文明历史研究，深入阐释中国文化模式的形成与发展，共同修正并完善人类文明历史进程中的社会科学一般法则等重大课题，"介休范例"都具有无可替代的重要学术价值。

最后，有利于统筹推动文化遗产保护与地方社会发展。

自 2012 年第十一届中国人类学高级论坛特别会议"维护文化遗产，

15

发展城市文化"在介休成功举办以来，特别是各课题组先后多次前往介休进行实地考察和田野调研，围绕课题研究的一系列沟通交流活动，已经对当地城市文化和学术研究领域产生了一定程度的积极影响，课题研究的现实意义逐渐呈现。

从宏观角度来看，一是集多高校、多学科于一体的学术团队来展开的考察和研究，成为介休文化多学科交流与实践的平台。学者们在考察中，实现了不同学校、不同学科的学术传统之间的对话。同时，介休的学术考察还融入了介休当地的本土文化，实现了学院派与地方精英及民间文化的交流与碰撞。二是介休的学术考察试图超越人类学以社区研究为主要研究方法的学科方式，将人类学的视野放到更大的区域——"黄土文明"视野下来考量，这是人类学一次全新的尝试与探索。三是人类学高级论坛的学术考察在介休产生了良性互动，为介休文化发展探寻传承与创新之路，提供了强大的推进力。

从较为具体的层面而言，"黄土文明·介休范例"历史篇研究的阶段成果，既初步完成了对介休地方社会史的整体梳理和专题研究，也部分记录并分析了当下社会文化生态的一些重要方面，比如：洪山村泉域社会的兴衰变迁、北贾村和大靳村的历史与现状、介休城乡建筑文化传统概况和典型特征、介休历史城区的空间布局、传统民居和历史街区的保护发展现状，等等。课题研究对这些问题的重点呈现和系统分析，一方面真实反映了介休市人民与政府共同关注的重要发展问题，另一方面也进行了有针对性的专业研究和剖析，研究过程中有新的问题不断涌现，更有令人欣喜的发现。从专业研究的角度，这些阶段性成果可以成为介休市各级政府更加科学合理地推进城市现代化转型，实现可持续发展目标的有利参考。

面对全球化和城市化进程的双重考验，介休同其他转型中的城市一样，面临自然生态平衡、城乡人居环境治理和城市文化建设等突出问题。历史篇在洪山村泉域社会研究和介休古典建筑文化传统两个专题部分，对这一现实问题进行了专门剖析。正如2013年5月介休市市长王怀民先生在我国台湾世新大学演讲时所重点提出的，"介休需要走向全国，走向世界，（这要求）介休文化旅游做好五篇文章。第一篇是绵山自然风景区。第二篇是张壁古堡。第三篇是张兰古玩镇。第四篇是介休历史文化名城保护。第五篇是天峻山自然风景区"。这一简明扼要的介绍，既包含了介休市政府对地方自然生态平衡的重点关注，也反映出地方历史文化传统的突出重要性，以及地方政府对城市发展与民生需求有机统一的科学理解和高度重视。

事实上，介休市政府也的确正致力于改善当地的自然生态平衡，着力解决洪山区域水资源阶段性短缺的难题。与此同时，还通过历史文化街区整体改造，全面带动城市基础设施建设和城乡人居环境优化。尽管各项工作均广泛听取专家意见，进行了严谨的科学论证和专项规划，但实施过程仍然不免面临各种现实问题。历史篇研究所涉及的专题部分，一定程度上可为相关问题提供参考或借鉴。

在区域化发展趋势的推动下，介休将以区域性中心城市的系统定位，在大太原都市圈发展规划中，扮演新的重要社会角色，并肩负更为艰巨的区域社会发展重任。如何在区域化发展中完成科学定位，彰显地方城市文化特色，将取决于文化遗产保护与城市文化建设工作的广度和深度。文化遗产有着丰富的内涵与外延，几乎所有门类的文化遗产都与传统人居生活环境具有千丝万缕的联系。其中，最能直接体现地方传统人居环境特点的还是建筑文化遗产。介休市政府早已认识到这一点，并始终重视推进介休历史文化名城复兴、顺城街历史街区保护更新、城市基础设施建设、人居环境改善等文化发展举措和民生基础工程，提出了"修旧如旧"，并坚持"原结构、原形制、原材料、原工艺"等宏观指导原则。目前，介休历史文化名城复兴十大工程，已有多处初见成效，城市生活环境和市民公共文化空间得到显著改善。

值得进一步关注的是，文化遗产保护与人居环境整治，是一项复杂而庞大的社会系统工程，包含盘根错节的细节问题，紧密关系公众切身利益。真正实现修旧如旧，并将文化遗产保护与环境整治有机结合在一起，涉及地方建筑史、城乡人居环境研究、社会生活风俗史、公众意愿调查、城市业态分析等多种不同层面的系统工作。有针对性地对地方建筑文化传统进行考察和研究，显然能够直接有利于解决文化遗产保护与

17

环境整治工作的许多专项问题，对真实还原城市历史风貌，最大限度实现历史城区整体保护、分区管理提供专业支持。同时，也可以通过整合、提振地方传统建筑文化，激发全社会共同参与文化遗产保护，为更好地平衡社会与公众共同利益奠定社会基础。

综合宏观和具体两个不同层面，可以说"黄土文明·介休范例"历史篇在综合运用以人类学理论和方法为主的跨学科研究手段的基础上，针对介休地方社会史所进行的史学研究和专项分析，对于身处现代化重要转型期的介休城市文化发展而言，具有全面而重要的现实意义。

四 研究内容

黄土高原是中华民族的重要发祥地之一。黄土文明也因此成为中华民族传统文化起源和发展的重要源头之一，具有悠久的历史与丰富多彩的多元文化构成。中华民族传统文化历经五千年不曾中断，其中必然蕴含着诸多仍然有待发现的深刻社会规律，以及民族文化特殊性等复杂因素的诸多潜在影响。任何试图以黄土文明为分析框架的文化研究，都必然涉及一个长时段的社会史分析过程，必须面对浩如烟海的历史文献和各种分析资料。因此，研究只能从庞大的范畴中选取某些特定的对象或事物的某些方面加以有针对性的研究，才有可能更加有效地切入研究主题。

"黄土文明·介休范例"正是这样一项立足黄土高原地方社会史研究的大型综合课题。介休作为黄土高原一座典型的中小型城市，拥有2600多年的建城史，曾经是众多少数民族的重要聚居地，具备农牧业生产、商品贸易、交通运输等多种复杂的社会组织机能，以及与之相应的高度发达的社会文化体系。也正因如此，总课题包含了若干子课题，分别从历史、民族、地理和文化遗产四个角度展开专门研究。

鉴于历史研究的特殊性，研究工作既要整体把控宏观历史逻辑的推演和分析，又必须兼顾细如毫发的事实细节，历史篇研究面临的首要任务便是对"黄土文明"和"介休范例"两大核心概念进行深入阐释。这是一项异常艰巨的分析工作，涉及抽象概念阐释和严密的历史逻辑推演。因此，将研究涉及的主要内容分为两个章节。

第一章主要围绕黄土文明核心概念，从黄土文明的空间界定、黄土文明的特点、黄土文明与山西文化三个宏观层面，对其所关联的重要内容加以阐释。其中，有关黄土文明的特点，作者更是分别从自然生态、人文生态和社会生态三个方面进行深入分析。人文生态部分简明扼要地对介休传统居住形式、民间曲艺、宗教信仰和水利的重要性几个突出方面进行分述，尤其能够鲜明直观地传达出介休当地传统的生活气息。而黄土文明与山西文化的关系，也透过历史渊源、文献记载、地理位置三个方面得以完整呈现。

第二章主要探讨如何在黄土文明背景下对介休范例进行文化定位。章节安排同样清晰明了，分别从介休历史发展脉络，以及介休的自然生态、人文生态、生计方式几个重要方面展开分析。其中，地方性的生计方式既是历史人类学历来关注的研究重点，又巧妙地融合了自然生态、人文生态和地方社会历史沿革的诸多重要方面，能够有效地集中展现介休地方社会特有的发展轨迹，有助于人们揭示社会结构深层规律。

在对核心概念进行深入分析阐释的基础上，我们更进一步根据研究主题选取了有代表性的突出现象和问题，作为研究的另一部分重要内容。在经过前两次赴介休进行实地考察之后，课题组最终选定介休历史城区、张兰镇北贾村、绵山镇大靳村和洪山镇洪山村为主要考察点，将介休古典建筑文化传统、宗教文化、宗族文化以及资源与地方社会四个方面作为切入点，力图有针对性、有重点地厘清介休地方社会史中的重要内容和核心问题。虽然涉及漫长的历史时段和复杂的社会文化变迁，但是通过对历史概况的梳理和对当前社会生活现实的描述，考察工作在历史记述和现实分析之间，为我们展示了历史的变迁与文化的延续。

第三章着重探讨介休古典建筑文化传统。从狭义角度讲，建筑是构成人居环境的重要部分。但是，从广义建筑学的角度来看，小到任何一个简单的建筑空间，大到整座城市，都不同程度地具备了人居环境的内涵与实质。因此，任何土生土长的传统建筑，本质上都是对当地特有的自然环境、社会环境和人文环境的一种适应性选择的结果，蕴含着当地

19

人宝贵的生存经验、丰富的生活智慧和对家乡最为深沉真挚的情感。

从这一认识角度审视介休当地的传统建筑，洞悉其绵延不断的古典建筑文化传统，则必然离不开对黄土高原自然地理地貌及其早期聚落文化的基本认识。研究首先从黄土高原的自然地理属性和特征入手，形象地描绘了黄土高原特有的自然地理风貌。有关黄土高原传统聚落的本土性，主要从黄土高原区域地理概况、三维空间体认和地方传统建筑语言的重要介质——黄土，这三个方面综合探讨。内容包括黄土高原地区的区位环境特点，以及在这样一个特殊的区域环境中，黄土高原先民如何形成其特有的对三维空间的体察与辨识方式。并且，从文化人类学的角度，揭示这样一套与生俱来的空间坐标体系和心理图示，如何与当地人的传统生存方式建立文化上的联系。关于土生土长的建筑，这一部分着重讨论黄土这种特殊且对中国古代建筑的形制与结构均有重要影响的介质所具备的建筑学特性，同时，也将黄土视为黄土高原地区与水对应的一个重要环境因素和客观条件，探讨其在窑洞等传统民居的建筑结构力学，以及古代城市选址，所具有的环境影响力与文化决定性。

充分阐释黄土高原地区传统人居环境以及聚落文化的共性和普遍性，不仅是深入研究介休古典建筑文化传统十分必要的前提，也为实现这一研究目标提供了不可或缺的文化分析基础。第三章第二部分的研究成果，主要建立在第三次介休城乡古建筑调研工作的基础上。内容涉及介休城区古建筑调查、城区结构分析、乡土聚落文化研究，还有以窑洞、窑套楼为载体的抽象建筑语言的比较分析。从区域人居环境的文化个性和建筑深层语言的构成两方面，综合呈现介休古典建筑文化传统的基本风貌与文化内涵。

第四章的主要内容是介休宗教文化，分为三个部分。第一，对介休宗教历史进行综述。第二，站在多元宗教文化的角度，从五个主要方面——宗教空间、宗教节日与仪式、多元宗教信仰、古戏台以及宗教艺术，深入探讨介休当地历史悠久的宗教文化体系。这些重要的分支层面联系紧密、难以分割，彼此构成了一个有机整体，共同诠释着介休特有的宗教文化传统和民间习俗，既是对黄土高原地方社会民间宗教文化和传统生活方式的宝贵记录和综合研究，又兼顾了介休当地宗教活动习俗的独特个性，比如宝卷说唱艺术等。第三，在已有的分析基础上，着重讨论宗教文化与介休范例之间的内在联系。内容涉及介休当地深层社会结构的分析，十分有代表性。作者同时关注宗教文化与介休传统生计方式和人文生态体系的内在联系，分别从宗教中的农业社会、宗教多元走向文化多元两个方面，着力突出介休宗教文化的地方特殊性及其形成规律。

布罗代尔说过："如果我们希望了解文明是什么，我们就必须研究实例，而不仅仅依赖文明的理论。"① 从第五章到第七章，将从个案分析的角度，对黄土文明背景下的介休范例进行深度剖析。

中国是一个人均水资源占有率偏低的国家，加之自古以来就是农业生产大国，因此，中国水资源的研究和利用，在各个历史时期都占据着重要的地位。中国中西部许多水资源相对匮乏的地区，水利建设问题早已成为影响地方社会和人文生态的重要因素。新中国成立以来，黄土高原地区水利资源分配更加紧张。伴随中国西北部干旱化趋势不断扩大，水资源相对短缺成为日益凸显的一个社会问题，备受社会各界以及相关专业学科人士的特殊关注。第五章正是选取资源与地方社会这样一个有代表性的话题，以介休市洪山村一处历史闻名的天然水源地——洪山泉，以及历史上与之相关的社会兴衰为中心，以非常细致全面的视角，对水资源的开发利用与地方社会的兴衰做了历时性的研究。从文化资源的角度，针对以泉为中心的洪山村社会进行深入剖析和研究，比如水源管理、水力资源分配、用水观念和习俗、水与民间信仰、源神庙水文化等若干方面，多角度、分层次地为我们详细分析了洪山泉的社会历史脉络。同时，从人类学的学科本位出发，将最后的关注点落到当下的洪山村，试图从学术的视角关注"无水的洪山村将何去何从"的问题。洪山泉断流，是洪山村地方传统文化的重要转折点，也是诸多现实发展问题的根源和瓶颈。研究者在细致调研的基础上，从断流实况、断流之后的现实对策两方面，翔实记录了泉水断流所造成的突出问题和社会影响，

---

① ［法］布罗代尔：《文明史纲》，肖昶、冯棠、张文英、王明毅译，广西师范大学出版社 2003 年版，第 38 页。

并着力分析了其中隐含的一些社会发展问题，比如水资源短缺的现实挑战和人口压力等。

洪山村的文化转型，是研究者关注的另一个焦点，也是洪山村目前亟待解决的发展难题。事实上，如何应对现实挑战，破解环境压力，科学合理地完成社会转型，并不是洪山村独自面临的问题，而是当前具有突出普遍意义的社会共同话题，涉及生态环境保护、自然资源合理利用和可持续开发、农业现代化转型，以及地区产业结构调整、区域合作等众多社会深层结构的重要方面。因而，很难在短时期内得到彻底解决。但在发现问题的同时，我们更应该乐观地看到，与之相关的许多社会领域正在悄然发生改变，有助于化解危机的重要机制正在形成。比如，新西部大开发、欧亚合作、高速交通运输系统、生态农业，以及日益强化的环境保护意识等，都在释放不同的积极信号。以洪山泉为中心的地方社会史发展和文化兴衰，为我们集中呈现了这一时代的一个典型事例，更为我们提供了一个尤其具有普遍意义和社会价值的研究课题。有关洪山村水资源与地方社会的专门研究，为此做出了重要贡献，既为我们深入了解介休地方社会史提供了有效切入点，更帮助我们以小见大，得以对黄土高原地区与水有关的地方文化传统建立初步认识。

第六章结合历史文献和深入细致的田野考察，较为全面地记述了张兰镇北贾村。这里不仅是著名晋商侯氏家族生存发展的家园，也是他们作为介休籍晋商群体建立起重要社会影响的根据地。今天，人们更愿意将他们视为整个晋商群体的代表之一，从晋商文化和中国近代商业发展的宏观角度重新审视介休侯氏的家族史、商业史乃至文化史。为此，研究者以侯氏宗族的变迁过程为主线，展示了侯氏由北贾村的单门独户、势单力薄的外来户，发展为枝繁叶茂、家资巨富的当地大户，然后成为名贯神州的晋商巨贾，又因为动乱与运动而衰落的过程；同时也对改革开放后宗族意识的觉醒，宗族的复兴等问题进行了探讨。报告建立在扎实的田野考察和文献研究的基础上，内容详尽全面。从一个典型侧面，为我们揭示了黄土高原上一个巨商大贾如何从历史中走来，又将如何面向未来。

第七章在文献研究基础上，恰当结合个案访谈的方法，记述了历史时期的大靳村及其区域经济地位、社会组织结构等，比如地方乡绅的发展与没落。进而，贯穿新中国成立初期集体化时代大靳村所经历的诸多复杂社会变革，以及艰难的适应性发展。改革开放为中国的现代化发展敲开了时代的大门，也为像大靳村这样的黄土高原传统乡土社会带来新的希望和挑战。研究者立足改革开放这一重要时代背景，深入权力结构的重建、生计方式多样化、宗教文化多元化、教育资源优质化等几个重要方面，集中反映了中国社会深层结构转型期间，大靳村面临的重要变革。在发展中寻找变革，在变革中谋求发展，是现代化进程中中国社会普遍面临的问题，更是大靳村的发展现实。对此，研究者给予了充分的关照，从当地人的切身角度，思考由传统农业劳动者到城市工业生产者的角色转换、身份认同，以及文化转型等复杂而深刻的历史问题。

为了呼应报告开篇对于黄土文明和介休范例所进行的概念阐释和历史分析，我们专门设计了第八章结语。这一章所占篇幅虽然较短，却非常重要，是对贯穿历史篇研究的内在逻辑的归纳和提升。一方面回顾黄土文明形成与发展过程中的重要影响因素；另一方面从文化价值观层面，对黄土文明未来发展所面临的突出问题——如何看待传统与现代的关系，以及如何在传统与现代之间进行文化抉择进行分析和展望。

最后，需要说明的是，"黄土文明·介休范例"子课题历史篇，主要关注黄土文明宏观社会史分析框架下的介休地方社会史与文化研究。由于时间和阶段性研究目标等原因，在研究所涉及的内容取舍上，我们不可能面面俱到，而仅选择了具有典型代表性的重要方面加以分析阐释。黄土文明是一个持续广受关注的重要研究领域，我们目前的研究成果仍不免存在欠缺和不足，敬请相关学者、同人以及读者不吝赐教。

第一章 黄土文明的概念阐释

"黄土"一词见诸文献很早，两千年前西汉学者伏无忌就在《古今注》中记录了一次"雨土"现象：西汉昭帝元凤三年（公元前 78 年），"天雨黄土、昼夜昏霾"。东汉史学家班固的《前汉书·五行志第七下之上》也载，西汉成帝建始元年（公元前 32 年）"四月壬寅晨，大风从西北起，云气赤黄，四塞天下，终日夜下著地者黄土尘也"。而黄土文明是指在长期的历史发展过程中，孕育、诞生和成长于我国黄土高原这一特定自然环境与社会环境中的一种文化形态。这样的文化本质上是一种文化的复合体，是在长期的演变过程中，通过不同族群之间的冲突、融合而形成的，在某种意义上体现了费孝通先生所说的"多元一体格局"①。因为在这片区域内，自从文明的起源开始，各个民族总是在不断地交流、融合、同化，在此过程中很多少数民族名称虽然消失了，但是其血液早已融入其他民族之中。同时，黄土文明区域内部，以及区域之间的各个族群在融化与同化的过程中也顽强地显示着自我的文化特性。因此，黄土文明是华夏文明的重要发祥地，是中华民族的摇篮，是一个独具特色的文化体系。

一 黄土文明的空间界定

黄土文明主要诞生在黄土高原上，在这片区域里，历史最为久远的无疑是中原文化区，它以渭河流域和晋陕豫三省连接地区为中心，范围

---

① 费孝通：《中华民族多元一体格局》，中央民族大学出版社 1999 年版。

几乎遍及陕西、山西、河北、河南全境。根据古史传说，这一带曾是以黄帝和炎帝为代表的部落集团活动的地域，以后在这里形成华夏各族。中原文化区对于周边区域具有辐射作用，正如学者严文明所形容的那样，中国史前文化为"一种重瓣花朵式的向心结构"，"中原文化区是花心"。①

黄土文明的文化渊源可追溯至 180 万年前的西侯度与 100 年前的公王岭，60 万～50 万年前的陈家窝和周口店，20 万～10 万年前的大荔、许家窑、丁村，再到几万年前的河套、水洞沟、峙峪、山顶洞与下川等由直立人与早、晚期智人所创造的早、中、晚期的旧石器文化。随后出现了由旧石器向新石器过渡的沙苑、灵井中石器文化。人类迈入氏族社会的新石器时代早期，这里有于家沟、转年和南庄头遗址。嗣后，出现了星罗棋布的新石器中晚期文化。接着，青铜文化时代的夏、商、周国家诞生，直到进入黄土高原华夏之根秦统一帝国出现后的历史时代。②汉代司马迁在《史记·五帝本纪》中就谈到了"（轩辕）有土德之瑞，故曰黄帝"。唐代司马贞索隐："有土德之瑞，土色黄，故称黄帝，犹神农火德王而称炎帝然也。"大致的意思是：土是黄色的，所以称为黄帝，这就将黄土高原的土壤特征与华夏文明的始祖黄帝联系了起来。通过古籍的检索，我们可以看到炎帝和黄帝的主要活动范围在中原地区，具体来说，就位于山西、河南、河北以及山东、湖北的部分地区。在这两位原始社会部落首领的带领下，中原地区发展起了农耕、医药、音乐、文字，伴随着某些社会制度雏形的出现，中国的古代文明诞生了。因此，中国古代文明其实就是在黄土文明的基础上形成的，而黄土也转化为一种以黄为尊贵国色的观念文化，其文化意蕴也深深扎根在炎黄子孙的观念之中。

到目前为止，在黄土高原上发现的旧石器遗址已达 114 处。③ 据吴新智先生统计，中国古人类遗址直立人阶段黄土高原有 7 处，占全国 22 处的 31.8%；早期智人阶段黄土高原有 4 处，占全国 12 处的

---

① 严文明：《中国史前文化的统一性与多样性》，《文物》1987 年第 3 期。

② 参见周昆叔《黄土高原·华夏之根》，《中原文物》2001 年第 3 期。

③ 参见刘东生《黄土石器工业》，徐钦琦等主编《史前考古学新进展——庆贺贾兰坡院士九十华诞国际学术讨论会文集》，科学出版社 1999 年版。

33.3%；晚期智人阶段黄土高原有 10 处，占全国 47 处的 21.2%。也就是说，黄土高原占全国面积仅约 5% 的土地上有全国 1/4 至 1/3 的人类遗址，这说明黄土高原是中国乃至世界古人类的故乡，它的旧石器文化基础是很雄厚的。[①]

苏秉琦将新石器时代划分为六大文化区系，分别指以燕山南北长城地带为重心的北方，以山东为中心的东方，以关中（陕西）、晋南、豫西为中心的中原，以环太湖为中心的东南部，以环洞庭湖与四川盆地为中心的西南部，以鄱阳湖—珠江三角洲一线为中轴的南方。各大区系不仅各有渊源、各具特点、各有自己的发展道路，而且区系间的关系也是相互影响的。中原地区是六大区系之一，中原影响各地，各地也在影响中原。[②]

二　黄土文明的特点

在《中华民族多元一体格局》中费孝通指出："在相当早的时期，距今三千年前，在黄河中游出现了一个由若干民族集团汇集和逐步融合的核心，被称为华夏，像滚雪球一般地越滚越大，把周围的异族吸收进入了这个核心。它在拥有黄河和长江中下游的东亚平原之后，被其他民族称为汉族。汉族继续不断吸收其他民族而日益壮大，而且渗入其他民族的聚居区，构成起着凝聚和联系作用的网络，奠定了以这个疆域内许多民族联合成的不可分割的统一体的基础，成为一个自在的民族实体，经过民族自觉而称为华夏民族。"[③] 由此可见，华夏民族不是纯而又纯的，实际上是多民族交融互动的结果，在此基础上形成的文化是多元基础上的一体。而华夏族之所以从多元走向一体，较早进入文明阶段，其重要原因就是黄土高原所孕育的黄土文化较早进入了文明阶段，对周边文化起到了辐射与纽带的作用。

---

① 参见吴汝康、吴新智主编《中国古人类遗址》，上海科技教育出版社 1999 年版。
② 参见苏秉琦《中国文明起源新探》，生活·读书·新知三联书店 2009 年版，第 39 页。
③ 费孝通：《中华民族多元一体格局》，中央民族大学出版社 1999 年版，第 4 页。

（一）黄土文明的自然生态

早在四五千年前的仰韶文化和龙山文化时期，位于黄河流域的晋陕地区，华夏民族的先祖就出现了生计方式由渔猎向农耕的转变。由于气候适宜、土壤肥沃，且黄土的结构疏松，易于耕作，适合农业发展，以农耕为主要生产方式的经济类型开始出现。而农耕的形成，标志着黄土文明的诞生。概括起来，黄土高原的形成具有以下原因：早期黄土高原植被保存较好，动物种类繁多，这为狩猎创造了良好的条件；黄土地土质疏松，且沟壑众多，在这样的环境中建造窑洞式房屋并不困难；黄土高原地域开阔，季节分明，原始的刀耕火种在这里实施起来较为容易。综上所述，黄土堆积区，尤其是黄土高原为早期农业以及早期人类生产生活提供了比较优越的地理条件和比较稳定的生态环境，为中国文明的起源、发展和形成提供了坚实的物质基础。黄土堆积区的这些儿女可能是中国旱作农业本土起源的缔造者，是中国华夏文明的主人。[①]

《史记·周本纪》中曾经有这样的记载："稷卒，子不窋立。不窋末年，夏后氏政衰，去稷不务，不窋以失其官而奔戎狄之间。不窋卒，子鞠立。鞠卒，子公刘立。公刘虽在戎狄之间，复修后稷之业，务耕种，行地宜，自漆、沮度渭，取材用，行者有资，居者有蓄积，民赖其庆。百姓怀之，多徙而保归焉。周道之兴自此始，故诗人歌乐思其德。"

这些记载说明不窋曾经在夏王朝担任稷官，后来夏王朝政治腐败、国力衰弱，不窋就不做稷官了，率领周部族离开夏的统治中心地。不窋的孙子公刘继承了始祖后稷的基业，积极从事农业生产。在他的带领下，民众的生活水平提高了，各地的百姓看到公刘治理有方，纷纷迁来归附于他。正是因为农业的发展，周朝逐渐经济发达，人口众多，聚落规模增大，国家兴旺发达。与此形成鲜明对比的是，不窋因为荒废农业

---

① 参见吴文祥、刘东生《试论黄土、黄土高原与原始农业和文明的关系》，The Influence of Agriculture Origin on Formation of Chinese Civilization——Proceedings of CCAST (World Laboratory) Workshop，2001。

而被流放。成书于西周初年到春秋中叶（前1100年—前600年）约五百多年间的《诗经》中就提到过："日出而作，日入而息，凿井而饮，耕田而食。帝力于我何有哉！"这首诗为我们展现了一幅农耕社会里繁忙的农业生产画面，说明在当时农耕已经成为华夏民族社会生活资料的重要来源。

从考古发掘来看，中国的农耕文明在黄河流域和长江流域都是发源地，然而由于黄土细腻且疏松，在耕作工具较为落后的情况下易于耕作，且由于长期干旱，黄土颗粒分化程度低，矿物质保留充分，土地比较肥沃，所以农业生产首先在黄河流域达到了较高水平，位于黄河中下游的山西等地也成为上古时期政治、经济、文化的中心。随着生产力的发展，铁制农具和牛耕技术的推广，中国农耕区域逐步向南延伸。尤其是秦汉之后，黄河流域遭受异族侵略，战争连年不断，黄河流域生态遭到严重破坏，人们为了躲避战乱而大批南迁，中国农耕区的中心也逐步由北方的黄河流域转移到长江中下游地区。

（二）黄土文明的人文生态

中国黄土高原自然环境的条件优越，地理位置比较适中，地形比较完整，交通便利，便于和周边族群进行交流，且自身的吸纳能力较强，能够将周边族群中的先进文化吸收到自身的文化系统中来，所以一直是中华文明的核心区域之一。从考古发掘可以看出，新石器时代的遗址大多是沿着黄河的各条支流或在河流附近的黄土坡地或山丘上分布的，这也就是通常人们所说的"小河文化"[①]。在此基础上产生的黄土文明区别于大河文明，以灌溉农业为主的"大河文化"，这样的生态区位是黄土文明产生的基础。

大约在周代后期，黄土高原的文化模式形成，这是一种游牧、农耕、游猎并存的文化模式，这种模式的特点是社会流动性强却又趋于封闭，保持着较为原始的宗教信仰及民情风俗，民间文艺也具有了自己的形式和风格。

28

---

① 何秉棣：《黄土与中国农业的起源》，香港中文大学出版社1969年版，第178页。

1. 窑洞村落

在早期，人类采取穴居、巢居的方式，后来随着生产力的发展和认识程度的提高，黄土高原居民的居住方式演变为窑洞式的居住方式。这样的居住方式直至今天仍然可以在晋、陕、甘等地区见到。在这些地区，黄土层较厚，干旱少雨，冬天寒冷，夏天炎热，而窑洞建在黄土高原的沿山与地下，是天然黄土中的穴居形式。穴居冬暖夏凉，不破坏生态，不占用良田，从节约资源、能源的角度看是最符合可持续发展原则的居住方式，被当地人民群众广泛采用。黄土高原地区的窑洞式居住方式，是晋陕地区人民的象征，它沉积了古老的黄土地深层文化。

2. 地方小戏

山西地处黄河流域黄土高原地区，是中国戏曲的发祥地之一，历史悠久，历经上千年，走过了兴衰的路程。山西戏曲剧种文化的繁荣与其"表里山河"的自然地理环境、厚重的三晋文化、浓郁的民歌故乡、独具特色的晋语方言等因素不可分割。据《中国戏曲剧种大辞典》[1] 记载，山西戏曲剧种丰富，达到 54 个剧种，位居全国第一。从山西 54 个剧种的地理分布看：山西南部地区剧种数量多于山西中、北部地区，东部山区的剧种数量多于西部山区的剧种数量，沿河流域剧种的分布多于山区剧种数量。[2] 可见，山西戏曲剧种是地域性、多样性与完整性最鲜明的地域文化体现。

3. 宗教信仰

上面提到了地方小戏，在传统社会，唱戏不仅是娱人，更重要的是要娱神；并且戏曲的演唱很多时候是通过戏台这样的载体进行的，而戏台又与庙宇联系在一起，这就自然和民众的宗教信仰联系在了一起。

---

① 万叶等编：《中国戏曲剧种大辞典》，上海辞书出版社 1995 年版。

② 参见柴国珍《山西戏曲剧种地理文化研究》，博士学位论文，陕西师范大学，2008 年，第 30 页。

　　走进村落，各种宗教信仰比比皆是，基本上每个村都有许多个庙。这些庙宇虽然从民国到集体化年代被拆毁了不少，但是改革开放后又经过了重修，且庙宇内部儒道释可以并存。在这里，多种宗教并置的状况就反映得更为明显了。

　　据康熙《介休县志》记载："王子舟曰：庙祠之役，凡以崇德报功也。文庙、城隍、社稷三坛之外，其他皆不列祀典。然境内各祠庙岁时伏腊，祷旱潦而祈宰祥，其来久矣。务民义者敬而远之，未必非神道设教之一端，因即次而列焉。城隍庙、五岳庙、三教堂、真武庙、关帝庙、龙王庙、马王庙、三结义庙、助国圣母庙、元君圣母庙、昭济圣母庙、源神庙、玉皇庙、东岳庙、火神庙、摩斯庙、汉郭有道庙、宋文潞公祠、晋介神庙、康太尉庙、龙天土地庙、秦王庙、樊王庙。"[①]《蒲县志》也记载："蒲无淫祀，其不秩诸祀典者，唯龙神处处有之，地高畏旱，农民之所仰在是也。"[②] 除了正规的宗教庙宇外，乡村还有许多民间小庙，对所谓的淫祀进行祭拜。

　　虽然在官方祭祀范围之内只包括文庙、城隍、社稷，龙王神也并没有列入官方祀典之列，换言之，龙王神也应被认为是淫祀。不过，在民间祭祀龙王，尤其是借用龙王来祈雨，对龙王进行祭拜的活动比比皆是。在宗教信仰方面，先民崇拜原始宗教，原始的动物崇拜、植物崇拜也很多。各个部落就将自己的崇拜对象称为部落的保护神。[③] 走到乡间村落，我们还可以看到很多这样的原始崇拜。

　　4. 重视水利

　　黄土文明伴随着中国文化的生成与发展，有较为深厚的历史文化底蕴。这样的文明形态是与水密切相关的，相对于长江流域、珠江流域这些水资源较为丰富的地区，水在黄土文明中的地位尤显重要。

　　在山西，明清以来，随着人口的增加，资源的短缺，环境趋于恶

　　① 王埴纂修：《介休县志》（康熙），侯清柏标断，山西人民出版社 2012 年版，第 42—43 页。

　　② 乾隆《蒲县志》，卷五《秩祀》。

　　③ 参见何星亮《中国自然崇拜》，江苏人民出版社 2008 年版。

化，民间就流传着"河曲保德州，十年九不收，男人走口外，女人挑苦菜"的谚语。正因为缺水，民间流传着分水的传统。如山西省汾河的支流——洪山泉的碑刻中就有诸多分水的记载。[①] 对于这样的状况，民间还流传着许多凄美的传说。汾水南流，到了介休。在介休有洪山泉，此泉水向西汇入汾水，明清时，此水可以灌溉土地约 3 万亩。洪山泉的上游为洪山河，可以灌溉洪山、狐村二村的土地。围绕此水，历来就存在纷争。从北宋文彦博因下游各村争水，制定了四六分水的规则，到明万历知县王一魁重新制定三七分水的规则，再到后来知县又恢复到四六分水的制度，关于水的争执与矛盾从来就没有停止过。

这些水案的出现是资源短缺的结果，具体来说，表现为明清人口增加、资源紧张、生态环境恶化。这也从一个方面说明了水作为一种公共资源所呈现出的"复合产权"（包括经济产权、文化产权、社会产权、政治产权和象征产权）[②] 的性质，以及这种具有"复合产权"的公共产品背后所展示出的公共资源利用困境。

（三）黄土文明的社会生态

黄土高原自古就是中华民族融合的区域。在上古时期，代表游牧的黄帝族与代表农耕的炎帝族在黄土高原发生了战争，相传发生过三次大的战争。据《史记·五帝本纪》记载："轩辕之时，炎帝欲侵陵诸侯，轩辕乃修德振兵，以与炎帝战于阪泉之野。三战，然后得其志。"后来还发生过黄帝与蚩尤的涿鹿之战和共工与颛顼争帝的不周山之战，其余较小规模的战争尚有多次，史称"天下有不顺者，黄帝从而征之"，凡五十二战，天下大服。最终黄帝打败了其他部落，确立了他的领导地位，同时也加快了部落之间融合的步伐。炎帝和黄帝也被尊称为华夏族的祖先。

31

---

① 20 世纪 90 年代，法国远东学院与国内学者联合在山陕地区进行了田野调查，搜集、整理了山西和陕西部分地区的水利史资料，出版了《陕山地区水资源与民间社会调查资料集》（共 4 册，中华书局 2003 年版），为学界研究提供了重要资料。

② 张小军：《复合产权：一个实质论和资本体系的视角——山西介休洪山泉的历史水权个案研究》，《社会学研究》2007 年第 4 期。

　　春秋战国时期，民族融合有一大特点，就是注重华夷之分。也就是被黄帝后裔的中原各国自称为华夏，而将周边各游牧民族称为戎狄蛮夷。而实际上，戎狄蛮夷是华夏族对西面少数民族的统称，虽然饮食、服饰、言语有所不同，但当时并无种族上的区别，归根结底只是游牧与农耕两种生产方式的不同。《史记·货殖列传》中谈到了战国至西汉时期，中国北部农耕地区与游牧地区之间从东北到西南划分出的一条斜线，就是农牧分界线，而中国古代农牧冲突与民族融合，基本上沿着这条分界线展开。牧区与农耕区的界线：大体接近 400 毫米等降水量线。从东北松嫩平原西部—辽河中上游—阴山山脉—鄂尔多斯高原东缘（除河套平原）—祁连山山脉（除河西走廊）—青藏高原东缘连线。此分界线以东为农区，种植水稻、小麦、玉米、大豆、高粱等作物；此分界线以西为牧区，放养牛、羊、马等牲畜。而由于自然环境的变化，这条分界线也处于来回摆动的状态。

　　魏晋南北朝时期，民族融合的步伐进一步加快。在那一时期，民族融合可以大致分为三个阶段：以西晋永嘉（307—313 年）至后赵（349年）为第一阶段，后赵亡到淝水之战（383 年）为第二阶段，淝水之战到北魏亡为第三阶段。在这三个阶段中，第一阶段以汉国政权为始点，发端于山西；第三阶段以北魏统一为标志，初步完成于山西。就十六国内迁的五个主体民族而言，有三个民族即匈奴、羯、鲜卑主要活动在山西。山西也就成为民族融合的基地。[①]

　　东汉末年，匈奴南下，大部分集中在并州北部的汾河流域，后来曹操将其分为五部，分别居于汾阳、祁县、隰县、忻州、文水，在打破匈奴传统政治结构的同时也对民族融合起到了很大的作用。北魏时期是黄河流域民族大融合时期，尤其是北魏孝文帝从同城迁都洛阳，改汉姓，习汉俗，同汉族女子通婚，在自身汉化的同时，也使其统治下的各民族在政治、经济、文化诸方面融为一体。最终，南匈奴、鲜卑、羯这些少数民族融入汉民族之中，从此在历史上消失了。

　　隋唐皇室中的很多成员就是汉族与鲜卑等少数民族的混血儿。且因

32

---

　　① 乔志强：《山西通史》，中华书局 1997 年版，第 4 页。

当时的开放政策，很多少数民族来中原居住，安史之乱的首领安禄山和史思明就是胡人。而不论是李渊父子在太原起兵还是刘武周借山西之地成为一方诸侯的意图，都说明了山西在历史上的重要地位。宋、元、明、清时期呈现出先进入中原再逐渐汉化，先军事政治统一再恢复发展经济的特征。①

"问我祖先在何处，山西洪洞大槐树。祖先故居叫什么，大槐树下老鹳窝。"这一民谣，在华人圈子中祖辈相传，家喻户晓。数百年来，洪洞大槐树已经成为一个标志，被无数海内外华人当作"家"，称作"祖"，看作"根"。据《元史》记载，在元末北方遭受大灾，山东十九次，河南十七次，河北十五次，造成"禾不入土人相食"的荒凉景象。而山西在元末并未遭受大的战乱，又连年丰收，所以人口大增，形成了社会安定、经济繁荣、人丁兴旺的大好局面。明朝建立以后，鉴于人口不均，对于发展生产不利，朱元璋采纳大臣户部郎中刘九皋的建议，开始了全国范围的大移民。移民主要是洪洞县及其周围的太原、临汾、晋城、长治等地区的流民和居民，规定弟兄3个必须移民1个，弟兄5个移民3个，弟兄7个移民4个，《明史》《明实录》《续文献统考》上均有明朝移民的记载。据不完全统计，明代大槐树移民共有姓氏554个，规模较大的移民历史记载有18次，共分布在18个省市498个县市，其中河南106县市，京津冀129县市，山东92县市，苏皖两湖61县市，陕甘宁51县市，山西34县市，内蒙古8县市，辽宁10县市，吉林3县市，黑龙江3县市，广西1县市。② 这是中国历史上最大的一次由政府组织的移民。

33

山西人历来安土重迁，在移民的过程中应该带有一定的强制性。移民在位于洪洞的广济寺办理移民登记手续，发放"凭照川资"，然后在官兵的监护下，在大槐树下与亲人挥泪告别。600多年来，洪洞大槐树移民已经在全国各地繁衍生息，代代相传，有的已传至24世，

---

① 参见张京华《中国古代农牧冲突与民族融合的阶段性》，《黄石理工学院学报》2007年第4期。

② 参见张青主编《洪洞大槐树移民志》，山西古籍出版社2000年版，第2页。

最小的姓氏也传至 15 世。全国的洪洞移民后裔有 2 亿人，即每 6 个中国人中就有 1 个是洪洞大槐树移民的后代，洪洞大槐树移民后裔遍及华夏，波及海外。可以说，"全球凡有华人的地方，就有大槐树后裔"。

关于明初山西洪洞移民还有很多传说故事，如迁民缘起的传说，大槐树地点的传说，官府强迫或欺骗迁民的传说，脚趾甲复形、背手、解手的传说，"打锅牛"分家的传说，迁民定居过程的传说等若干类，每类下又有不同版本的异文。其实，无论是口碑传说、族谱，还是碑刻、地方志等文献，都反映了某种对祖先历史的集体记忆，也反映了移民的生活境遇。在这些记忆中，我们看到的是移民家族定居、发展的历史，北方族群关系变化的历史，卫所制度等国家制度对基层社会影响的历史，也看到晚清民国时期地方士绅重构大槐树传说背后的时代取向或追求现代性的努力。①

这种认祖归宗，对故土怀念、留恋之情也是黄土文明的重要特征。

三　黄土文明与山西文化

（一）历史渊源

山西是中国旧石器考古和古人类发展演化研究最重要的地区之一。在考古的 60 年时间里，山西共发现旧石器时代文化遗存 300 余处。经过系统发掘的遗址有近 30 处。其中，有国家重点文物保护单位 5 处，省级重点文物保护单位 20 余处，市县级文物保护单位近百处。发现人类化石遗址 6 处，出土早期智人和晚期智人化石 20 余件。

位于山西芮城县距今约 180 万年的西侯度遗址，分布于山西省芮城县匼河村一带距今约 80 万年的匼河文化，都是中国华北地区旧石器时代早期的文化。匼河文化的地质时代为中更新世早期，它上承蓝田猿人

34

---

① 参见赵世瑜《祖先记忆、家园象征与族群历史——山西洪洞大槐树传说解析》，《历史研究》2006 年第 1 期。

文化，并发展为旧石器中期的丁村文化，在文化发展上具有承上启下的作用。另外，丁村、许家窑、峙峪、下川等一系列重要遗址的发现与研究，成为华北地区旧石器时代文化发展序列不可或缺的重要组成部分，为研究山西乃至我国史前人类发展历史积累了丰富的科学史料。[①]

在新石器时代，山西考古驰名于全国考古学界、历史学界的无疑是20世纪70年代后期到80年代末期对夏县东下冯、襄汾县陶寺遗址的先后发掘。陶寺遗址是中华文明探源的支柱，而且是位于中原地区的支柱。它使世人看到，早在距今4300年前，在晋南地区已经形成了一个早于夏王朝的政治权力中心，形成了一个具有金字塔式社会机构、有一定分布范围、拥有公共权力、工官管理手工业、拥有彩绘陶艺术、使用文字的初期文明社会。因此，中华文明多元一体核心在中原形成开始于陶寺遗址，经二里头遗址至商时期确立，西周时期得到巩固。陶寺遗址为探索中华文明核心在中原地区的形成，提供了关键的证据，也成为华夏文明起源的历史见证。[②]

在这里不能不提的是李济的"介休测量"。1926年，李济先生主持了对山西夏县新石器时代西阴村遗址的发掘，这次发掘是最早由中国人自己主持的田野考古工作。李济的团队于1926年2月12日到达介休，停留了10天左右。在此期间，除了对绵山的信仰做了调查外，还以驻扎城内的士兵和警察为样本进行了人类学的体质测量。这是继他在黄陂和黄冈之后，"在一个县的范围内所做的规模最大的一组人体测量"。在发表的报告里，李济说当地最常见的一种体质形态是圆头长面型，即"体质人类学所谓的不协调型"，而"长颅的和短颅的人在这里都能见到"，这种不协调型的原因很可能是这两种主要类型的混合所致。[③] 20世纪60年代，李济对在"介休测量"中提出的类型混合说进一步加以阐释，指出了"现代中国人的头盖骨是从所有北蒙古系列中进一步分化而来的……而与南方的其他东方人群体相比，

35

①　参见国家文物局编《中国考古六十年》（山西部分），文物出版社2009年版。

②　《陶寺：帝尧时代的中国》，《光明日报》2013年12月9日第15版。

③　参见李济《山西南部汾河流域考古调查》，《中国早期文明》，上海世纪出版集团2007年版，第111—121页。

中国人系列则显示出与他们有着特征混合的关系"①。"介休测量"说明，历史时期在黄土地上，不同族群之间的交流与融合，最终形成了黄土文明。

（二）文献记载

在炎黄二帝之后，黄河流域又先后出现了三位德才兼备的部落联盟首领——尧、舜、禹。据《史记》记载，"尧都平阳""舜都蒲坂""禹都安邑"，平阳是现在的临汾，蒲坂在运城永济，安邑在夏县，因此尧、舜、禹的统治中心都在今天的晋南。显然，最早的中国就在晋南，晋南也就成为中华文明的重要起源地。

继尧、舜、禹之后，历史进入了夏代。根据文献记载，夏人的主要活动区域包括晋南的汾、浍、涑水流域，豫西的伊、洛、颍水流域，乃至关中平原。襄汾陶寺遗址的发现与发掘，有助于早期夏文化的确认和突破。从陶寺遗址年代、墓葬所反映的社会发展阶段以及彩绘龙盘所属的族属等诸多方面，均可以看出，当时的中原大地已经萌生或正在形成象征着国家形态的礼乐制度和阶级差别，陶寺遗址有可能是夏文化的遗存。② 书中最早出现的"中国"一词，应该指的就是上古虞舜时代的山西南部，其辐射范围包括了晋中介休一带。在中国本土发生的文明中，从尧舜禹到夏商周，山西地区的文化传承从未中断。

（三）地理位置

36

山西省的许多名山，如管涔山、狐岐山、天池山、王屋山、太行山、雁门山、姑射山、霍山、孟门山与历山等，最早均见于《山海经》的"山经"之中。

《山海经》的地理原点在秦晋豫三角区，或者说，山西省运城市乃天下之中，古代中国指的就是山西运城。所有的地理都是从运城境内出

---

① 李济：《中国人的种族历史》，《中国民族的形成》，上海人民出版社 2008 年版，第 344—355 页。

② 参见高炜、高天麟、张岱海《关于陶寺墓地的几个问题》，《考古》1983 年第 6 期。

发，分别向东、西、南、北四方辐射。《山海经》中的许多民间故事，如精卫填海、后羿射日、大禹治水、女娲补天、夸父追日也与山西有关。

相传，女娲在晋城东浮山北谷中的"娲黄窟"里炼五色石补天。伏羲氏与女娲是兄妹，又是夫妻，他们的遗迹在吉县，县城北庖山顶上有伏羲皇宫。教人构木为巢的有巢氏在石楼县的石楼山上。山西境内还有关于祝融氏的传说，其修筑的两座城一座在汾阳县城西，一座在左权县城北。[①] 山西境内有两座"谷城"，一座位于长子县和高平县交界的羊头山，山上有神农城，又叫谷城；另一座在隰县，传说谷城是"神农尝谷之所"。[②]

在华夏族统一的过程中，黄帝是最为重要的代表。而黄帝与各个部落之间的战役也进行得较为激烈。相传，蚩尤战败被黄帝杀死后，他的血化为卤水，就是今天的解州盐池。黄帝的贤相风后生长于解州盐池的西南隅。黄帝的史官仓颉造字的场所在临汾，清代临汾南关外西赵村有仓颉故宅。[③] 山西也就成为黄帝族活动的主要范围。

不论是史籍记载，还是考古发掘，以及历史地理、民间传说，都印证了"中国"一词最初就是指山西"晋南"一带，而舜继位要"之（到）中国"，汉末学者刘熙就说："帝王所都为中，故曰中国。"经历了夏、商、周三代，到秦汉，此时的中国早已非五帝时代和舜"之中国"所说的中国。但是一统中国从理想到现实是距今四千到两千年前的事情，陶寺文化遗址所处的晋南地区由于其特殊的地理位置——地处中原黄河流域，黄土高原腹地，易于耕作，且气候湿润，这为远古农业的发展创造了良好的条件。正如考古学家苏秉琦所说，"小小的晋南一块地方曾保留远自七千年前到距今二千余年前的文化传统。可见这个'直根'在中华民族总根系中的重要地位，晋南也就成为'中华民族总根系'中的'直根'"[④]。新石器时代，山西南部属于"中原古文化"的重

37

---

① 参见光绪《山西通志》卷 54《古籍考六》。
② 参见光绪《山西通志》卷 53《古籍考四》。
③ 参见光绪《山西通志》卷 55《古籍考六》。
④ 苏秉琦：《华人·龙的传人·中国人》，辽宁大学出版社 1994 年版，第 89—91 页。

要组成部分，而山西北部又属于"北方古文化"的一个组成部分，它们有着各自的文化特色，但也有相互交融的迹象，从整体来看，山西是"中原古文化"与"北方古文化"两大文化区系的重要纽带。[①] 因此，山西是黄土文明的重要组成部分，是中华文明的摇篮。

[①] 参见苏秉琦《谈"晋文化"考古》，《文物与考古论集》，文物出版社 1986 年版，第 44—45 页。

第二章　黄土文明背景下的介休范例

晋中是晋南与晋北的过渡带，而介休位于晋中地区和晋南地区的交汇地带，因此介休不可避免地带有晋北文化和晋南文化的诸多元素。在历史时期，晋中就是游牧文明与农耕文明的汇合地带。不论是上文李济的"介休测量"历史记载，还是现有文化遗迹、故事传说，都足以说明在黄土文明这片区域内，介休作为其范例所具有的典型意义。

一　介休历史发展脉络

介休地处山西省中南部，太原盆地和太岳山的结合部，太原盆地西南端，太行山北侧，汾河南畔。距省会太原 120 千米。地理坐标为东经 111°44′10″—112°10′14″，北纬 36°50′01″—37°11′04″。东西最宽处 38.5 千米，南北纵长 38 千米，总面积 744 平方千米，占山西省总面积的 0.47%。介休北起义安镇任家堡村，南至绵山顶端艾蒿坡；西起义棠镇圪塔头村，东至张兰镇南窑头村。东北与平遥、汾阳接壤，西南与灵石相连，东南与沁源毗邻，西北与孝义相望。年平均气温 10℃，降水量 493 毫米。介休市是一座正在崛起的年轻的区域性中心城市，介休整个地势形态呈南高北低，海拔在 740～2487 米。南部为山区，主峰有绵山、天峰山等，属太岳山脉，面积 312 平方千米，占全市总面积的 42.09%；中部为丘陵区，面积 191.7 平方千米，占全市总面积的 25.86%；北部为平川区，面积为 237.6 平方千米，占全市总面积的 32.05%。介休山河秀丽、景色宜人，是远近闻名的旅游胜地。境内绵山如屏耸立，汾水似带环绕，名胜古迹星罗棋布。绵山风景区是六大低山旅游风景区之一，自隋唐以来，便是参拜、旅游的胜地。以自然景观"奇、险、秀"，人文景观"古、巧、绝"著称。寺庙、道观大多建于悬崖峭壁之间，主景抱腹岩岩顶伸出，呈抱腹状，洞内可容万人。

自 1996 年以来，由民营企业三佳公司投资开发建设，形成十大景区 120 多个景点的规模，从 2000 年开始，连续五个黄金周门票收入、旅游人数居全省主要景点榜首。例如，中华唯一的祆教建筑——祆神楼、"地上地下双城子，堡垣庙院博物村"——张壁古堡、琉璃艺术建筑瑰宝——后土庙道教建筑群、华夏第一柏——秦柏，还有始建于唐贞元十三年（797 年），距今已有 1200 多年历史，2006 年被国务院定为"重点文物保护单位"的洪山窑址，均在介休。另外，介休有 11 处国保单位，两个国家级非物质文化遗产传承项目，以及众多的历史文化名村。

（一）建制沿革

1. 政区沿革

表 2-1　历代政区沿革

世　代	总　隶	郡	县
唐	冀		
虞	并		
夏	并		
商	并		
周	唐		
春秋战国	晋魏		
秦		太原	界休
汉		太原	界休
三国	魏	西河	界休
晋太康元年	西河国		介休（改界为介）
元魏		定阳	平昌

续 表

世 代		总 隶	郡	县
东魏天平		南朔州		介休
齐天宝元年				介休(入永安,即孝义)
后周宣政元年			介休	
隋	开皇元年			介休(分介休置灵石)
	介休(领平遥)	义宁年		
唐	武德元年	介美州(辖灵石)		
	介休	贞观元年	冀宁道	
五代				介休
宋		太原路		介休
金			洛阳	介休
元至元二年		太原路	汾州	介休
明		山西布政司	汾州(万历十四年改州为府)	介休
清		山西布政司	汾州府	介休
民国		山西省		
新中国成立后		山西省		

1982 年,在城西南 8 千米义棠镇温家沟村发掘出新石器时代龙山文化早期遗址和东周文化遗址,出土了陶器等文物。可见新石器时代介休就有人类居住了。

上古时期,介休属冀。夏商时期属并,周代属唐。春秋时期属晋魏。

据《左传》(传五·二)记载,周代鲁隐公五年(前 718 年):"曲沃庄伯以郑人、邢人伐翼,王使尹氏、武氏助之。翼侯奔随。"随位于介休城东,晋文公、晋襄公时随地为士大夫会的食邑,这是史籍中最早关于介休的记载。昭公二十八年（传二八·三）秋，"晋韩宣子卒，魏献子为政，分祁氏之田以为七县，分羊舌氏之田以为三县。司马弥牟为邬大夫，贾辛为祁大夫，司马乌为平陵大夫，魏戊为梗阳大夫，知徐吾为涂水大夫，韩固为马首大夫，孟丙为孟大夫，乐霄为铜鞮大夫，赵朝为平阳大夫，僚安为杨氏大夫。谓贾辛、司马乌为有力于王室，故举之；谓知徐吾、赵朝、韩固、魏戊，余子之不失职、能守业者也；其四人者，皆受县而后见于魏子，以贤举也。前636年，晋文公返国赏随臣，介子推不言录，与母隐居绵山。晋文公焚林求贤，子推竟与母抱树而死。后，介休即依介子推休于此而得名"。晋顷公十二年（前541年），赵简子联合晋国的知氏、韩氏、魏氏、范氏、中行氏消灭了公族祁氏、羊舌氏，然后晋国分境内的祁氏之田为7县，境内开始设置邬县，封司马弥牟为大夫，县治在今天介休连福镇邬城店村一带。战国初，韩、赵、魏三家分晋，邬县属魏国，县境西部设平周邑。

秦始皇设郡县，城区建置界休，设置界休县，与邬县同属太原郡。平周邑改名为平州县，属西河郡。汉代介休仍然属于太原郡，新莽改界休为界美，东汉复名界休。平州县废置。三国时期，界休属并州西河郡，邬县属太原郡。晋太康元年（280年），改界休为介休，属西河国，邬县属太原国。西晋永兴元年（304年），介休城被匈奴贵族刘渊率军攻破。此后，北方少数民族长期战乱，介休地域隶属经常发生变化，县邑建制时有时无。到北魏太和八年（484年），复置介休县，属吐京镇西河郡。北魏太和十九年（495年）复制邬县，属并州太原郡。北魏孝昌二年（526年），西河郡被六镇起义军攻破，介休县治也被攻破。北魏永安年间（528—529年），介休县侨置汲郡界，属司州五城郡。东魏天平年间（534—537年），孝静帝派朔州军人驻介休城镇守，立为南朔州，但领军人，不领郡县。县境侨置定阳郡平昌县，寄住介休三十多年。北齐天保年间（550年）之后，邬县废置，并入永安县。北周宣政元年（578年）置介休郡。北周大成元年（579年）改介休县为平昌县，属介休郡。

隋开皇初年，撤销介休郡，平昌县属西河郡。开皇十年（590年），县境西南析置灵石县。开皇十八年，平昌县复名介休县，属西河郡。隋义宁元年（617 年），复置介休郡，县属介休郡。唐武德元年（618 年），介休郡改名为介州，县属介州。唐贞观元年（627 年），撤销介州，县属河东道汾州。唐天宝元年（742 年），属西河郡。唐乾元元年（758 年），属汾州。五代时，介休县属太原府汾州。北宋至道三年（997 年），属河东路汾州。五代时，介休县属太原府汾州。北宋至道三年（997 年），属河东路汾州。北宋熙宁元年（1072 年），孝义县并入介休县。北宋元祐元年（1086 年），复置孝义县。金代，属河东北路汾州。元代，属河东山西道宣慰司冀宁路汾州。明代洪武元年（1368 年），属山西布政司汾州。明万历二十三年（1595 年），属山西布政司汾州府。清代，属山西省汾州府。民国元年（1912 年），属山西省。民国三年，属冀宁道。民国十九年（1930 年），属山西省。民国三十二年（1943 年），阎锡山统治的第二战区长官司令部设立介休统委会，寄住介休县农村，属孝义县统委会。1945 年日本投降后，介休统委会接管了日伪政权，改统委会为县政府，属山西省。1948 年 7 月 17 日，介休解放。

民国二十六年（1937 年）12 月，成立介休抗日县政府，属山西省第四行政区。"十二月事变"① 后，介休属山西省第三行政区路西办事处。民国三十年（1941 年）2 月，属太岳专署；5 月属太岳专署第三办事处；8 月属晋冀鲁豫边区第九专署。1942 年 4 月，铁路北地区与平遥、孝义、汾阳县汾河地区合成立平介县，属晋绥边区吕梁行署七专署。1942 年 5 月，铁路南地区与灵石县河东地区合并成立介灵联合县，初属晋冀鲁豫边区第九专署；次年 3 月属太岳行署第一专署。1943 年 6 月，介灵分置，介休抗日政府隶属未变。日本投降后，县抗日政府更名为县民主政府，隶属未变。1948 年介休城解放后，属晋中区三专署。1949 年 2 月，属太原市三专署。9 月，属榆次区行政监察专员公署。同年 10 月平介县撤销，原铁北地区划归介休。1950 年 8 月，属榆次专署。1958 年 11 月，属晋中专署。1968 年 9 月，属晋中地区革委会。

43

---

① 抗日战争初期，迫于形势，国共两党建立了统一战线，但是阎锡山反共的本质并未消除。1939 年 12 月，他下令自己领导的山西旧军向共产党领导的山西新军发动全面进攻，制造了震惊全国的"十二月事变"。

1978 年 5 月，属晋中行署。1992 年 2 月，经国务院批准下文，介休撤县改设县级市，行政区域不变，依旧隶属晋中行署。现辖 7 镇、3 乡、232 个行政村、5 个街道办事处。

表 2-2　民国至新中国成立后介休的名称与隶属

年　代	名　称	隶　属	备　注
民国二十六年(1937 年)	介休抗日县政府	山西省第四行政区	
民国二十八年(1939 年)	介休抗日县政府	山西省第三行政区路西办事处	
民国三十年 2 月	介休抗日县政府	太岳专署	
民国三十年 5 月	介休抗日县政府	太岳专署第三办事处	
民国三十年 5 月	介休抗日县政府	晋冀鲁豫边区第九专署	
民国三十一年 4 月	平介县	晋绥边区吕梁行署第七专署	
民国三十一年 5 月	介灵联合县	晋冀鲁豫边区第九专署	
民国三十二年 3 月	介灵联合县	太岳行署第一专署	
民国三十二年 6 月	介休抗日县政府		
民国三十四年	介休县民主政府		
民国三十七年		晋中区三专署	
民国三十八年 2 月		太原市三专署	
民国三十八年 9 月		榆次区行政监察专员公署	
民国三十八年 10 月			平介县撤销,介休铁北地区回归介休
1950 年 8 月		榆次专署	
1958 年 11 月		晋中专署	
1968 年 9 月		晋中地区革委会	
1978 年 5 月		晋中行署	
1992 年 2 月	介休市	晋中行署	

（二）疆域演变

在介休当地，流传着"先有邬城店，后有介休县"的说法。《辞海》载："邬县，古县名。公元前514年晋分祁氏采邑置七县，邬居其一，治所在今山西介休东北。"《康熙字典》载："邬，县名。今汾州介休县有邬城。"《元和郡县图志》载："邬城泊，在县（今介休）东北二十六里。"《汉书·地理志》载："邬，九泽在北，是为昭余祁，并州薮。晋大夫司马弥牟邑。"《魏书·地形志》记载："邬，二汉、晋属，后罢，太和十九年复。有中都、邬城。"又，汾州西河郡："介休，有邬城。"《清一统志》汾州府："邬县故城，在介休县东北，春秋晋邬邑……《魏书·地形志》中记载：介休县有邬城，邬县亦有邬城，盖邬县本汉故城，前属介休，后属邬县也。邬县到北齐时废。旧志：故邬城，在县东北27公里，今为邬城店。"[①] 以上说明，介休在春秋时称邬县，为祁地七县之一，古邬县就是今介休，今介休就是古邬县。

春秋时代，晋顷公十二年（前514年），设置邬县，其疆域包括介休东北及平遥西北地区。《山西通志》[②] 记载："秦汉时的界休县，位于绵山以西，东与上党郡铜鞮县（沁县）接壤，西和兹氏县（汾阳）毗邻；北接邬县（介休），南连河东郡之彘县（霍州），属太原郡辖，西汉元朔四年（前125年）改隶西河郡辖。范围约为今灵石全境，介休市龙凤、秦树等乡，及今孝义市下辖乡一带和沁源县部分乡村。魏晋时的介休县，东与上党郡谷远县（沁源）接壤，西和中阳县（孝义）毗邻；北接邬县（介休），南连河东郡之永安（霍州），属西河郡（国）辖。"唐李吉甫《元和郡县志》卷十三载："介休县，望。西北至州六十五里。开元户一万一千三百八十三。乡二十二。本秦、汉之旧邑，在介山西，因名之。后魏明帝时为胡贼所破，至孝静帝更修筑，迁朔州军人镇之，因立为南朔州，但领军人不领郡县，其介休县仍属汾州。高齐省介休入永安县。周武帝省南朔州，复置介休县，宣帝改介休为平昌县，隋开皇

45

---

① 刘纬毅：《山西历史地名词典》，山西古籍出版社2004年版，第115页。

② （明）李维祯纂修：《山西通志》，中华书局2002年版。

末又改平昌为介休县。义宁元年于县置介休郡,武德元年改郡为介州。贞观元年废介州,以县属汾州。介山,在县西南二十里。雀鼠谷,在县西十二里。汾水,在县北十二里。"

北宋神宗熙宁五年(1072年),孝义县并入介休县,疆域扩展到了孝义县域。元祐元年(1086年),孝义县划出。元代属河东山西道宣慰司冀宁路汾州。明代洪武年属山西布政使司汾州。清代属汾州府。民国元年,属山西省。1953年,实行区乡村制,初划为55个乡。汾阳县的北万户堡、中万户堡、田李村、任家堡和孝义县的南万户堡、白家堡等村划归介休县,疆域包括灵石和孝义的部分县域。1954年,将河生乡改为河生和城南两个乡,全县66个乡。1958年9月,全县成立了5个人民公社,即跃进公社(在张兰)、卫星公社(在城关)、钢铁公社(在义棠)、火箭公社(在义安)、红旗公社(在大靳)。同年10月,介休、灵石、孝义3县合并为介休县,全县共19个人民公社,辖85个管理区。1961年4月,三县分开,介休县留有8个人民公社,介休县北的张家庄村、小圪塔等村划入孝义镇公社,将灵石县沙木村划归介休义棠公社,将介休县马壁村划归平遥县。[①]

(三)行政区划

明清两代,全县实行了坊里都甲制。县下设置"都",都下设置"甲",一般以序数命名。都甲的主要任务是征收田赋。各里设户长,按甲征收田赋,摊派差役。据康熙《介休县志》载,"旧额编四十五坊里,在城为坊,进城为厢,在乡为里。每坊里各编10甲,各甲里有甲长,各甲有户长,一应差徭,顺甲应当。万历间史记事于年终金差役,见一甲有数百丁,有十余丁,甚有二三丁者,殊为不均,二十七年审编,议合甲并里,为二十四坊里。众寡贫富适均,民甚称便。清兴,顺治九年,李如模又合并为十二坊里,迄今照里甲遵行。"明代设45坊里,每坊里各编10甲,各甲里有甲长,各甲有户长。万历二十七年(1599年),知县将45坊里合并为24坊里。清顺治九年(1652年),为了便

---

① 参见山西省介休市志编撰委员会《介休市志》,海潮出版社1996年版,第5—6页。

利民众办事，按照众寡贫富适均的原则将 24 坊里合并为 12 坊里。清代同治六年（1867 年），改 12 坊里为 12 都。即潞公、槐板、邬城、东作、东原、岐阳、绵蘖、绵上、西谷、汾阴、北滩、汾北都，领 211 村。城东 102 村，城西 22 村，城南 62 村，城北 25 村。

民国七年（1918 年）以后，改为区村制，全县分为 4 个区。1938 年 2 月 15 日，日本人占领介休后，介休抗日县政府将全县划分为八个区。民国三十一年，铁南地区和灵石县汾河东地区合并成立介灵联合县，划分为 8 个区，灵石境内 4 个区，介休境内 4 个区。民国三十二年（1943 年）介灵联合县分置，介休仍为 4 个区，一区在张兰、赵家窑、板峪一带，二区在东西湖龙、洪山一带，三区在龙凤、三佳一带，四区在兴地、大靳一带。民国三十七年（1948 年）10 月，原铁北平介县四区归回，改为介休县第五区，新设城关区，全县六个区，一区祝张兰（39 个村），二区祝义安（30 村），三区驻三佳（24 村），四区驻保和（26 村），五区驻罗王庄（34 村），城关区驻城内。1953 年实行区乡村制，初划为 55 个乡。1954 年将河生乡改为河生和城南两个乡，全县共 56 个乡。1956 年撤销区级建制，扩大了乡的区划，全县为 21 个乡，一个镇。1958 年全县成立了 5 个人民公社，公社设立管理委员会，下设管理区，全县共设 25 个管理区。1958 年 10 月，介休、灵石、孝义三县合并为介休县，全县共 19 个人民公社管理委员会，辖 85 个管理区。1959 年，公社逐渐缩小范围，全县增为 23 个人民公社，辖 614 个管理区。1960 年改为 21 个人民公社，同时设 8 个街道管理区。1961 年 4 月，三县分治，介休留有 8 个人民公社，后改为 16 个人民公社。1962 年为 19 个人民公社，224 个生产大队，4 个办事处。1964 年为 20 个人民公社，241 个生产大队，4 个办事处。1965 年为 1 个镇，19 个人民公社。1966 年为 1 个镇，20 个人民公社，236 个生产大队。1971 年，万户堡公社划入汾阳县，沁源县的王和、王陶、玉凤 3 个公社划入介休。1972 年，王和、王陶、王凤 3 个公社归回沁源县，全县为 1 个镇，19 个人民公社，233 个大队。1977 年万户堡划回介休，全县为 1 个镇，20 个人民公社，245 个大队。

1984 年 4 月，全县进行了县乡两级选举，除城镇外，全乡各公社均改为乡。同年 8 月 29 日，又将张兰、义安、洪山、连福、义棠 5 个

47

乡改为镇。至此，介休共有 6 个镇（包括城关镇），14 个乡万户堡乡、北辛武乡、宋古乡、东湖龙乡、上梁乡、北贾乡、樊王乡、化家窑乡、板峪乡、龙凤乡、秦树乡、大靳乡、西靳屯乡、三佳乡。

1985 年，将城镇与城关乡合并为城关镇。1992 年 2 月，经国务院批准下文，介休撤县改设县级市，行政区域不变，依旧隶属晋中行署。1994 年，全市共有 6 镇、14 乡，辖 4 个办事处，251 个村民委员会。

介休市现辖 5 个街道办事处——北关街道、西关街道、东南街道、西南街道、北坛街道；7 个镇——义安镇、张兰镇、连福镇、洪山镇、龙凤镇、绵山镇、义棠镇；3 个乡——城关乡、宋古乡、三佳乡；231 个行政村。①

二　介休的自然生态

由上文可知，介休原为"界休"，治所在今山西介休东南，西晋改为介休县。秦置界休县，晋改介休县。由此我们可以看出，秦之界休县就是晋之介休县。介休市位于山西省中部，晋中盆地南端，北临汾河，南依绵山。向南经古雀鼠谷可通往临汾盆地，自古即为北方与中原经济文化交流的重要通道，因此素有"陕晋通衢"之称。由于特殊的地理位置和紧靠汾河，介休很早就有人类居住。1982 年，在介休的城西南 8千米义棠镇温家沟村发掘出新石器时代龙山文化早期遗址和东周文化遗址，当时有陶瓷等文物出土，而温家沟村位于介休市西大门，南同蒲铁路穿村而过，西边紧临汾河。由于汾河水系的润泽，为介休的农业起源奠定了坚实的物质基础。

介休位于黄土高原的东部边缘，黄土高原是包括秦岭以北、阴山以南、太行山以西、日月山及乌鞘岭以东的广大地区。黄土通过持续不断的强劲西风长期从亚洲大陆的腹地蒙古高原以及塔克拉玛干沙漠等地搬运来，黄土层的厚度一般 50～80 米，这是世界上黄土分布面积最大且最为深厚的地区。黄土中含有不少氮、磷、钾和其他微量元素，比较肥

---

① 参见山西省介休市志编撰委员会《介休市志》，海潮出版社 1996 年版，第 6—16 页。

沃，黄土层深厚又便于蓄水。黄土的结构显现出均匀、细小、松散、易碎的特点，便于耕作。从微观上看，黄土的化学组成主要有二氧化硅和氧化铝，并含有钙、镁、碳酸盐等物质。黄土土壤呈碱性，含有较多的碳酸盐，保有较高的肥力。黄土颗粒按其大小可分为细砂、粉土、黏土，分布在这些地区的黄土以粉土为主，其含量常超过 50%，细砂含量一般为 15%～30%，黏土含量为 10%～25%。[①]

何炳棣在其《中国农业的本土起源》[②] 中，探讨了黄土对于农业生产的优势因素。他指出黄土高原的土壤主要是风化而成，所以在结构上均匀、细小、松散、易碎，因此使得原始的掘土木棒比较容易入土。这可能就是黄土高原地区尽管气候非常干旱，却是中国新石器文化的摇篮的原因之一。准确地说，黄土由于长期的干旱半干旱形成条件，使其土壤结构异常均匀、松散并具有良好的透水性，这很利于木质原始掘土农具的翻掘。黄土不易风化，保持着矿物成分，所以非常肥沃。尽管有限的年降雨量连 20 英寸都不到，但是它集中在夏天，这使得先民们能成功地种植少数几种在半干旱环境中经过长期的自然选择存留下来的谷类植物。另外，黄土一般具有良好的保水和供水性能，在雨量较少的情况下，粮食作物的收成高于其他土壤。所有这些因素，促成了中国农业和新石器文化突破某些自然条件的限制，在黄土高原的中心地区出现。大概只有在中国的黄土高原，这些限制条件才能被抵消。

根据历史的观点，世界上最持久的，一直完全按照中国文明的不朽特征发展的自给自足的中国农业制度的基础，是公元前 5000 年在仰韶文化的中心地区奠定的。[③] 这个地区最宝贵的大自然的恩赐是黄土，黄土的价值弥补了这个地区所有的缺憾和不足。美国地质学家普姆皮利（Raphael Pumpelly）是一位杰出的黄土研究的先驱者，1904 年，他曾率领一支考古远征队来到俄国的土耳其斯坦。他指出，黄土在人类历史上发挥过重要作用，特别是中国的黄土，它的肥力似乎是用之不竭的。

49

---

① 参见刘东生等《黄土的物质成分和结构》，科学出版社 1966 年版。

② 何炳棣：《中国农业的本土起源》，马中译，《农业考古》1984 年第 2 期。

③ 参见何炳棣《中国农业的本土起源（续）》，马中译，《农业考古》1985 年第 1 期。

正如里奇瑟芬（Ferdinand von Richthofen）所说，这种性质部分是由于黄土的厚度和结构；部分是由于雨后，养分通过腐烂的草茎留下的管道，由毛细吸附作用带到地面积聚起来；部分是由于新鲜的土壤不断被风从内地带来。几千年来，在中国的大片土地上，虽然实际上并没有多施肥料，但收获一直不断提高，这个事实说明了土壤的自肥能力。也正是不断增加的稠密的人口限制了这些土地供养生命的巨大能力。[①] 正是黄土疏松的土质结构，便于农业以石器等生产工具为主的开垦耕作方式，也便于农作物的种植与收获。虽然黄土地带气候干旱，年降水量较少，但雨水集中在夏季，有利于作物的生长。无可否认，黄土是一种有利于农业生产的土壤。黄土天然具有易于耕作的特征，为早期文明的形成奠定了基础。

因广泛黄土堆积而形成的黄土高原，既是中华民族的重要发祥地，也是中华文明的摇篮。从考古发掘来看，早在新时期时代，黄土高原地区便已成为原始农业种植区，出现了黄土文明的端倪。从炎黄时代开始，黄土高原地区逐渐发展起农耕、医药、音乐、文字等文化事项，出现了某些社会制度的雏形，中国的黄土文明由此诞生，并流传至今。时至今日，世界大部分的文明已消逝在历史的尘埃中，唯有中国的黄土文明仍在彰显其生命力。我国光辉灿烂的古文化之所以能够在几千年内经久不衰，与黄土高原独特的自然环境和生于斯长于斯的人们对农业生产的创造性努力密切相关。

从黄土、黄土高原、黄土文明的宏大视野回到介休文化的发生与发展。优质的黄土为介休成为农业的起源提供了良好的基础，这为立足于黄土基础之上的介休农业的发生和发展提供了保障。因黄土对于农业生产的优势所在，应运而生了农业文明，尤其是旱作农业的文明。由此，对于介休农业的考察，可以丰富我国北方旱作农业理论。同时，农业的发展也推动了各种衍生物的发展，使当地成为在历史的长河中富甲一方的优势区域，滋养生命、孕育文化，也在农业生产基础之上发展出了富有延续性且富有生命力的灿烂的农业文化。

① 参见何炳棣《中国农业的本土起源（续）》，马中译，《农业考古》1985年第1期。

三　介休的人文生态

作为黄土文明的典型代表，中国人身上体现出了"安土重迁"的特质。然而，从本质上说，黄土文明是一种农业文明，即便是有着洪洞移民、走西口的案例，抑或是政府的强制，或是生计所迫的情况下采取的一种无奈的选择。对于黄土地上大多数普通人来说，希望过着一种"鸡犬相闻，老死不相往来"的理想生活。不但个人不愿意背井离乡，而且每个人住的地方常是他的父母之邦，"生于斯，长于斯，死于斯"是对其最好的概括。对于他们来说，家园不仅提供衣食，更是宗庙所系，因而有"叶落归根"的古训。中国历史上的几次大迁徙，都带有强烈的军事与政治色彩。人们终身不离开这片土地，人们满足这样一种简单的生产，缺乏扩大再生产的能力和愿望，在此基础上形成了一种安土重迁的心态、不肯远徙、忠厚善良、勤俭质朴、热情好客的民风，以及围绕这种心态的以家族为本位的伦理型文化。费孝通先生把这样的社会称为"乡土社会"。黄土地上的乡土社会在长期的发展过程中形成了一种内敛型文化，尤其是明代以后，封建专制制度的进一步加强，海禁贸易的实施，使中国更加封闭，这种内敛型文化的弊端也进一步显露出来。

从文化上讲，晋文化是游牧文化与农耕文化交流融合的重要地带，在晋文化的体系里，介休是以河东古文化为代表的中原农耕文化与以雁门古文化为代表的北方游牧文化的分界线①，它是古冀州文化区与并州文化区的分界线，也是今晋南与晋北文化区的分界线。介休具有 2600 年的历史，其人文资源丰富，文化底蕴深厚，被誉为"三贤故里"，分别指春秋时期割股奉君、功不言禄的晋国重臣介子推，东汉时期博通典籍、名震京师的太学生领袖郭林宗和北宋前期历五帝、仕四朝、出将入

51

----

① 中原古文化区大致包括关中、豫西和晋南一带；北方古文化区即习惯上所称"三北"中的北方，相当于今内蒙古中南部的一部分、晋北、陕北和冀西北的一部分。参见景茂礼《界休与介休》，《沧桑》2008 年第 1 期。

相五十载的政治家文彦博。在这"三贤"里面，关于介子推的历史传说最久远，也因其"功不言禄"的风范颇为符合中国传统文化理念，所以介子推一直为世人所称颂。在晋代，曾经为晋王的司马炎顺应了民众对于介子推的怀念而改界休为介休，介休也因此而得名。明清时期，介休还是闻名天下的晋商故里，道光年间的北贾村侯家，同治年间北辛武村冀家，均是晋商中的杰出代表。在其研究的历史发展过程中，孕育了丰富的文化遗产。

（一）物质文化遗产

山西是文物大省，是古建筑艺术博物馆，俗言之："地上文物看山西，地下文物看陕西。"到 2013 年，全国共有国保单位 4295 处，其中山西省共有 452 处，总量位居全国第一。作为县级市的介休到目前为止有 11 处"国保"单位，远远超过了山西省的平均值。

表 2-3　介休市文物保护单位(96 处)

国家级	山西省级	晋中市级	介休市级
11 处	2 处	4 处	79 处

表 2-4　介休市国家级文物保护单位名单 （11 处）

序号	名　称	时　代	地　址	公布时间	备　注
1	祆神楼	清	城内顺城关	1996 年 11 月	第四批
2	后土庙	明、清	城内庙底街	2001 年 6 月	第五批
3	洪山窑址	宋至清	洪山镇洪山村	2006 年 5 月	第六批
4	张壁古堡	宋至清	龙凤镇张壁村	2006 年 5 月	第六批
5	回銮寺	元至清	绵山镇兴地村	2006 年 5 月	第六批
6	介休东岳庙	元至清	绵山镇小靳村	2006 年 5 月	第六批
7	太和岩牌楼	清	义安镇北辛武村	2006 年 5 月	第六批

序号	名　　称	时　代	地　　址	公布时间	备　注
8	介休五岳庙	清	城内草市巷	2006 年 5 月	第六批
9	介休城隍庙	明、清	城内东大街	2013 年 5 月	第七批
10	云峰寺石佛殿	明	绵山抱腹岩	2013 年 5 月	第七批
11	洪山源神庙	明、清	洪山镇洪山村	2013 年 5 月	第七批

（二）非物质文化遗产

为了保护人类文化的多样性，1998 年联合国教科文组织公布了《人类口头和非物质遗产代表工作条例》，正式提出了"人类口头和非物质遗产"这个概念，简称"非遗"。2005 年 3 月，国务院颁布了《关于加强我国非物质文化遗产保护工作的意见》，同时还制定了相应的保护办法，从此，"非物质文化遗产"这一外来词语和概念正式进入中国官方语言，并迅速被学术界所启用，甚至成为目前中国文化语境中最为流行的时尚新词。非遗的范围包括五个方面：口头传统和表述；表演艺术；社会风俗、礼仪、节庆；有关自然界和宇宙的知识和实践；传统的手工艺技能。黄土地独特的人文生态与久远的历史文化孕育了人类文明，也正是在这样的历史语境下形成了其独特的非物质文化遗产。

目前，介休市共有五个非物质文化遗产项目，其中清明习俗和琉璃烧制技艺两个属于国家级项目，清明节、寒食节、介子推传说三个属于省级项目。

1. 民俗——寒食之乡

清明节本是二十四节气之一，而作为岁时节日的清明节在融合了寒食节、上巳节的有关风俗后，便有了一系列风俗活动。

寒食节是为了纪念介子推。介子推在晋文公称帝后"功不言实禄"，隐居介休绵山，晋文公为逼其出山，放火烧山，介子推和母亲被烧死。正是由于介休与清明节的渊源，在清明文化的传承过程中，介休才更具

53

有典型性。传统社会中，寒食清明的习俗活动丰富多彩，主要包括禁烟、吃冷食、祭祀、扫墓、插柳、踏春、踢蹴鞠、荡秋千、放风筝、斗鸡、赏花、咏诗等一系列传统活动，以及发黑豆芽、采柳芽、蒸面塑、戴柳圈、扫房顶、挂红兰兰纸、唱大戏等具有浓郁地方特色的活动。寒食清明的特色食品品种繁多，风味独特。传统的子推蒸饼、子推燕、蛇盘兔面塑、枣饼、麻糖、贯馅糖等已成为时尚食品。其中多数寓意深刻，如祭食蛇盘兔，俗有"蛇盘兔，必定富"的俗语，寓意为期盼国富民强；子推燕，取介休方言"念念"，不忘介子推高风亮节。

2006 年，清明节被列入国家级非物质文化遗产名录；2007 年，国务院又将三个中华民族的重要节日——清明节、端午节和中秋节列为法定节假日。这些重大决定，表现了国家对公众的传统文化生活的重视与尊重，推动了民族传统文化的传承。2011 年，介休寒食清明习俗被列入国家级非物质文化遗产名录。

21 世纪以来，在全球化、现代化不断发展的背景下，传统节日逐渐受到冷落。年轻一代对清明习俗淡漠疏远，传统习俗的传承面临着挑战。近年来，随着国家对民族传统节日保护的重视，地方政府也积极响应国家的号召，介休市已累计投入 2 亿多元对清明习俗进行抢救和保护。2008 年和 2009 年连续两年由中央文明办、中国民间文艺家联合会、山西省人民政府主办，介休市政府承办"我们的节日·中国传统节日（清明节）"论坛暨"山西介休中国清明文化节"。政府还投入大量的人力、物力对清明文化的资料、实物、古建、民俗等进行保护。介休也被授予"中国寒食清明文化之乡"称号，绵山被授予"中国寒食清明文化研究中心"称号。

54

2. 传统手工技艺——琉璃

介休自古就有"琉璃之城"的美誉，烧造琉璃并用于建筑已有1200 多年的历史，现存大量精美的烧制于明、清时期的建筑琉璃作品，生动地展示了介休琉璃的辉煌历史。据不完全统计，这些琉璃作品存在于介休境内的 23 组建筑群中，为近百座古建筑使用。其中，城内分布最为集中，后土庙、祆神楼、文庙、五岳庙、城隍庙、关帝庙 6 组建筑群使用了琉璃。另外,在琉璃艺术发达的洪山镇和义棠镇分布也比较集中。1957 年,在洪山窑址出土了唐贞元十一年(795 年)的"法兴寺碑",据碑文记载,"神峰北,第一所:东至大烟头,南自至,西至琉璃寺,北至石佛脚",说明介休在唐代就有琉璃建筑。

从遗址现存状况来看,洪山窑以喊车沟烧造年代最早,采坪沟多为宋元窑口。洪山源神庙窑神殿清光绪十八年(1892 年)《公同义阖碗窑行公议规条碑记》载:"推瓷器生产,首属我洪山村也。自唐朝末宋代初而开设碗窑久矣。"宋金时期为洪山陶瓷的鼎盛时期,明朝大窑口略有增加,清朝年间时兴时衰,民国时期停烧。

洪山瓷窑遗址是山西乃至北方地区一处历史悠久的古瓷窑场,在中国陶瓷艺术史上占有重要地位。2008 年 6 月,介休传统琉璃制作工艺被列入第二批国家级非物质文化遗产保护名录。

3. 曲艺——干调秧歌

介休干调秧歌是介休土生土长的地方小剧种,因演唱没有音乐伴奏,只凭演员的自身嗓音演唱,即干唱,故称其为干调秧歌。干调秧歌自产生以来就深受介休百姓的喜爱,于是它在介休这块文化沃土上迅速生根发芽,此后逐渐把介休当地的很多特色与生活元素融入其中,并不断吸收当地的养分,经过长期的衍变,最终发展成为现今的介休干调秧歌。

由于各个朝代对介休干调秧歌的记载几乎没有,其具体的起源时间已无从考证。民间传说:"在北宋时,宋、辽交战,赵德芳和寇准被困幽州,杨六郎率八姐、九妹等杨家将前去营救。当时辽国的防守很严密,杨家将的进攻受到了阻碍,只好装扮成一伙秧歌艺人才得以混进城去,最终救出了赵、寇二人。介休干调秧歌演出在当地的每年春节和元宵节,介休的每个村庄都要按照杨六郎带领杨八姐、九妹闯幽州的故事组织秧歌队的形式进行演出活动,有即兴编词的随编随唱,有时也演唱一些秧歌小段,如《绵山十景》《观灯》《打酸枣》《下四川》等。到了清代中叶,介休干调秧歌受到了梆子戏的影响,搬上了戏曲舞台,后期艺术形式得到了不断的提高,剧目不断增加,表演艺术、服装、道具等

55

也不断改进，不仅演出于介休当地，还到灵石、沁源等地进行演出活动。"①

　　传说透露出以下信息：第一，干调秧歌至少有一千多年的历史；第二，宋王朝和少数民族之间在这一地区发生过战争；第三，干调秧歌在当时已经流传很广。按照戏曲一般的演变过程，干调秧歌最初应该是农夫在田间劳作时随意编唱的曲调，其雏形属于一种民间即兴吟唱的小调，后来受到地方其他戏曲的影响，在和其他地方戏曲剧种的长期交融中，干调秧歌不断得到发展，表现形式与内容也不断丰富起来，由最初简短的民间小调，后来移植晋剧的有些剧目，逐步发展到和其他戏曲剧种一样拥有了属于自己的整本剧目和小折子戏。清代和民国年间是介休干调秧歌最鼎盛的时期。介休干调秧歌是戏剧中绝无仅有的特殊剧种，有"中国戏剧的活化石"之称。

　　1996 年的《介休市志》首次将介休干调秧歌载入史册，2006 年，通过介休市当地政府部门和民间艺人的共同努力，介休干调秧歌成功入选晋中市非物质文化遗产保护名录，至此一直游走于田间地头的民间艺术终于正式登上了中国民族文化的殿堂。

　　4. 民间文学——三贤文化

　　介休三贤分别为春秋时期割股奉君的介子推，东汉时期博通典籍的郭林宗，北宋时期出将入相五十载的文彦博，三贤均是忠孝文化的代表。

　　《左传》② 载："晋侯赏从亡者，介之推不言禄，禄亦弗及。……遂隐而死。晋文公求之不获，以绵上为之田，曰：'以志吾过，且旌善人。'"这里并未提及介子推被烧死，而到了后面史籍的记载就不同了。据《后汉书》③ 载："太原一郡旧俗以介子推焚骸有龙忌之禁，至其亡月咸言神灵不举火，由是士民每冬中辄一月寒食，莫敢烟爨。老小不堪，岁多死者。举既到州，乃作吊书以置子推之庙，言盛冬去火，残损民命，非贤者之意，以宣示愚民，使还温食。于是众惑稍解，风俗颇

---

　　① 夏兰编著：《中国戏曲文化》，时事出版社 2007 年版，第 307 页。
　　② 《左传》卷十二《僖公二十四年》。
　　③ 《后汉书》卷六十一《左周黄列传第五十一》。

革。"唐代的"开元礼"正式将寒食扫墓列入法定礼仪中。而在流传过程中，寒食节逐渐并入了清明节之中。

《后汉书》^① 载：郭泰"家世贫贱。早孤，母欲使给事县廷。林宗曰：'大丈夫焉能处斗筲之役乎?'遂辞。就成皋屈伯彦学，三年业毕，博通坟籍"。可见他胸怀大志，准备走"学而优则仕"的道路。《后汉书》^② 记载："（太学）诸生三万余人，郭林宗、贾伟节为其冠，并与李膺、陈蕃、王畅互相褒重。"从记载中可以看出，郭泰是太学生中的领袖。建宁元年（168年），太傅陈蕃、大将军窦武为阉人所害，林宗哭之于野，恸。既而叹曰："'人之云亡，邦国殄瘁'。'瞻乌爰止，不知于谁之屋'耳。"到了建宁二年（169年），第二次"党锢之祸"中，汉灵帝被宦官挟持，下诏捕杀李膺、杜密等名士百余人，并陆续杀死、流徙、囚禁六七百人，太学生被抓捕者千余人。郭泰讲学于家乡，虽然幸免于党祸之争，但他听到许多名士君子惨遭枉死，悲愤交加，郁郁而死，终年42岁。

《宋史》（卷三百一十三"列传第七十二"）载："文彦博立朝端重，顾盼有威，远人来朝，仰望风采，其德望固足以折冲御侮于千里之表矣。至于公忠直亮，临事果断，皆有大臣之风，又皆享高寿于承平之秋。至和以来，建是大计，功成退居，朝野倚重。熙、丰而降，弼、彦博相继衰老，憸人无忌，善类沦胥，而宋业衰矣！"

正因为三贤颇为符合中国传统文化的忠孝思想，三贤也就成为介休的文化名人，因而介休被誉为三贤故里。

57

（三）历史文化名村

聚落是人类历史的缩影，古村落是中华文化的基本载体，是人类历史的活化石，是不可再生的资源，在这里保留着最根本的文化记忆和多元文化发展的可能性，成为中华民族文明和智慧结晶的纽带。古村落中的民风民情，展示着独特的风采和迷人的魅力。然而，在现代化的语境

---

① 《后汉书》卷六十八《郭符许列传第五十八》。

② 《后汉书》卷六十九《党锢列传序》。

中，平均每天消亡 300 个自然村，随着自然村的消亡，很多古村落也就消失了。[①] 中国民间文艺家协会主席冯骥才不无感慨地说："古村落是中华民族五千年的农耕文明留给后人的财富，我不希望我们的后代只能在博物馆里看到镰刀、锄头，那将是无比的悲哀。"因此，在文化自觉的时代背景下，对于古村落的保护也就应运而生。而作为"三晋通衢""游牧与农耕文化交界地带"的介休市汇聚了很多古村落，其历史久远，文化样态之丰富也是较为独特的。介休市入围的 3 个古村落，建村历史悠久，蕴藏着浓郁的黄土文明的民俗风情和深厚的文化底蕴。

1. 张壁村："地上地下双城子，堡垣庙院博物村"

张壁古堡位于山西省介休市城区东南 10 千米龙凤镇张壁村，背靠绵山，海拔 1040 米，面积约 12 万平方米。张壁古堡地面历史文化遗存丰富，地下工程庞大复杂，使得张壁古堡成为以明堡暗道为特色，集古代军事文化、宗教文化、民俗文化于一体的独特的历史人文景观。清代商人当年号称张壁首富，他修建了位于贾家巷的、由八个院落组成的张壁最大院落。

张壁古堡是"地上地下双城子，堡垣庙院博物村"，其隋唐古地道尤为闻名。清华大学建筑系在其编撰的中国古村落丛书中专门出版了《张壁村》一书，从建筑学角度展示了该村的历史。[②] 2006 年，张壁古堡被列为全国重点文物保护单位。2009 年，介休市政府专门成立了"张壁古堡保护与开发管理委员会"，通过了《介休市张壁古堡保护开发管理实施暂行办法》，2011 年张壁新村项目工程破土动工，2012 年张壁古堡旅游度假区项目被列入晋中市文化产业重点扶持项目。

2. 洪山村：水利文化的缩影

洪山村以水文化、香文化和陶瓷文化闻名遐迩。洪山水利博物馆是国内第一家专以介绍水文化为内容的博物馆；洪山香被誉为香中极品；

---

① 据国家统计数据显示，2000 年中国有 360 万个自然村，到 2010 年自然村减少到 270 万个，十年里有 90 万个村子消失了，换言之，一天之内就有将近 300 个自然村落消失，而自然村中包含众多古村落。

② 参见陈志华《中国古村落——张壁村》，河北教育出版社 2002 年版。

洪山古有"陶村"之称，洪山陶窑始建于唐贞元年间，距今已有千余年历史。

洪山村与洪山泉有关，洪山泉域位于介休县东南，是以洪山泉为主，包括七星泉、洪山河、灰柳泉等水源在内的覆盖 70 余个村庄的水利灌溉系统，方圆 40 余里。

介休民间歌谣《数村村》中唱道："洪山的柏香和瓷器，国内国外也有名。"嘉庆《介休县志》卷四《物产》项中记载，"北乡芦苇，西南煤炭，辛武盐场，义棠铁器，洪山磁器，一邑之利薄矣"；"杂产"项中亦有"磁（瓷）器，出石屯、磨沟、洪山等村；香，出洪山"的记录。所以，围绕泉域形成的圈子，也就是泉域社会。[①]

同时，围绕泉域社会还形成了一系列的信仰，源神庙就是重要的信仰载体。源神庙所处的洪山村位于狐岐山山麓。源神庙创建年代不详，据宋大中祥符元年（1008 年）碑记所载，改庙在至道三年（997 年）重建。洪山村现有人口 5000 余人，是洪山镇政府所在地，著名的洪山源神池就在村内。据《介休市志》[②] 载，该村传统制香业已有 1300 年的历史，陶瓷业早在唐代已建窑，其窑址就在村东南。每年农历三月初三为源神池放水之日，有盛大的庙会举行，农历八月初一也有一天的庙会。

3. 北贾村：晋商的代表

北贾村因其商贾云集而得名，曾经盛极一时的晋商侯家便出自该村。据徐珂《清稗类钞》称，山西侯氏有资产七八百万两，是晋商中仅次于亢氏的大户，其资产超过了赫赫有名的灵石王家、祁县乔家和榆次常家等晋商家族，侯家的城堡式村落的面积也远远超过了灵石的王家大院和榆次的常家庄园。

侯氏以贩绸缎起家，发迹于乾隆年间，兴盛于嘉庆年间，道光初年创办蔚字号票号。侯家的鼎盛是从同治七年（1868 年）平遥源祠村人

---

① 参见张俊峰《明清时期介休水案与"泉域社会"》，《中国社会经济史研究》2006 年第 1 期。

② 介休市志编纂委员会：《介休市志》，海潮出版社 1996 年版，第 20 页。

李宏龄入侯氏蔚丰厚票号开始的，据侯从杰墓志称："支部几遍全省，千里一呼无不相应。"侯从杰去世后蔚字号开始衰落。

4. 张兰镇（村）：古玩第一村

张兰镇，在介休县东四十千米，为"孔道咽喉"，亦"县东屏蔽"①。这里曾经商贾云集、庙堂林立，明、清两代曾设有二府衙门，历史和文化底蕴十分深厚。隋唐时期名叫张难堡，明代改为张南镇，后改为张兰镇。

张兰镇在乾隆十七年（1752 年）设立巡检，二十二年（1757 年）裁，而"移汾州府同知驻此"②，这个同知署原本在介休县城察院东为分守道署，康熙二十八年（1689 年）的清军总捕同知署，现移驻张兰镇，可见其重要程度。当时，汾州府衙门设在镇内，专管洪山水利事件。张兰镇交通便利，商业集市较为发达。据嘉庆《介休县志》载："张兰镇每逢单日集，三月初一至初十日会，九月二十一至三十日会。"③ 会期都在十天左右，由此可见当时其兴盛程度。从其规模讲，"镇城周五里，屋舍麟次，不下万家，藏者什之三，商贾复四方辐辏，俨如大邑"④。因此，当时张兰镇既是军事重镇、交通枢纽，又是一个商品流通较快的市镇。

张兰镇是拥有千年历史的古镇，明清时期商贾云集，逢年过节，镇上许多人家在家门前垒旺火、搭彩台，其中最具特色的是各家彩台上摆放古玩、字画等艺术品，由此也形成张兰镇特有的"家家藏宝，户户赏古"的古韵遗风。从 2001 年开始，张兰镇每年要举办一次全国收藏品交流大会。2010 年"中国寒食清明文化节"期间，中国文联副主席冯骥才对张兰进行考察后，亲笔题字"中国古玩第一村"。至此，这个拥有全国农村最大古玩市场的地方毫无争议地坐上了古玩村的第一把交椅。2012 年，张兰镇进入了山西省人民政府办公厅公布的《全省首批

60

① 嘉庆《介休县志》卷一《关隘》。
② 嘉庆《介休县志》卷一《堡寨》。
③ 同上。
④ 嘉庆《介休县志》卷十二《艺文》。

百镇建设名单》，成为山西省"百镇建设"首批示范镇。

每个历史文化名村都是一定时期各种文化的载体，是特定历史时期的政治、经济、文化的综合体现。介休市古村落以及历史文化名村，必将促进旅游业的大发展，提高小城镇的知名度，十分有利于改善投资环境，对经济结构的调整有极大的推动作用。

（四）历史文化名城

介休历史悠久，素有"三贤故里"之称。根据《明清进士题名碑录》统计，明清两代，介休考中进士59人。清代，介休进士为48人，位居全省第十三，由此可以看出，介休人文荟萃，人杰地灵。依靠这样的历史优势，介休市政府在文化自觉的道路上每年上一个台阶，不断深化发展内涵。这从历年的《政府工作报告》中就可以看出来。

《2009年政府工作报告》——大力发展服务业，促进三产繁荣。"大力发展服务业，促进三产繁荣。以文化旅游、商贸物流产业为重点，加快推进现代服务业发展。要高水平编制旅游产业发展规划，塑造好清明寒食文化品牌，把介休建设成全国知名的旅游城市。绵山风景区要开工建设换乘中心，做好寒食博物馆建设的前期准备工作。加快天峻山风景区的保护开发，7月底前完成文风塔的修复。通过实施基础设施和配套服务设施建设，着力塑造张壁古堡精品景区。开工建设后土庙、祆神楼广场，形成城区旅游亮点。"换言之，在当时只是将文化放在旅游的框架内，突出文化作为旅游的重要组成部分。

《2010年政府工作报告》——"实施大文化旅游战略，以打造四张名片为载体，复兴历史文化名城"。要以中国清明（寒食）文化节为载体，打造文化旅游"四张名片"。"一是清明节发源地——绵山；二是中国十大魅力名镇——张壁古堡；三是具有深厚文化底蕴的明清历史街区；四是中国古玩名镇——张兰。"可以说，2010年的政府工作报告对介休的历史发展、现实处境进行了很多的梳理，在此基础上对未来的介休进行了较为明确的定位，也就是要依靠介休丰富的物质文化和非物质文化遗产资源，在其独特的文化历史空间里，复兴历史文化名城。

《2011年政府工作报告》——加快建设文化旅游新市，突出挖掘和提炼历史文脉，恢复建设历史文化街区，实现文化与旅游、旅游与经济深度融合，创建全国优秀旅游目的地城市和中国历史文化名城。"突出挖掘和提炼历史文脉，恢复建设历史文化街区，实现文化与旅游、旅游与经济深度融合，创建全国优秀旅游目的地城市和中国历史文化名城。就是要坚持文化'名'市，以塑造中国清明寒食文化品牌为主线，精心打造绵山、张壁古堡、历史文化街区、张兰古镇、天峻山五张文化旅游名片。进一步提升绵山风景区知名度，建设好4平方公里的张壁古堡大景区，建成后土庙、袄神楼、城隍庙等文化广场，塑造好张兰古玩名镇，推进天峻山生态休闲景区建设，建成1个'5A'级景区、2个'4A'级景区。抓住大西高铁、邢汾高速通车机遇，做好旅游景点包装、营销，推出一批旅游精品路线，全面拓展旅游客源地。发掘整理干调秧歌、介休琉璃和洪山古瓷制作工艺等非物质文化遗产，实现历史文脉的传承。"如果说2010年的政府工作报告已经给介休的发展状况进行了很好的定位，那么2011年的报告则是一个整体和谐的发展，并且是发展内涵的进一步深化，从2010年的"四张名片"到2011年的"五张文化旅游名片"，从2010年的"复兴历史文化名城"到2011年的"创建全国优秀旅游目的地城市和中国历史文化名城"，不论是发展的层次还是发展的内涵都有进一步的深化。

《2012年政府工作报告》——文化强市建设促进文化繁荣发展，增强转型跨越竞争力。转型跨越发展，物质是基础，精神是导向，文化是灵魂。要加快实施文化强市建设，把文化的"软实力"培育成经济社会发展的"硬支撑"。健全公共文化服务体系。2012年的报告提出了将文化的"软实力"培育成经济社会发展的"硬支撑"，这就需要加强对文化遗产的保护。遗产的保护有两个方面：一是加强文化遗产保护；二是加快打造五张文化旅游名片。① 这是在2011年提出"五张文化旅游名片"基础上的进一步夯实。而营造这些文化空间的最终目的突出了以人

---

① 绵山风景区要加速推进国家"5A"级景区创建，上市工作要有突破性进展；张壁古堡全面完成新农村建设一期工程，启动二期工程，开工建设游客接待中心、北门广场等，建成省级风景名胜区；历史文化名城完成一期工程；张兰古玩市场完成主体工程；天峻山风景区在完成规划的基础上，推动景区道路建设。

为本的理念，也就是最终"让人民群众享受更多的文化成果"。

《2013年政府工作报告》——强化文化旅游建设，继续打造五大名片，建设传统与现代相结合的文化强市。将文化资源提升到了一个新的高度，"文化资源是介休最宝贵、最独特的城市优势。发展服务业是提振内需、产业转型的必然选择。要像挖煤一样挖文化，要像抓工业发展一样抓文化旅游开发，要像抓项目一样抓商贸物流为主的服务业发展"。同时对介休进行了一个总结性的定位——"慈孝之都、琉璃之城、寒食之乡、三贤故里"，而要实现这样的目标就要梳理老城历史风貌和城市文化机理，在抓好文化重点工程建设的前提下，进一步加强文化遗产保护，统筹抓好95处重点文物保护单位，同时也要继承、保护和开发好干调秧歌、陶艺制作等非物质文化遗产，培育介休独特的文化品牌。鼓励创作具有介休特色、群众喜闻乐见的文艺作品。同时也首次提出了"加快发展文化创意、动漫等新型文化业态"。而这些都与其前瞻的眼光分不开。2009年11月，介休市被公布为山西省历史文化名城后，介休市政府与介休市规划局积极筛选《介休市历史文化名城保护规划》编制单位，并最终确定为西安建筑科技大学城市规划设计研究院。2010年年初，编制单位即着手进行编制工作，经过现场调研、资料收集、召开座谈会，规划方案初稿得以顺利编制。此后，与市政府及相关部门多次联系沟通，又经过多次修改完善，2011年年底前规划编制工作基本完成。

在某种意义上，非物质文化遗产是民族文化的核心与灵魂，所展现出来的是民众集体智慧的结晶，同时也是传统文化与现代文化之间的桥梁与纽带，介休市政府保护非物质文化并非是为了复古，而是要在完善和丰富历史文化街区的空间特征，恢复和创造多重可持续发展的城市活态博物馆的基础上，将其以动态的方式传承下去，其本质是为了保护文化的多样性。非物质文化遗产与物质文化遗产永远是水乳交融、不可分割的，物质文化是非物质文化的载体，而非物质文化是物质文化的灵魂，离开了物质文化的非物质文化是无源之水、无本之木，而失去了非物质文化的物质文化注定是已经死亡的文化。从2009—2013年的政府工作报告可以看出，介休市政府对于文化的认识，对于介休历史、现实的定位经历了以历史文化名城保护为载体所实现的遗产保护，到城市文

63

化环境的营造，这样一个逐步发展的过程，最终将物质文化的修复和非物质文化的保护结合起来，提出了"慈孝之都、琉璃之城、寒食之乡、三贤故里"这样一个较为准确的定位，体现了在黄土文明背景下的文化自觉。

随着农村城镇化、乡村城市化进程的加快，中国历史文化名城的保护与发展也更为复杂。通过阐述介休在文化自觉基础上的规划设计，总结其依靠独特的文化资源所进行的文化转型，探寻其保护与发展过程中所呈现的新思路，具体来说就是名城保护怎样从原有的文化遗产保护走向城市文化环境的整体创造，可以再现黄土文明背景下独特的城市文化环境，最终实现历史城市的复兴。这样的模式可以为现代历史文化名城保护的探索提供一种思路与方法。

四 介休人的生计方式

黄土孕育了介休的历史文化。介休得益于黄土高原的生态环境，农业也就成为当地人最主要的生计方式。同时，在农业基础之上的农业文化也应运而生，农业的发生发展与农业文化的产生，开启了介休文明的步伐。农业发展促进了当地人口的增加，在明清之际，当人地矛盾尤为凸显的时候，介休人又开始了新的生计模式——商业。明清之际，晋商执全国商人之牛耳，而介休商人是晋商中的佼佼者。

(一) 农业

1. 农业考古

介休处于中纬度大陆性季风气候区，属暖温带大陆性气候。一年中的大部分时间在干燥的大陆性气团控制之下，雨季时间较短，干燥期较长，一年四季分明，雨热同季，区域气候差异明显。[①] 介休耕地面积，明嘉靖二十八年（1549 年）为 4796 顷；清康熙二十一年（1682 年）为

---

① 参见山西省介休市志编撰委员会《介休市志》，海潮出版社 1996 年版，第 46 页。

6020 顷 32 亩；同治六年（1867 年）为 615290 亩；民国二十三年
（1934 年）为 622686 亩。1949 年，耕地面积减少到 47.33 万亩。到
1994 年，全市实有耕地面积 41.62 万亩。① 新中国成立以后，介休农业
结构可分为三个时期：1949—1978 年为单一结构时期，1978—1983 年
为向多成分结构转变时期，1984 年以后为综合经营逐渐合理完善时
期。② 介休隶属的晋中盆地是杂粮主产区，介休地形较为多样，北部为
平原，中部为丘陵，东南部为高山，其多样的地形孕育了当地丰富的物
产。1984 年，介休的粮食种植面积共 45.76 万亩。其中小麦种植面积
为 19.3 万亩，主要分布在平川、井水灌区和洪山泉水灌区，其次是汾
河灌区和丘陵山区。玉米种植面积 7.2 万亩，高粱 5.7 万亩。③ 介休盛
产的经济作物有棉花、烟草、蓖麻、胡麻、油菜、葵花、花生、芝麻
等。蔬菜作物有白菜、茴子白、胡萝卜、菠菜、芥菜、甘蓝、茄子、西
红柿、西葫芦、豆角、山药蛋、红薯、银条菜、南瓜、黄瓜、南瓜、冬
瓜、大葱等。

中华文明博大精深，且是一种延续的文明，这在世界的文明史进程
中是少见的。这一持续性文明的存在其重要的因素便是，中国的文明是
立足于农业的文明。中华儿女世世代代在土地上耕耘，不仅实现了持续
发展的物质积累，也在时间的历练中积淀了深厚的农业文化与文明传
统。农业成为整个民族生存的经济基础，农业为中国的千古文明这棵参
天大树提供了肥沃的土壤。因此可以说，中华文明主要是一种农业的
文明。

关于中国农业文明的研究，成为多年来中外农业史界和农业考古学
界非常关注的一个问题。关于中国农业起源的说法，学界大致有两种共
存的观点，一种为农业起源黄土高原说，另一种为农业起源地域平行
说。农业起源黄土高原说认为：从各种原始农业的考古发现来看，最早
进入文明时代的，并不是在今天看来自然条件优越、最适合发展农业的

65

---

① 参见山西省介休市志编撰委员会《介休市志》，海潮出版社 1996 年版，第 177 页。
② 同上书，第 95 页。
③ 同上书，第 180 页。

长江中下游地区，而是在自然条件较差的黄土高原地区，因生产力的迅速发展，人口增加，出现了阶级，诞生了国家组织，从而先后建立起夏、商、西周政权，黄土高原成了当时全国最为发达的农业中心区，成为当时奴隶主政权的经济和政治中心。然而，农业起源地域平行说认为：中国的原始农业可分为四个大的区域：①华南地区（主要指武夷山至南岭一线的以南地区）；②长江流域（主要指长江中下游地区）；③黄河流域；④北方沙漠草原地区。无论哪种说法，黄河流域作为中国农业的起源及在农业基础上形成的文明地位毋庸置疑。黄河流域的气候适宜粟、黍、稷之类的耐旱作物生长，黄河流域是这些农作物的发源地和重要产区。据不完全统计，黄河流域发现粟、黍、稷等农作物遗存的新石器时代的遗址就达 30 多处。① 农作物遗存覆盖了整个黄河流域，包括黄河上游的大地湾一期文化、马家窑文化和齐家文化；中游地区的老官台文化、磁山文化、裴李岗文化、仰韶文化；下游地区的北辛文化、大汶口文化和龙山文化等。② 与农作物遗存共存的有狗、猪等家畜骨骼，有的遗址还出土羊、牛、马等家畜骨骼。③ 大约在距今 1 万年的新石器时代初期，人类才有了农业，而黄河流域特别是中游地区，已经证实是中国粟作农业的发源地，比粟稍晚的粮食品种还有黍和豆类。

农业生产工具的改进对农业的发展起到了强有力的推动作用，农业的变革在一定程度上就是农业生产工具的革新与推动。经考古研究发现，在石器时代的晚期，某些生产工具或多或少已经作为农用工具，是农用生产工具的先驱。这十分清楚地说明一个问题，我们的祖先在同自然做斗争，求生存，获得赖以生存的食物时，一步步地改进生产工具，使用弓箭、鸭嘴锄、手斧、磨盘和磨棒、矛形石器、扇形刮削器等较为进步的生产工具，都直接或间接地影响古代人的生产工具的发展，从而逐步向农业生产工具迈进。④ 由于生产工具的发明与使用，人们取得生活资料已由采集、狩猎转向食物的生产阶段。农业、畜牧业和制陶业的

① 参见陈文华等《中国古代农业考古资料索引（十二）》，《农业考古》1987 年第 1 期。
② 参见吴诗池《山东新石器时代农业考古概述》，《农业考古》1983 年第 2 期。
③ 参见谢崇安《中国原始畜牧业的起源和发展》，《农业考古》1985 年第 1 期。
④ 参见王玉棠主编《农业的起源和发展》，南京大学出版社 1996 年版，第 439 页。

发展，生产工具精加工，磨制石器得到广泛使用，人类步入农业社会。随着生产工具的改进，生产力的提高，社会制度也在发生变化。

黄土高原的仰韶文化、龙山文化等遗址成为复原农业发生与发展的重要依据。仰韶文化遗存在山西分布较广，北至长城，南至黄河之滨，十分丰富，内涵较为复杂。山西地区仰韶时期的文化成就是十分突出的。从农业、家畜饲养业到手工业制作和家庭副业，从房屋建筑到狩猎采集，从物质生产到精神生活，都取得了前所未有的辉煌成就。进入龙山文化时期，父系氏族社会阶段，山西农用生产工具品种增加，加工精细，向高、精、大方向发展，农业生产有了飞跃的发展，剩余食品增加得很快，有了贮藏。这时期以垣曲东关龙山文化遗址、垣曲龙山岩和襄汾陶寺较为典型。[①] 在新石器时代龙山文化晚期襄汾陶寺类型龙山文化中，石器应用和磨制方法达到了顶点，陶寺有了水井、简单的沟洫、粮食贮藏的仓形器，都说明农业高度发达，促进了上层建筑的变化，社会进入奴隶社会初期。[②] 1982 年，在介休的城西南 8 千米义棠镇温家沟村发掘出新石器时代龙山文化早期遗址和东周文化遗址，当时有陶瓷等文物出土。从春秋战国到汉代，我国已进入封建社会，铁农具得到推广，小农经济已确立了主导地位，黄土高原得到进一步开发，农业生产力有很大提高，因此，黄土高原成为当时的农业先进地区。直至汉代以后，在魏晋南北朝时期，北方政治动乱，经济凋敝，中原人口大量南迁，淮河流域和长江流域的农业迅速发展，南方的经济开始显示力量。[③] 在春秋时期，牛耕已经开始在山西地区推广。牛作为一个生产要素，在农业生产中发挥着重要的作用。所以春秋时把牛称为"犁牛"。牛耕，为大量开垦新的荒地、扩大耕地面积、提高农业生产力提供了前提与基础。铁质农具的广泛应用与牛耕的普遍推行，还可以提高耕地的质量。铁农具的使用特别是铁犁的使用，导致农业生产发生了一次革命，而牛耕又使这次革命得以进一步深入。南北朝是一整套以精耕细作为核心的传统

---

① 参见王玉棠主编《农业的起源和发展》，南京大学出版社 1996 年版，第 444—445 页。

② 同上书，第 450 页。

③ 参见陈文华《中国古代农业文明史》，江西科学技术出版社 2005 年版，第 8—9 页。

农业生产技术体系在山西基本定型的时期。

在历史相当长的时段里，黄土高原的农业一枝独秀，最具代表性的是农学作品的生成。著名的农学家贾思勰在北魏末年与东魏初年通过实地调查、采集、积累与实践，总结了包括山西在内的黄河中下游几个省区的农业生产技术经验之后，撰写了一部农学巨著——《齐民要术》。[①]这些实践成果后来被清代山西籍朝廷大臣祁寯藻撰录在山西地区农业专书《马首农言》中。山西地区的农业生产实践为中国传统农学理论体系的建立、发展、完善奠定了基础，是我国旱作农业理论的践行者。[②] 介休位于汾河流域中部，见证了中国北方传统农业生产技术的发生、发展，以及精耕细作体系的形成，同时也是这一体系形成的重要实践场所。

2. 农业文化

介休农业历史悠久，早在远古时期就出现了辉煌灿烂的农业文明。四千年前的夏代就出现了先进的耕作业，主要农作物稻、谷、黍、粟、豆、高粱、桑麻、瓜、果、菜等已广泛种植，由农业衍生出来的丰富多彩的农业文化，诸如饮食、窑洞、农事节日与信仰等，这些文化植根于传统的农业文化之中，是介休农业的延伸与扩展，也是介休民俗文化中特色鲜明、主题突出的重要内容。以农业为基础形成的文化占有相当的地位，内容丰富，地域特色明显，同时在民族文化的交融、汇聚基础之上，又产生了新的特殊文化。

（1）饮食

嗜好吃面、喜欢吃馍是介休人最为主要的饮食习惯，毫不夸张地说，介休人的一日三餐几乎是无面不足、无馍不饱，民间亦有"无面不成席，无馍不成宴"的说法。介休爱吃面食与当地的地理环境和粮食生产密不可分，人们常说，世界的面食在中国，中国的面食在山西。这话一点也不过分，到介休走走，就可一睹山西面食的风采。

介休人爱吃面食的风俗，大约在汉代形成，汉时的"汤饼"，即今之面条。发面技术大约始于东汉，蒸笼也是在汉末创制的，民间用蒸笼

---

① 参见胡泽学《三晋农耕文化》，中国农业出版社 2008 年版，第 364 页。
② 同上书，第 365 页。

制作蒸饼。蒸饼类似今天的馒头，为北方人之常食。秦汉以来，农业生产一直是山西人民经济生活和民俗文化的物质基础，许多民俗事项，都体现了重粟贵农的农耕思想。《左传·成公十年》记载，晋景公病重，巫者断言他吃不上当年的新麦，也不能用新麦祭祀宗庙，即"告麦"。至今，农村仍有"六月六，尝新麦""六月六，走麦罢"之俗，用新麦面粉蒸制馒头祭祀神灵，出嫁的女儿蒸制角子馒头，携女婿回娘家探视，共享新麦丰收之喜。① 面食在介休已经有两千多年的历史。粗略来看，介休现有的面食种类有上百种，其中不包括历史有现在无的种类。山西面食不但历史悠久，而且品种繁多，从大类来看，有蒸面食、烤制面食、煮面食、煎炸面食等大类，大类下又有各种名目繁多的品种，广泛流传于民间。南来北往的人们来到介休，印象最深的就是介休名目繁多的面食，再加上那些有趣的名字，就更具吸引力了。比如刀削面、拉面、擀面、剔尖、拨鱼、饸饹、猫耳朵、擦疙蚪、揪片、刀拨面等，类比形象贴切，尤显介休人的智慧。

在面食文化中较具特色的是礼馍，并由此形成了历史悠久、源远流长的民间礼馍艺术与习俗文化。它成为介休农业文化中的明珠，承载着介休人太多的文化信息，装载着介休人太多的向往和追求。礼馍是在礼仪庆典、岁时节日等民俗生活中用面粉特意加工、装饰过的食品。说起"礼"，民间的讲究实在是多。在人们的交往中，作为"礼"的使者，最普遍亦最能体现感情与内涵的，莫过于老百姓亲自捏出的礼馍。我送你礼馍，你以礼馍回赠，在送礼与回礼的往复活动中，包含的礼仪习俗不同，送的礼馍和礼馍的形制有别，内容以及所蕴含的意义也相异。这些礼馍既是物质的，又是精神的。"礼"的物化，就是人们崇尚的"人情"。这种以礼传情的方式，从某种意义上讲可以维系人与人的亲近、家与家族间的和谐、村寨之间的热情友善，它在民间已成为人们生活中的一个重要组成部分。民间礼仪习俗中的礼馍连着昨天，又连着今天，更延伸到明天。但是，随着人们审美趣味的变化，昨天的"礼馍"虽然

69

---

① 张余、曹振武编：《山西民俗》，甘肃人民出版社 2003 年版，第 6 页。

保留了传统的形制，但已被今人赋予了新的意蕴。① 介休的寒食节，把面食的创造发挥到了极致，在寒食节，各色的面食闪亮登场，如巧妇借用"蛇蒸盘兔"的造型，来表达对美好生活的向往与追求。

山西人爱吃醋，介休人也一样。醋由地方产的各种杂粮制作而成，制醋工艺颇佳。张源等学者分析了山西人爱吃醋的原因：一是山西是我国古代开发最早的煤炭基地之一。大量烧煤导致空气中散布着浓密的煤气（一氧化碳），威胁着人们的身体健康乃至生命安全。醋酸有解消煤气的作用，经常喝点醋，可以减少煤气的威胁，久而久之，醋便成为山西人不可缺少的食品。至今有些地方煤气中毒后，仍有喝醋或酸菜汤解毒的习惯。二是山西许多地方饮水碱性较大，多吃点醋，也有利于酸碱中和。三是人们喜欢吃各种花色的面食，如用白面、豆面、荞面、高粱面等做成的拉面、拨面、抿面、擦面、切面、削面、饸饹、剔尖等。这些面食，用醋来调味，既显得格外可口，又易于消化。② 而且，中药验方用老陈醋配药，可以治疗各种地方疾病。明白了以上原因，要理解介休人对醋的特别爱好，也就特别容易了。特殊的地理环境形成了介休人特殊的饮食习惯，介休人因地制宜，实现与周围环境的调和。

贯馅糖是介休当地的名小吃，已有1000多年的历史，贯馅糖本应当写为"灌馅糖"，是由糖酒、青红丝、核桃仁、绵白糖、桂花、玫瑰、芝麻制作而成的，近年来又加入了橘汁、香蕉油，所以味道更美。其特点是皮薄、馅香、咬着脆、吃着绵。贯馅糖做工也较为精致，它是季节性的产品，只有天冷的时候才能做，所以冬季是它的产销旺季。贯馅糖的食材一部分选自当地自产的食物，一部分由商业贸易所得。通过一份小小的贯馅糖，看到了介休当地丰富的物产、广泛的贸易，以及介休人精致的生活方式。

（2）农事节日与信仰

在农业的发生与发展基础之上孕育了具有本土特色的农事节日，如填仓节、谷神节、鞭春牛等农事节日。填仓节，是一个象征新年五谷丰

---

① 参见胡泽学《三晋农耕文化》，中国农业出版社2008年版，第291—292页。
② 参见张源《山西人与山西醋》，山西人民出版社1994年版，第16—21页。

登的节日。填仓节时，农家往仓房囤子里增添粮食，盼望当年在原有粮食生产的基础上，增加收成，多多增产。要在院内或场面打灰窖。用簸箕盛草木灰，用棍棒均匀敲打，在地上撒出三环或五环大圆圈，意为粮仓或者粮囤。有的还要在灰窖旁边撒画出耙子、扫帚，甚至扇车等图案。填仓节有大填仓日和小填仓日之分，小填仓为正月二十日，大填仓为正月二十五日。小填仓日的灰窖，象征夏粮丰收，要在圆圈中心放置少许夏粮；大填仓日的灰窖，象征秋粮丰收，圆圈内收放秋粮。然后用砖石将粮食盖住，称为压仓。再将鞭炮点燃，在圈内爆响，取意粮食爆满粮仓。[①] 山西境内旧有民谣"过了年，二十二，填仓米面作灯盏。拿箕帚，扫东墙，拾到昆虫验丰年"。讲的就是填仓的民俗。如果说"腊八节"是春节的序幕，那么"填仓节"就是春节的尾声。不少地方，如今不分大小填仓节，在正月二十三日一并过填仓节。

谷神节，祭神成为该节日的重要仪式活动。祭神活动，讲究在天地神位前面，燃灯、烧香、焚表，进行祭奠。有的地方习惯全村会祭，集体筹集祭品、天香、焰纸，在公共场所设灯祭奠，祈求岁星，保护农业丰收。

鞭春，是农历二十四节气中的立春，俗称"打春"。春种秋收，关键在春。民谚有"一年之计在于春"的说法。旧俗立春既是一个古老的节气，也是一个重大的节日。历朝历代的统治者，要在立春日亲率诸侯、大夫迎春于东郊，行布德施惠之令。历代封建统治者这一天都要举行鞭春之礼，意在鼓励农耕，发展生产。在当代介休农村社会，仍能见到打春牛的习俗。

除了农业节日之外，在民间的很多习俗也与农事、农业紧密相关。由农业衍生出来的对黄土的崇拜也由来已久，由此产生了土神、社神等一系列崇拜对象、崇拜意识和崇拜行为。在介休相关历史文献中，常有"十年九旱"的说法，水在农业和农民生活中的重要性可想而知。在古代，人们都是靠天吃饭，所以对河、井、泉产生信仰，到处都建有龙王庙、水母庙、河神庙。在旱灾之年，人们纷纷向诸庙求雨。祈雨有官府

71

---

① 参见胡泽学《三晋农耕文化》，中国农业出版社 2008 年版，第 262 页。

和民间两种，但目的只有一个。官府祈雨，祈求农民有一个好的收成，可以增加国库的收入和巩固王朝的稳定。所以，求雨也为朝廷所重视，从皇帝到知县，每遇天旱，都要设坛祭祈。① 与官方求雨不同，民间求雨是一种习俗，作为一种颇为庄重的仪式，民间求雨也有一套办法、规矩，形式也多种多样，因地而异。传统社会的民间求雨亦成为地方宗教生活抑或信仰的重要组成部分。介休的后土庙就是这一文化事项的代表。社稷，是古代帝王、诸侯所祭祀的土神和谷神，是上古时代国家的象征与代称。社，就指土地神，又称后土。稷，是谷神，又称为五谷神。介休祭祀后土，即出于此。介休民众对土地神的尊崇和重视，可见土地崇拜意识如此浓烈，这源于人和水土的关系，是农耕经济文化母体的产物。人们出于依赖土地的物质需要而产生了对土地神以及其他与此相关的神的信仰。

此外，介休的剪纸、礼馍、民间绘画、泥塑等民间艺术形式亦从不同侧面，以不同的手段直接或间接地反映当地丰富多彩的农业文化。如剪纸艺术中趋同的题材、浪漫放达的形式结构、朴素明晰的象征寓意等是较容易明白、理解和接受的。由此可知，民间剪纸中凝结了承传久远的集体心智，在作品中表现了社会形态、人类历史与丰富的心理。这些形式多样的民间艺术是农业文化中的经典，也是中国民间艺术中的重要基因片断。人们在劳作之余，在生活礼俗中，进行艺术创造，多角度地反映了介休人的聪明智慧、对生活的热爱和对美好生活的向往。

介休民俗的基础是以长期的农业生产为依托的，自古以农为主、因农而生、因农而兴的习俗遍及日常生活的方方面面，不论是生产方面的民俗，还是精神信仰方面的民俗，都是企盼丰收、庆祝丰收，由此也形成了介休人崇尚勤俭的优良习惯。在介休当地，降雨量偏少，气候干燥，山地多而植被差，贫地多而沃土少，且自然灾害频繁，在如此较为贫穷艰难的条件下从事农耕生产，维持基本生计，一要勤劳，二要勤俭，这成为介休人的主要特点。俗话说："人勤地不懒。"只要辛勤耕作，总归会有所收获。因此，辛勤劳动既是日常习俗，也是一种道德价

① 参见胡泽学《三晋农耕文化》，中国农业出版社2008年版，第271页。

值。与崇尚勤劳相伴而生的是崇尚节俭。节俭是介休人的一种美德，物尽其用，战胜困难，成就一番家业，在节俭的基础上有所积蓄，追求富裕。作为一种习俗，尚勤俭好储蓄，既是不发达的小农经济的特征，又是战胜贫穷用以致富的美德，因而传承至今。

（二）商业

介休人有较为悠久的经商传统，在历史上，其商业就较为发达。介休的历史、地理、政治等因素和环境，为商贸经济的发展提供了许多机遇，具体表现在以下几个方面：其一，介休以农业为整个区域发展的根基，因为较为优厚的自然环境与娴熟的农业技术，促使介休成为黄土高原旱作农业的代表，物产的丰富促进了人丁的兴旺，随着人口的持续增长，导致了人地的结构性矛盾，而经商便应时之需，成为缓解人地矛盾的第二生计模式。清朝中期，经济社会的繁荣和稳定以及当时有关政策的实施，极大地刺激了人口的急剧膨胀，但耕地面积的增加却明显慢于人口的增加，从而导致当时人均耕地的明显减少，进而对当时的经济、社会、文化等各个方面产生巨大的影响，也促使当时的统治者寻求具体的解决办法，其中的移民政策就是解决办法之一。清朝时期在山西地区的移民主要包括流民性移民和商业性移民。商业性质的移民，主要是由于人多地少，且土地贫瘠，迫于生计而进行跨行业转移。商业性质的移民最初以缓解人地矛盾为目标，但商人群体的作为也不自觉地促进了当地商业的发展、人们经济意识的更新及社会的持续性繁荣。其二，介休位于中国南方与北方的交界地，农牧两大区经济体系并不能完全满足生活生产的需求，互通有无需求的存在为商业贸易的发展创造了现实的可能性，南方剩余的农产品与北方剩余的畜牧产品在此实现交换，故此，两大经济区以介休为桥梁和主要交换市场，进行着包括粮食、畜种等在内的生产必需品和某些奢侈品的交换。经济的交换也带动了南北方民族的互动。在这一地带，不可能建立一个完整严密的农业或草原体制，这就带来政权统治和意识制约的相对弱化，形成这一地区社会组织和社会控制的松散性。这种无序性，反而成为商业发生及发展的有利环境。其三，不稳定的社会环境。中国绵延数千年之久的文明史，其中也伴随着无数次的战乱与动荡。尤其是农牧边缘地带，历来为农牧政权所关注，因此，更是边衅不断、战乱不止。战时的边缘地带基本上成为一个纯粹的消费型地区，商业贸易就彰显了顽强的生命力。此外，农牧政权为了经营辖地和减轻其庞大支出，也常常对商贸活动网开一面，或采取激励政策，或承担起组织贸易职责，这也极大促进了边缘地带的商贸经济发展。① 因上述原因，经商成为介休生计方式的主要拓展模式，开展商业贸易成为介休人实现社会持续发展的重要途径。

介休自古商贾云集，历史上的介休，为太原、河东、西河三郡的交叉地带，是沟通三晋南北及陕西北部的交通枢纽，商业兴隆，经济发达，是山西有名的富庶之乡。在明清时期，介休县城四条大街店铺林立，"俨如都会"，张兰、义安、洪山、义棠镇市面除有京货、杂货等商号外，还有钱庄、当铺、珠宝铺等商行。张兰镇每年九月下旬的泰山庙古庙会上，有文水皮货、沁州麻货、浑源挽具、上党药材、内蒙古骡马上市交易。介休历来挟资走外经商者众多，清代前期，被朝廷赐为皇商的介休张原村范氏为对日贸易中手执牛耳的洋铜商。道光年间，山西初期设立的 15 家票号中，介休北贾村侯氏领其中 6 家，资本计有七八百万两，为票号"汇通天下"的第一富户。同治年间，介休北辛武冀氏兄弟也将乾盛亨布庄和德记布庄改为票号，跻身三晋票号巨擘之列。② 在晋商十大家族中，介休北辛武村的冀氏家族、张原村的范氏家族、北贾村的侯氏家族被列于其中，可见，介休地区的家族与晋商文化在晋商群体中占据了重要位置。

74　　　　介休县北辛武冀家自明朝中叶即经商，是较早从商的晋中富豪之一。据《冀氏族谱》记载，北辛武村冀氏家族，原籍山西临晋县（今临猗县），宋代进入介休。冀氏家族在元、明时代已是大户，其"支派分卅，丁口益众，梓里相逢，皆难识别，兼以宦游远省者有人，服贾他乡者有人，又有迁广平、迁湖北、迁陕西、迁北口"。家族商业约从明正德年间（1506—1521 年）开始，是晋中豪富中经商较早的家族之一。

---

① 参见胡泽学《三晋农耕文化》，中国农业出版社 2008 年版，第 37—38 页。
② 山西省介休市志编撰委员会：《介休市志》（总述），海潮出版社 1996 年版，第 2 页。

近 400 年间，冀家的商业随着明、清两代的经济繁荣而不断走向兴旺，到清乾隆时期典当业和绸布杂货业发展迅速，最辉煌的道光年间（1821—1850 年），冀家在全国各地设有商号 100 多个，资产约达 300 万两白银，成为当时赫赫有名的大财东。[①] 清道光年间达到极盛，全国设商号 100 多个，资产约 300 万两白银。冀家于同治初年开办票号，跻身山西票号巨擘之列，但到清光绪末期彻底败落。

有相关资料记载了冀氏家族的发展情况及参与的地方社会生活：明正德年间，冀氏第 10 世冀忠开始在介休邑内小本经商（用驴驮卖食油）。乾隆十八年（1753 年），冀之瑜在汉口创立丁顺字号（后改为鼎顺）。乾隆四十二年（1777 年），冀之瑜带头在北辛武村修建真武庙和修缮沙河桥。乾隆四十二年（1777 年），冀之瑜维修北辛武乾宁庵及在园内修建一新戏台。乾隆五十五年（1790 年），冀之瑜修缮介休绵山书院。乾隆六十年（1795 年），冀国定拜当时文化名人孟大愚为师。道光四年（1824 年），冀国定在北辛武村创建潜研书院（后改为潜研斋书屋），请当时著名书法家邓石如题写牌匾，汾州知府赠匾"儒仕欢颜"。道光十四年至道光十八年，以冀国定为首在北辛武村修建琉璃戏台和琉璃牌楼各一座。道光二十二年（1842 年），马太夫人主持在北辛武西头、东头各修大院一处，咸丰初年才完工（西头大院即后来的悦信堂，东头大院即后来的敦信堂），总耗资 47 万两白银。咸丰四年（1854 年），马太夫人主持分家，冀以公为悦信堂，冀以廉为笃信堂，冀以中为立信堂，冀以和为敦信堂，冀以正与马太夫人为冀氏老堂名有容堂，马太夫人倡议让冀以和任"五信堂"主东。道光十八年（1838 年）至咸丰十年（1860 年），冀氏建设北辛武村水利、灌溉及汾水防洪。咸丰至光绪初年，清政府军需支绌，农业连年歉收，"五信堂"捐义饷，济赈及向本邑贫困户资助日用急需和施舍棉衣等。事后，山西巡抚曾国荃据情禀奏皇上，光绪帝下旨建造牌坊一座，并赐予"乐善好施"匾额一块。光绪五年（1879 年），冀以和在冀氏花园把原来的潜研斋书屋更改为登瀛文社，聘请老翰林陈连增为文社老师。光绪五年至光绪十五年，

---

① 程光、盖强编著：《晋商十大家族》，山西经济出版社 2008 年版，第 88 页。

冀以和带领冀氏家族重修缮北辛武 13 座祠庙。[①] 上述文字清晰地阐述了北辛武冀氏家族的发展历程及冀氏家族在辉煌时期所做的各类社会慈善活动，体现了晋商风貌。

介休县张原村范氏家族以"皇商"闻名，早年为入关清军运送粮草、提供情报，为张家口"八大家"之首，曾有祖孙三代隶属清廷内务府，为皇室采办皮货等物，后为清廷赴日采办洋铜铸币。康熙末年到乾隆初年极盛，家资估计超过百万两白银。范氏家族范明创业，范永斗开拓，范三拔发展，"毓"字辈登峰造极，"清"字辈维持直至破败。从顺治初年延续至乾隆时期，这个家族的物质财富称雄海内，而其精神财富更应为后人所传承。范家四代北越大漠，南跨五岭，两涉绝域，东越黄海，在商界纵横捭阖、卓尔不群，全凭"敢为天下先"的超凡意识。范永斗不畏明廷，敢于与关外的满族人做生意；范三拔不惧海上风浪，敢于远涉东洋购铜；范毓宾不辞辛劳，敢于在千里大漠运送军粮；范清注不顾风险，敢于与英国商人签订购销玻璃的合同。这些举措，都潜含着范氏家族勇于开拓、一往无前的创业精神。介休范家，是晋商大户在北方边疆最早的发迹者。范家的先驱作用不可低估，成为一个典范，激发了晋中商人跨越沙漠从事外向贸易的雄心壮志。介休、平遥、祁县、太谷、汾阳、孝义、榆次等县的商人有的与范家基本同时，有的略迟，纷纷北上。张原村附近的北贾村侯家、北辛武村冀家，都外出经商致富。[②]

介休的侯氏家族自金代迁来北贾，元代时建起宗祠，明初就以农为主，兼具商业，在晋中富豪中是建祠和经商最早的家族之一。继平遥西达蒲李氏家族创办"日升昌"票号之后，介休侯氏家族于道光六年（1826 年）迅速在平遥创办了"蔚泰厚""蔚丰厚""蔚盛长""新泰厚"和"大成亨"5 家票号，号称"蔚"字五联号。是年，全国仅有 6 家票号，即"日升昌"票号和侯家的"蔚"字五联号，在以后的数十年中，侯家的"蔚"字号在与"日升昌"等各大票号的竞争中不断发展，分号

---

① 资料由调查小组于 2013 年 12 月在介休北辛武村调查时所得。

② 参见程光、盖强编著《晋商十大家族》，山西经济出版社 2008 年版，第 26 页。

遍布全国各大商埠，白银滚滚，雄踞海内。[①] 侯氏在同治至光绪年间极盛，分号遍布全国各大商埠，资产达七八百万两白银，仅次于传说中的平阳亢家，位居省内第二。光绪三十一年（1905 年），侯氏家族除在平遥开设的 6 个票号外，在北京、介休等地还开设有隆胜永账庄、蔚新昌、义盛长、蔚新源钱铺，乾成染坊，以及同豫昌、源盛义、双余魁、同裕成、同德成、同裕远等杂货、布庄、药铺、赁局、粮油等字号，共计 16 个字号，而以票号业为主。民国早年因转型银行不力，其各大字号先后歇业和破产。

乔志强在其主编的《山西通史》[②] 一书的绪论中指出："山西自古有经商和贸易的传统。从先秦起山西商人就足迹遍天下，战国时代的段干木就是太原豪商。到了汉代山西已与西方的古罗马帝国有了贸易往来。自唐宋迄至明清，长城内外的商业大都由山西商人经营，明代，晋商成为与安徽的徽商相匹敌的最大的两个商帮，至清又大盛。清朝盐的贩卖几乎由山西商人一手包揽，而当时清政府的盐税收入占全国税收的一半。"乔志强先生还提到，中国历来为人们所瞩目的是宦海仕途，而清代山西的民情风尚却是重商轻官。明、清两代是中国社会剧烈动荡的时期，内忧外患不断，在颇为恶劣的社会环境里，晋商能在商业和金融两个领域执中国之牛耳，保持事业辉煌近五百年，可见其胆识、魄力、战略头脑等外向开拓精神是何等值得称道。

诚如对山西商人的评价，以介休商人为代表的山西商人成为商人力量中的典范。介休商人的坚韧、豁达与勇于开创的心态影响乃至重塑了介休人的社会心态，因商业地位的凸显，当地一改轻商之传统，优良的社会环境反过来又促进了商业的发展。介休商人成为发展当地社会与文化的重要力量，其思想的超前性，其外向开拓的精神，让一般人只能望其项背。介休晋商在中国商业史上具有重要地位。首先，在历史上，介休的晋商因其规模庞大，财富丰厚，跻身山西晋商大族行列，在一定时期还引领了晋商的发展。其次，经商一度成为介休生计的传统，介休晋

77

---

① 参见程光、盖强编著《晋商十大家族》，山西经济出版社 2008 年版，第 68 页。
② 参见乔志强《山西通史》，中华书局 1997 年版。

商的发展有力地促进了介休当地的商业发展，为当地社会发展积蓄了资本。介休当地人的观念在商业文化的浸润下发生了改变，清代出现了商业与农业并存并举、良性发展的态势，这样的生计模式延续至今。最后，因商业兴旺所带来的文化积淀，如精致的饮食、华丽的民居、规范的礼仪等，最终成为丰厚的文化遗产而延续至今。

（三）生计方式与黄土文明

关于"文明"的标准，其内容可以归纳为以下几项：一是社会财富的绝对增加和相对集中，等级、阶级的形成；二是文字的出现和使用；三是城堡的出现；四是巫师集团的形成以及与之相关的大型祭祀神坛、礼器的出现；五是青铜器的出现。[①]"农业乃文明之母。"中国农业文化早于中国传统文化，更早于中国文明之起源。山西是华夏文明起源的核心地区。旧石器和新石器时代的山西，为华夏文明的孕育，提供了丰富的营养。有学者将山西在华夏文明形成中的作用概括为两个方面：一是晋南作为中原地区的重要组成部分，孕育、培植了许多文明的因素；二是晋中、晋北作为连接北方文化圈的纽带和边缘地带，既把中原文化因素源源不断地向北输送，也承担着北方文化与中原文化整合使者的任务。[②]介休乃是中国农业文化较为发达的地区之一，是山西农业文化乃至整个中国农业文化的重要组成部分。从目前的考古学资料来看，可以这样讲，中国农业文明有多长，山西的农业文化有多久，那么介休的农业文化也有多久。介休的农业文化在中国农业文化和中国文明发展进程中的地位，和它在中国历史上的政治、军事和经济、民族交融等的地位一样，均起着不可替代的作用。

农作物栽培的起源及原始农业的兴起与发展，对人类社会的发展产生了深远的影响，它为古代文明社会的形成奠定了基础，并且泽被至今，文明社会里的一切发明与创造都受其恩惠。所以，探索栽培作物的起源和原始农业的兴起，对于研究古代文明的形成和发展具有十分重要

---

① 参见刘泽民等编《山西通史·先秦卷》，山西人民出版社 2001 年版，第 455 页。

② 参见胡泽学《三晋农耕文化》，中国农业出版社 2008 年版，第 395 页。

的意义。农作物栽培的起源，是野生植物经人工干预后转变成栽培作物的过程，也就是人类栽培作物的最初产生。在栽培作物起源阶段，人类社会的经济形态并没有发生太多的变化，与此相联系的文化上的变化亦是十分微弱的。原始农业的兴起使农作物的种植达到了一定的规模，成为当时居民的一种重要的生计从业活动。农业经济成为社会经济中的一项重要内容，对社会发展产生了明显的推进作用。与此相联系的是文化上发生了明显的变化，其中聚落址、农业生产工具、家畜饲养等的出现，是原始农业兴起的主要标志。[①] 从理论上分析，原始农业的兴起与聚落址的出现密切相关，原始农业的兴起又使生产工具发生变化，原始农业的兴起还使饲养家畜成为可能。在原始农业兴起阶段，农作物遗存、聚落址、农业生产毛具、家畜饲养等都已出现；而在农作物栽培起源阶段，聚落址、农业生产工具，家畜饲养等特征尚未形成。所以，除了农作物外，聚落址、农业生产工具、饲养家畜等都是原始农业兴起的重要标志。据此，应将农作物遗存、聚落址、农业生产工具（尤其是磨制的石质农业生产工具）、家畜饲养作为原始农业兴起的四大标志。此外，因原始农业的兴起，人们的活动内容开始丰富起来，精神文化生活内容自然也就丰富起来，祖先崇拜、生殖崇拜等原始宗教意识也开始兴盛起来。[②] 在人类进化史上，先民们胼手胝足，开拓创造，累绽异彩，可称黄土文明的源头。山西南部芮城县西侯度发现的旧石器时代人类遗址，经考古测定距今约 180 万年，当时的西侯度人已学会打制石器和用火，迈出了人猿相区别的第一步。襄汾县的丁村遗址，发现了中国境内最早的智人化石，是介于北京猿人与现代人之间的进化环节，具有现代黄种人的形体特征。丁村文化的遗迹绵延不绝并向四周辐射，开黄河中下游地区中国古文明的先河。可见，山西是中国境内人类起源的重要地区，是中华民族的发祥地之一，弥足珍贵。在中国原始社会向文明社会转型的过程中，山西先民再一次作出了重大贡献。从介休和山西的一系列考古研究来看，因其兴起的原始农业，奠定了黄土文明产生的物质文

----

① 参见朱乃诚《中国农作物栽培的起源和原始农业的兴起》，《农业考古》2001 年第 3 期。
② 同上。

明基础和精神文明基础。农业的起源，是人类历史上的巨大进步，以农耕畜牧为基础的定居聚落的出现，是人类通向文明社会的共同起点。从此，由村落到都邑，由部落到国家，人类一步步走向文明。

发达的农业作为介休范例的重要组成部分已经无须多言，在发展农业的同时商业也逐渐成熟，并且对于促进民族之间的交流与融合和社会的持续繁荣，亦发挥着重要的作用。介休的民族构成比例如下：1964年，介休汉族人口 193857 人，占总人口的 99.98％；少数民族共计 42 人，占总人口的 0.02％。1982 年，介休总人口中有汉族 292279 人，占 99.96％；10 个少数民族共 120 人，占 0.04％。1990 年，介休总人口中汉族为 334888 人，占 99.94％；15 个少数民族共 213 人，占 0.06％。[①]《介休市志》记载"境内居民历来以汉族为主"，从长时段历史研究的角度来看，这句话是有失偏颇的。揭开层层历史，我们不难发现，介休自古以来便是汉族与北方少数民族混合聚居的地方。在历史的长河中，华夏族与游牧民族有过长时间的征战和对抗，但更深远的却是彼此和睦共处，取长补短，相互渗透，最终少数民族与汉族融为一体。明代丘浚认为，契丹人、女真人、蒙古人融入汉族，达到了"相忘相化，而不易以别识之"[②] 的程度。民族融合不是汉族征服或同化北方游牧民族，而是互补共存，逐渐融为一体。在民族融合过程中，商业往来发挥了重要作用。介休的历史文化，是汉族和犬戎、夏民、羌、西夏、契丹、金等历史上的少数民族沟通缔造的结果，如在元代受蒙古人统治时期，不少风俗亦有蒙古族风俗的色彩。在当下介休民俗中的茶饮习俗，与契丹民族有一定关系，干调秧歌有女真民族的文化遗留。

介休人同时从事农业与商业的生计方式也影响了介休人的性格气质。介休总体上说作为定居的农业民族，历来有"安土重迁"的思想倾向，即留恋故土不愿迁徙。但同时介休人也打破常规，外出经商，活动范围遍及大江南北，面对不确定的未来，勇敢地踏上了追求美好生活的征途，体现了介休人性格中的外向开拓精神。有学者研究山西人的性格

---

① 参见山西省介休市志编撰委员会《介休市志》，海潮出版社 1996 年版，第 71 页。

② （明）陈子龙等：《明经世文编》卷七三。

特征，认为山西人性格具有外向开拓与内敛自守的两重性。这种两重性有时如影随形，形影不离；有时若即若离，或隐或现。山西人历史上和现实中的盛衰荣辱均与这种性格的两重性有关联。[①] 这亦较为准确地概括了介休人的两重性人格特质，而这种两重性性格的形塑是与生计方式中从事农业和从事商业贸易的二重性不可分割的。

综上，介休人在黄土孕育之下，创造了具有鲜明地域特色的文化范例，展示了在黄土文明进步中的重要地位。以黄土为背景，介休人极尽坚韧与智慧，开创农业和商业二元生计模式，使介休成为商贾往来、人口流动、民族交流的重要区域，同时，介休的社会发展在农业发展与商业发展之间，实现良好的互补与互动。大量的军事调动、移民屯垦、商贾往来等因素为这里的农业发展注入了活力，人口的增加要求农业更快地发展，扩大农业耕地面积，发展生产工具，改换耕作制度，提高粮食产量，从而推动了农业的发展。同时，因农业与商业而形成的资本，又成为介休社会持续发展的动力所在。介休开创的生计模式及所取得的辉煌成就，一方面对研究中国农业起源地、农业的发生与发展等有着非常重要的历史意义和现实意义；另一方面，为研究中国商业的发展尤其是晋商模式，并将其研究用于当下的商业发展提供了鲜活的资料。

---

① 参见山西省社会心理学会编《山西人的性格与社会心理》，山西人民出版社 2010 年版，第 2 页。

第三章 介休古典建筑文化传统

谈到建筑，人们首先会想到房子，或者与房子有关的建筑活动。这当然是建筑的一部分，但只涉及了工程技术层面的狭义理解。在更多的层面和意义上，建筑构成了人们日常生活、居住、工作的空间场所与环境，是生活的一部分。人们也在生活中，不断完善和丰富对空间、场所、环境的理解与表现。建筑因而反映了人们对自身存在的一种社会认知。

早在 20 世纪 40 年代，梁思成先生有关建筑的起源和发展规律的论述，为我们理解建筑奠定了深厚的思想基础："建筑之始，产生于实际需要，受制于自然物理，非着意创制形式，更无所谓派别。其结构之系统及形式之派别，乃其材料环境所形成。古代原始建筑，如埃及、巴比伦、伊琴、美洲及中国诸系，莫不各自在其环境中产生，先而胚胎，粗具规模，继而长成，转增繁缛。其活动乃赓续的依其时其地之气候、物产材料之供给；随其国其俗、思想制度、政治经济之趋向；更同其时代之艺文、技巧、知识发明之进退，而不自觉。建筑之规模、形体、工程、艺术之嬗递，乃其民族特殊文化兴衰潮汐之映影；一国一族之建筑适反鉴其物质精神、继往开来之面貌。"[①]

正是基于这样的基本认识，梁先生进一步解释道："今日之治古史者，常赖其建筑之遗迹或记载以测其文化，盖建筑活动与民族文化之动向实相牵连，互为因果者也。"[②] 这句话无疑再次印证了建筑物质载体

---

① 梁思成：《中国建筑史》，生活·读书·新知三联书店 2011 年版，第 1 页。
② 同上。

与其民族文化内涵的深层联系,同时也将我们从事中国古代建筑史和建筑文化研究的思路,引向更加深远的空间。

全面审视介休的建筑文化传统,系统梳理介休的城市建设史,首先必须避免陷入片面僵化的建筑概念当中。同样重要的是,建构地方文化独特性,并非意在打造一个空前绝后的文化孤本,而是寄希望于黄土高原这片孕育了华夏民族文化根性的宏大历史舞台,通过比邻城市地区之间的相似性比较分析,在黄土文明的共通性和普遍联系中,逐渐接近并定位于与介休密切相关的城市社会史线索,使曲折流转的介休建筑文化传统渐渐清晰。

介休生成于黄土高原之上,但它并不孤独。在它周围不仅遍布山川河流,而且有许许多多曾与它共同经历千百年岁月磨砺的姊妹城市,在特定的自然地理环境、历史时空和社会人文环境中一起成长发展。透过它们,我们得以发现这片高原赋予本土城市的共同基因,也更易于辨识出介休特有的卓越身姿。

一 当黄土作为一种造型媒介

山西自古以来就因其险要的自然地理位置和极为特殊的区位环境、交通条件,在华夏文明的起源、成形,以及发展繁荣的早期进程中,占据着不可或缺的政治与军事战略地位,也因此在中国古代社会史的叙事空间中始终扮演十分重要的主导角色。这份来自大自然的馈赠,加之山西人历来对故土的无限眷恋与热爱,不仅使丰富多样的地质地貌景观、资源禀赋,为山西赢得了表里山河的美誉,而且一首《人说山西好风光》的悠扬乐曲,更是将人们对凝聚着山西地方特色的聚居环境、建筑文化景观和人文社会情境的诗意理解,转化为一种理性的追求和深刻的文化自觉意识。

今天的我们要追溯历史,解读人与山水、乡土、传统人居环境之间根深蒂固的文化联系并非易事,尤其需要借鉴多学科理论、研究视野和方法,从不同角度和侧面,使研究对象逐渐清晰地展现出来。这首先需要我们立足介休所处的自然地理环境与区位特点,了解介休拥

83

有怎样的地质地貌景观和自然资源结构等外部客观因素。同时，我们还需要深入了解人们如何克服和化解自然险阻，如何创造性地利用介休所具有的自然禀赋，适应历史时期黄土高原自然气候环境变迁，以及如何应对政治、区位条件、经济模式、文化传统、民族迁移等诸多方面的深刻变化。

（一）黄土高原——"风神捏就的世界"

中国的四大高原，就形成原因而言，大致可以分为两类，一类是隆起性高原，包括青藏高原、云贵高原和内蒙古高原；另一类是堆积性高原，也就是黄土高原。黄土高原不仅在中国是首屈一指的独特高原，一直以来，黄土高原的成因，以及黄土高原的原始自然植被和环境变化，都是吸引全世界众多地理学家和自然科学家的两大重要研究课题。

早在19世纪60年代，德国著名地理学家冯·李希霍芬(Von Lichthofen)就曾专门对黄土高原进行考察，对黄土沉积、黄土堆积层的物理力学原理，以及原始天然植被等情况做了初步分析和大胆推断。中国的自然地理学家和历史学家，也相继就李希霍芬的早期研究陆续提出自己的见解和观点。到目前为止，对于这些基本问题的科学论证仍在继续。可见，黄土高原的形成和地质地貌环境变迁，是一个异常复杂而漫长的演化过程。

黄土沉积始于距今200万年前的第四纪时期，这一漫长的地质活动过程不仅构成了一个复杂的地质地理形态，也造就了一个堪称奇特的世界自然景观。全世界黄土分布面积1300万平方千米，约占全球大陆面积10％。其中，黄土覆盖率在欧洲约占7％，主要集中在法国中北部，德国莱茵河畔，还有东欧的波兰、匈牙利、罗马尼亚。另外，北美洲5％，南美洲10％，亚洲3％。[①] 考虑到各大洲陆地面积的规模差异，亚洲的黄土覆盖率虽然只有3％，但实际面积相当惊人。

中国的黄土分布总面积已达到63.1万平方千米，占国土总面积的

---

① 参见方如康《中国的地形》，商务印书馆1995年版，第71、87、88页。

6％。总体来说，"我国黄土地区按地理特点，可分为三个地段：日月山和乌鞘岭以西，包括甘肃西部、青海西北部和新疆全境，为西段；大兴安岭和太行山以东，包括松辽平原、辽西冀西山地、华北平原和山东低丘陵区，为东段；东、西两段之间的黄河中游与海河上游地区，为中段。……中段地区，特别是晋陕长城以南，除了一些裸露的石质高山以外，基本上构成连续的深厚黄土盖层，形成举世瞩目的独特的黄土地区，加之地势较高，突兀耸立于华北平原西侧，因而在自然地理区域上被划作黄土高原"①。

一直以来，黄土高原不仅在中国占据特殊地位，也是世界上最大的由黄土构成的堆积性高原。华北平原，因此成为世界最大的黄土平原。更令人不容忽视的是，基于黄土自身的成壤特性，同时随着中国西北气候环境逐渐干旱化，黄土在中国北方地区的分布每年都在持续扩大。

黄土不仅分布广，其沉积的厚度也常常令人惊叹不已。"黄土高原的黄土覆盖层大部分厚 30—60 米，最厚达 200 米以上，两个最大厚度中心为甘肃的董志塬和陕西的洛川塬。黄土分布的高度可达到海拔接近 3000 米的山坡。"②

如果说抽象数据还不能很好地描述黄土高原独特的地貌景观，那么，美国著名记者埃德加·斯诺先生（Edgar Snow）在 20 世纪 30 年代曾对黄土高原作出的评价，或许更能一语道破黄土高原的成因以及奇特的黄土景观效应。20 世纪 30 年代，"斯诺先生远渡重洋来到黄土高原，那千沟万壑、丘陵起伏、'黄浪'滔天的景色，使他惊叹不已，说这是'风神捏就的世界'"③。

笔者曾反复琢磨这句半个多世纪以前的话，的确非常传神。尽管其中很可能隐藏着翻译的艺术与聪慧，但无论如何，这句话同时为我们传

---

① 史念海：《黄土高原森林与草原的变迁》，山西人民出版社 1985 年版，第 2 页。另注：随着黄土沉积逐年增加，黄土高原的黄土分布面积逐年变化。此处数据仅供参考。

② 任美锷：《中国自然地理纲要》，商务印书馆 1992 年版，第 161 页。另注："黄土堆积厚度一般为 80—120 米，在陕西洛川和甘肃华池测得最大厚度 175 米。已知黄土最大厚度在甘肃兰州西津村，厚达 409.93 米。"（资料来源：李锐、杨文治、李璧成等：《中国黄土高原研究与展望》，科学出版社 2008 年版，第 18 页）

③ 黄春长、李万田主编：《祖国的黄土高原》，科学普及出版社 1987 年版，第 3 页。

达了黄土高原的成因及其地景之美。我们知道，截至目前对黄土高原形成的研究，自然地理学家仍普遍认为，中国黄土高原的黄土沉积主要属于风成。黄河中下游地区甚至华北平原的沉积黄土，都主要通过风力作用，从蒙古高原、柴达木盆地，以及准噶尔盆地和塔里木盆地的东部地区逐步蔓延而来。

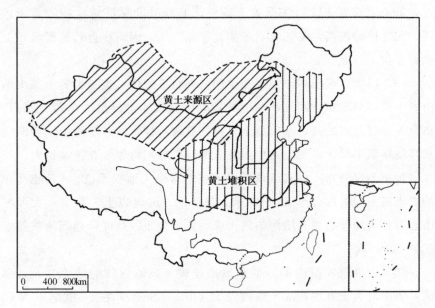

黄土来源区

黄土堆积区

0   400 800km

图 3-1　黄土的来源区与堆积区（据刘东生 1985 年图重绘）

除了源源不断的风，黄土高原所处的自然地理位置、大陆板块的地质结构特点、地质活动规律、地表的地貌环境，还有特定的气候类型、原始天然植被状况，以及漫长的时间过程，等等，都是黄土高原地貌景观的创造者。这些外力虽然很多情况下不容易被直接看到，或得以充分认知，但正是这些力量与黄土的叠加和积累，使得黄土高原虽然由最为松散和细腻的材料为造型媒介，却同样能够让人由衷赞叹其深层结构的力与美。或许也正是因此，黄土高原这一特殊的地质地貌环境，才得以作为黄土文明最典型的文化意象，象征着华夏民族精神深处的坚韧与内敛、宽广与豪迈。

清晰而彻底地解释黄土高原的自然地理环境，必须通过深入研究黄土高原地质构造、黄土沉积层的物理力学原理，同时还要了解水体动力学，并长期监测黄土高原水土侵蚀数据。这显然超出了本书所能承载的研究深度及范畴。但是，我们不妨整体了解一下黄土高原地区的地质条件、黄土地貌和区位环境，这将非常有助于我们深入理解和体会黄土高原特有的地貌景观，也有利于我们解读黄土文明究竟因何产生了独具特色的建筑文化传统与聚居模式。

（二）黄土景观与地景艺术

1. 黄土高原区域地理概况

中国正处于向东倾斜的太平洋斜面之上，所以，中国古人才会望江兴叹"大江东去，浪淘尽"。太平洋斜面共有三个梯级沉降带，全境都在中国版图内。一、二、三级阶梯依次由西向东，大致呈扇形分布。黄土高原大体位于太平洋斜面的第二个梯级。第二阶梯的外沿由北向南从大兴安岭延伸至晋冀山地，再到豫西。由此可见，无论是黄土高原的形成，还是山西异常险固的地理环境，都存在深刻的地质结构原因。

此外，从地球板块构造和运动规律来看，太平洋大陆架、印度半岛和印度洋大陆架均由质地坚硬的硅镁物质构成。[①] 当大陆板块随着地球自转产生南北、东西两个方向的推力时，更加坚硬的太平洋大陆架和印度洋大陆架，就会在东南方向对地球自转形成两个向外延展的推力，形成强烈的反作用，使太平洋斜面以及太平洋大陆架和印度洋大陆架东部边缘，产生像水波纹一样自西向东推及开去的海沟。

地球板块运动，对中国版图内的地质构造过程，产生了重要而深远的影响。与板块作用力相悖的地层由于挤压而形成不断隆起的褶皱，并发育成雄伟的山脉。反之，与该作用力相向的地带，则在山与山之间顺势而行，延伸出许多大大小小的盆地、河谷平原，穿插散落在层峦叠嶂之中。所谓表里山河，正是对山西高原自然地貌

---

① 方如康：《中国的地形》，商务印书馆 1995 年版，第 29 页。

的典型概括。

中国境内的经向山体和纬向山体，在这一地形构造过程中形成了一个东北和西南走向的夹角。由于山体隆起，层层山脉横亘在欧亚大陆的干冷气流和太平洋、印度洋暖湿气流之间，迎峰坡拦截大量来自海洋的暖湿气流，使尖锐的气候锋面不断生成、此消彼长。处于山脉夹角位置上的内陆局部地区，由于较难获得太平洋和印度洋上的暖湿气流，而长期不同程度地承受干旱问题影响。如果同时考虑到海拔高度的变化，那么随着纬度升高，海洋暖湿气流将更加难以长驱直入大陆深处，这也就导致了中国中部和西北部的中高海拔地区属于大陆性气候，干燥少雨。其中，最干旱的地区位于祁连山、柴达木盆地一带。

中国西北的干旱问题，有其地理位置和地貌方面的原因。目前，研究黄土高原干旱化以及水土流失问题的地理学家和科学家，都十分关注青藏高原抬升对中国大陆，特别是西北和北方大部分地区气候环境带来的潜在影响。同时，我们也应该注意到，干旱问题以及区域干旱化趋势，并非孤立存在。从世界范围来看，中国西北和北方大部分地区正处在亚洲干旱带位置上。这条干旱带从地中海—红海一线以东，经伊朗、阿富汗、巴基斯坦、印度西北部，一直延伸到我国的西北和北部。[①] 同处于亚洲干旱带上的国家和地区之间，具有相似的地貌环境、地质和气候条件，而相似的自然生态环境，一定程度上也造就了极富共性的建筑景观和传统人居环境。

黄土高原西起青海日月山，东抵山西太行山，北至晋陕长城，南达甘陕秦岭，大致位于东经 103°—114°，北纬 34°—40° 的中国中西部广袤地区，恰好就处在这条亚洲干旱带的范围内，主体部分大部地处干旱、半干旱地区，属于温带大陆性季风气候区。此外，由于黄土高原在经度和纬度上跨度比较大，加之区域地形和海拔等因素的影响，黄土高原各区域之间，在温度、干湿度和降水量方面存在显著差异。黄土高原东部地区山西高原一带，相对而言，能够较多地获得东南季风带来的季节性

88

---

① 参见李锐等《中国黄土高原研究与展望》，科学出版社 2008 年版，第 278 页。

降水。降水期主要集中在夏季，造成雨热同期的效应，十分有利于农作物的生长。同时，林地和天然植被的覆盖率也略高于黄土高原西北部地区。

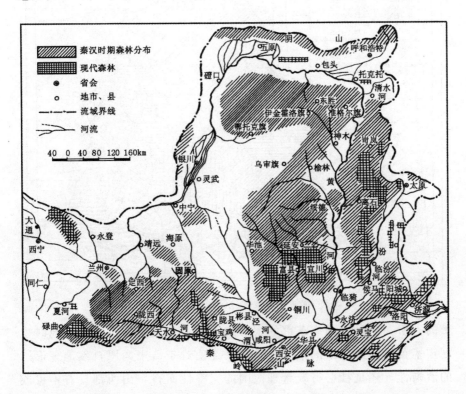

图 3-2 秦汉至北朝时期黄河中游森林分布区域图（史念海，1981）

黄土高原地区的主要行政区范围，涵盖"山西省全部、陕西省北部和关中地区、甘肃省东部和中部、宁夏回族自治区南部、青海省东部河湟地区和河南省北部（崤山以北，洛阳市以西的黄河沿岸地区），共计6个省（自治区）、31个地区，面积约 44.91 万平方公里。其中，黄土实际覆盖面积近 30 万平方公里，占中国黄土分布面积的 68.18％，占整个黄土高原土地总面积的 66％"[1]。

由此我们可以了解，首先，山西是唯一一个全境处于黄土高原地

---

① 史念海：《黄土高原森林与草原的变迁》，山西人民出版社 1985 年版，第 4—5 页。

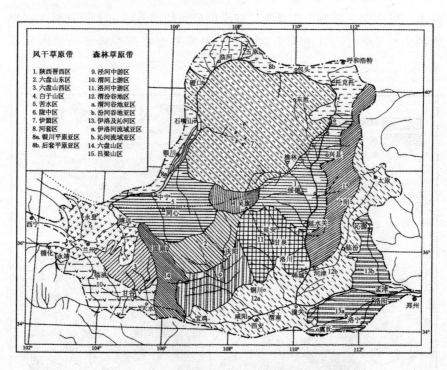

图 3-3　黄河中游植被分区图（崔友文，1959）

带的省份，而且山西省东部的太行山不仅是山西的东部省界，同时也划定了黄土高原地区的东缘。其次，无论对于黄土高原自然地理形态的清晰性，还是社会行政管理范围的完整性而言，山西都具有不可或缺的重要作用和特殊意义。再次，山西省的自然地理环境、区位条件，对于我们科学、全面地认识黄土高原的地理特殊性和区位重要性，具有非常重要的参照价值和研究意义。最后，通过整体认识黄土高原的自然地理属性，及其对华夏文明的特殊贡献，同样可以帮助我们深入地理解山西作为黄土文明的重要组成部分，曾经占据怎样的历史地位，曾经为黄土文明的自觉建构发挥了怎样的社会影响。

　　黄土高原所在的行政区普遍面临气候干旱和土地沙化问题，黄土覆盖率非常高。尽管从自然地理学，特别是黄土高原水土流失治理工作方面来看，干旱的气候环境和规模庞大的黄土沉积过程，对当地社会生产和城市管理，以及人们的日常生活都造成了诸多负面影响，但不得不承认，正是这样的自然地理环境、气候条件、地貌景观，为黄土高原特有的传统聚居模式奠定了自然环境基础。黄土不仅是自然地貌的重要组成部分，也成为黄土高原地貌景观的独特造型媒介，为千百年来富于生存智慧和想象力的人们，提供了建筑造型艺术的地景原型和精神时空。

2. 三维空间体认

人对三维空间的体察和辨识，既以物质空间为基础，又会随着社会活动、时间更迭，以及文化变迁等综合因素发生转变。因此，任何对时空的体验和把握，都只是相对的，不仅带有空间本身的物质决定性，也深藏人文环境当中的主体因素和文化因素。

中国古人本着实用主义的心态理解外部世界，喜欢根据实际需要记录和表现方位、环境特征等三维空间要素，也非常强调巧妙利用天时、地利等有益的环境条件。所以，对待空间的方位、秩序、特征等基本要素，总体上秉持务实、灵活的文化心理，既提倡因地制宜、随机应变，又乐于在民族交融的过程中，自然而然地吸取其他民族的有益经验。这一特点远在黄土文明初创时即已奠定，直到遭遇西方近代科技革命冲击，才逐渐走上崇尚系统化、标准化的科学革新之路。

对待空间方位要务实灵活，并不是无视客观规律。事实上，反证了中国古人因地制宜、与时俱进的达观心态。现存已知的中国古代地图，包括星象图、城壕图等，很少拘泥某种统一、标准化的记录表现规范，而是根据实际使用需要专门绘制。地图遵循的坐标体系，有些是上北下南，有些却是上南下北，甚至东西轴向，地图的标志标注，更是直接受到画师本人好恶、习惯等主体性影响。所以，中国古代地图的读图方式，也没有定数。有的图直观明了，有的则需要变换方向逐步解读。可见，实用是首要目的，表现手段、方式，甚至规则，则可以灵活应对。

更能反映中国古人务实开放精神的，是人们对城市空间布局所进行

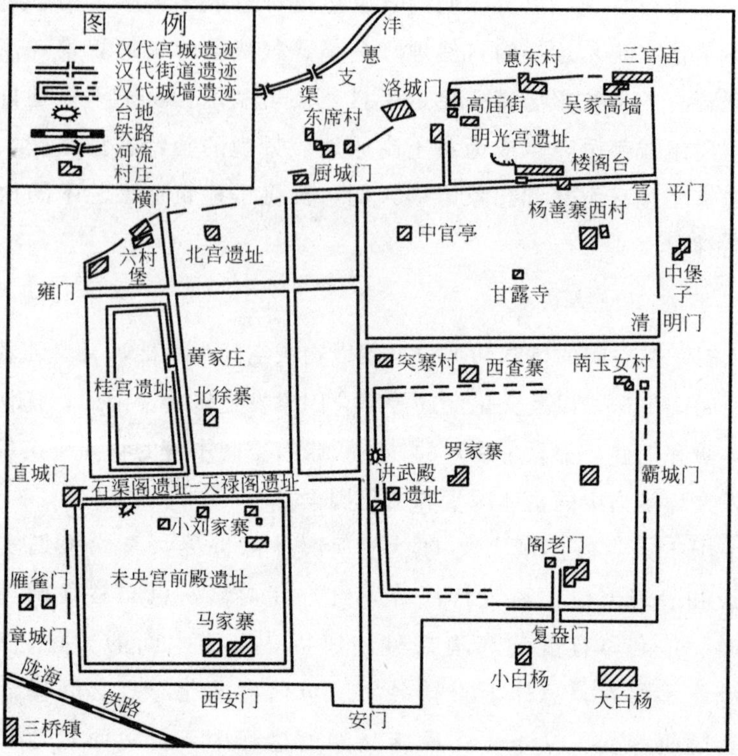

图 3-4　汉长安城遗址平面复原示意图（陈桥驿等，1983）

的适应性调整。《周礼·考工记》至迟秦以前已经成书，其中有关都城规划设计的思想，体现了先秦人对都城布局的一种理想模式。虽然广受儒学思想家的尊崇，但是《考工记》毕竟不是《周礼》的原初内容，周王城图与迄今许多周代古城遗址的考古发现存在诸多不符。没有充分的证据表明，《周礼·考工记》曾经作为中国古代都城规划的系统标准，实现制度化。事实进一步表明，汉长安城遗址虽然宫在南，符合《周礼·考工记》有关周王城形制的记载，但是整个长安城其实是一座宫城，市和坊所占比例小，且形态非常模糊，很难说真正符合面朝背市格局。所谓宫室在南，应主要是为了顺应黄土塬地形以及长安城西北河道走向，是宫城近水利、远水害的一种现实选择。

　　在现存已知的中国古城或遗址中，自曹魏邺城坊居面积显著增加之后，隋大兴城和唐长安、洛阳城，都进一步扩大了坊居面积比例并调整了宫市布局。为了着力加强城防管理，强化对城市人口的控制，宫室在北、城郭在南的格局不仅得到沿袭，而且城市的空间格局已经随着社会组织和城市公共职能的不断丰富、完善，趋于系统化和专门化。随着城市人口规模的扩大，中国古代城市在居住、商业贸易、交通、城防、城市供给、政权和文化的意象化等各个方面，都在发生内涵转变和形式探索。市集不再仅为统治者服务，坊居空间也不再只是附庸。"宫室在北、城郭在南"成为中国古代城市空间形态的典型样式。

务实灵活、随机应变，不等于无章法可循。我们今天习以为常的三维空间坐标体系，比如"坐北朝南""左西右东""上北下南"，实际上基于一个古老的现实原型——水井。

水源对于有机体生存至关重要，对于从事农业定居生活的人而言更是如此。水源代表生的机会，水井在哪里，人类早期聚落就在哪里落地生根。以水井为中心，中国古人最初建立起"八家一井"或"九夫为井"的聚落规划。从社会生产和资源分配的角度，这一制度便是井田制。

黄土高原是中国传统农业种植技术的发源地之一，也是农耕文化的初创地和黄土文明确立并冲击巅峰的重要历史现场。黄土高原异常顽固的地形地貌，以及黄土富含腐殖质，既易于透水，又能大量涵水等卓越特性，为中国早期农业种植技术提供了一块得天独厚的试验田。

以井为中心的早期农业聚落，很可能是黄土高原人居环境模式的一种定居原型，也曾经搭建起黄土高原上的一道人文景观。木制井架经纬相交十字结构的典型特征，伴随井田制风行两千多年，直到战国时期，逐渐沉淀转化为一种根深蒂固的认知模式和理想图示，内化在《禹贡》《周礼·考工记》等中国古代典籍中，表达了古人对于区域空间、社会环境，以及最高权力组织形式——都城的早期认识和理解。

黄土高原背靠云贵、青藏和内蒙古三大高原，东至太行山，南抵秦岭。这天造地设的地形地貌，酷似一座固若金汤的城池，清楚地划定了一个闭合的区域空间。生活在这一闭合空间中的人，却并不封闭。他们懂得坐观天象、行遍四方。一部分人很早就意识到西部广袤的高原和东缘太行山脉是难以逾越的天然屏障，于是，选择黄土塬的近水地带，或者沿着东北西南走向的山脉，在山川河谷、丘陵盆地中寻找生存机会。这些人后来成为主要以种植、渔猎为生，过着定居或半定居生活的族群。黄土塬开始出现以水井为中心的土围子。水源地附近层叠错落的带状阶地上，一孔窑洞首尾相连。对于拥有稳定居留地的人而言，除了水源，选择一个合理的方位，最大限度利用阳光、风向和水流，将直接关系到食物供给。长久的经验和不断增加的种植收获，使这些人更加关注太阳运行轨迹，并逐渐认识到经向方位上南下北的重要性。

同样重要的是，黄土高原看似闭合的整体地形内部，是由山川、丘陵河谷交织而成的复杂地貌环境，相对平整的黄土塬地区，也往往沟壑纵横。相距并不遥远的两个地方，常常因为一座山、一条沟，或者一片黄土塬，在语言、局部气候等方面差异显著。因此，空间环境的表里、内外差异，以及由此导致的局部空间相对隔绝，也是定居下来的人们日常所面临的一个主要环境因素。《山海经》表现了中国古人有关表里、内外的认知，以近身可触的山川大地，隐喻自我、中心和内部；而以海，一种"昏晦无所睹"的存在，或者"荒晦绝远之地"，隐喻不可知的他者、边缘和表外。① 山与海，一实一虚、一内一外、一近一远，表里截然相对。

黄土高原辽阔的场域和一应俱全的地形地貌条件，给人们提供了多种选择。在高原草甸和森林的边缘，大自然的恩赐使一部分人仍然过着游牧生活，以天为盖、以地为舆，逐水草而居。帐篷是一种理想的临时性居所，尤其适合周期性迁徙的游牧民族。至今，生活在中国东北大兴安岭地区的鄂伦春族人，仍然保持着放牧驯鹿的古老生存传统。他们的标志性居所，俗称"仙人柱"，就是一种极为实用便利的帐篷。帐篷用桦树枝干为骨架，围合成圆锥形，中间由一根较为粗壮的主干作为支撑柱。冬天帐篷外覆盖驯鹿皮，夏天则选择透气性更好的树皮。

帐篷并非游牧民族独有的居住形式，越来越多的建筑考古研究逐

---

① 李零：《中国方术续考》，中华书局 2006 年版，第 198 页。

渐使人们相信，人类最早的居所并非洞穴，而是帐篷。有足够的证据表明，"一个男人发明了原始的长方形茅屋——是不可信的，因为最早的茅屋是圆的，而且很可能是女人造的"①。文明的最初形态，很可能与有机体生命的最初形态一样，是极为简单而基本的。在以天为盖、以地为舆的草原，似乎更没有理由为临时居所追加任何不必要的形式元素。最大限度获得环境信息的方式，往往具有极为简单的外部形式。

图 3-5　通古斯人帐篷聚落复原图

圆形帐篷能够为人们提供 360 度的综合信息源。住在这样的居所里，你就像雷达，不需要太多门窗，便可以感知阳光、风向、雨雪的湿润气息，牲畜家犬的叫声以及森林深处雪山呼吸的声音。你也不需要钟表，而只要让帐篷朝向东方，就可以准确掌握时间，合理安排一天的生活起居。

① ［加］诺伯特·肖瑙尔：《人类住宅演化史》，董献利等译，中国人民大学出版社 2012年版，第 2 页。

　　直到秦汉时期，草原游牧民族以西为尊的传统依然广泛存在。在由匈奴人建造的北凉姑臧城和鲜卑民族统治的北魏平城中，宫室及重要建筑物一般位居城市偏西方向，以便面朝东方，最早迎接每天的第一缕阳光。除此之外，以西为尊的观念还渗透在室内空间与环境的秩序安排中，比如置阶、安榻和设座等。^①草原民族的这一传统方位观念，与后世中原王朝普遍奉行的坐北朝南、居中为正的思想十分不同。

　　黄土高原不仅提供了多重选择，也为不同族群的人提供了沟通对话的可能。无论是农业种植，还是游牧渔猎，都需要大量的生存资源，特别是土地、水源、人口等基本的战略性资源。草原固然可以维持舒适美好的迁徙游牧生活，但是，成熟的农业种植和定居生活，还是对草原民族形成了强大的吸引力，正如之后也强烈地吸引着海上民族。但是随着人口增长，当等量的生存压力分别施加给草原民族、海上民族和农业民族时，产生的实际影响却是不同的。

　　农业文明的内在优越性，一方面在于粮食供给和居住生活都相对稳定；另一方面，更深刻根源于传统农业是一个庞大而复杂的综合种植与繁殖体系，在小麦、粟、黍等主要粮食作物之外，还有大量农副产品保障生存底线。同时，驯养的家禽、牲畜，也能提供肉、蛋等少量却重要的蛋白质补给。此外，还有棉、麻、丝绸、糖、茶叶、烟草等精细制品和奢侈品，能够显著提升生活品质，丰富生活体验和审美经验。相比之下，草原和海洋的资源体系相对单一，而且很难实现自我补充和完善，一旦面临高强度的生活压力或生存危机，自身修复能力便略显不足。因此，探险、征服、掠夺、扩张等带有侵犯性的活动，在草原民族和海上民族当中屡有发生，在一定程度上也可以说是生存方式的内在需求。

　　历史事件清楚地说明，生存方式的内在差异，及其在不同历史时期的适应性竞争，使汉族农耕文化逐渐占据优势和主流。在战争与通商互市频繁交替的过程中，草原民族和农耕民族相互借鉴、相互渗透，最终走上以汉族农耕文化为核心与基础的民族大融合的道路。这条道路，归根结底就是一条不断谋求生存和发展的道路。草原民族适时选择、借鉴

96

① 参见刘续杰主编《中国古代建筑史》第一卷，中国建筑工业出版社 2009 年版。

农耕文明的长处，保障了族群自身的延续和发展。与此同时，农耕民族也在大量引进毛皮、马种、牲畜、金属手工艺制品的同时，吸收了草原民族的生存经验、技艺和审美。

黄土高原不仅为汉族农耕文化和草原游牧民族分别提供了广阔的存在空间，更为两者的交融与发展，建构起一个超稳定的组织机制。同时，早期农业文明开拓出的井架原型，或者说十字形结构，也为逐渐定居下来的不同族群提供了有效的生存和社会组织依据。黄土文明体系中，有关环境体认的基本空间秩序——经纬主次、表里亲疏，借由十字结构一目了然，也同样因其简单而基本的内在规则，逐渐渗透、影响社会深层结构和民族文化心理。

3. 土生土长的建筑

前文已经提到，在黄土高原的研究中，有两大核心问题一直是世界各地学者们的中心议题。一个是黄土高原的成因，另一个就是黄土高原的天然原始植被情况。这两个问题都与黄土高原的地貌景观直接相关。

数百年来，黄土高原水土侵蚀、气候干旱化、林木和草场退化等问题日益严峻，这些都已经对黄土高原的自然地貌造成了大范围的负面影响。由于严重的水土流失，导致大量原本体量完整庞大的黄土塬逐渐分崩离析，黄土高原丘陵沟壑面积逐年增加。但是，黄土地貌的覆盖率和实际面积仍然以其广袤无垠和令人叹为观止的黄土沉积景观，使世人在惊叹之余，不禁急切地希望追寻黄土高原神秘的起源和悠久的历史文化传统。

黄土沉积过程的形成之久、覆盖之广、层积之深、形态之多变，有其地质地理层面的深层原因。正是黄土高原这一特有的自然环境特点，造就了其辉煌灿烂的黄土文明。让我们首先认识一下黄土高原最典型的地景元素——黄土，看一看细若粉砂的黄土，因何足以构筑起宏伟雄浑的黄土高原建筑景观。

黄土高原是在下伏古地貌上堆积深厚黄土而形成的。经过长期的实地监测和科学研究证实，中国黄土高原的黄土主要通过长期风力作用，从内蒙古高原、柴达木盆地，以及准噶尔盆地和塔里木盆地东部地区，

97

将黄土沙尘一点点吹送到黄土高原，以及南抵长江中下游地区，东至大兴安岭的广大黄土覆盖区。风力作用的重要性，不仅在于使黄土物质不断风化，并从千里之外将其吹送到黄土高原乃至更远的地方，更加重要的是，风力作用同时完成了一个分选的过程。将较粗的沙砾留在黄土来源区或边缘形成沙漠，将更细的粉砂状黄土物质卷扬到空中，使其随中国内陆普遍盛行的西北风，被吹送到东南方向。这一逐步完成并反复精细化的分选过程，使得沉积黄土在粒度组成[①]、黄土中黏粒所处的土层位置及比重方面，均带有显著的方向过渡性特征。

所谓"一方水土养一方人"。同样道理，一方水土也足以建构起一套独具特色的建筑结构语言。黄土的沉积方式，部分解释了黄土高原地区传统建筑形式和聚居模式总体上所具有的共通性和联系性。而黄土的物理属性和化学特性，也为特定地区富有地方特色的建筑形式和结构语言，提供了现实基础。

（1）黄土的建筑学特性

黄土的地区分布具有显著的方向性差异，自西向东，由北向南，黄土颗粒越来越细腻，黄土中的黏土颗粒也明显增多。而且，土层越深，黏粒的比例也越高。经过千百年的生活磨砺，人们早已掌握了黄土的基本物理属性，能够准确辨识黄土垂直节理分布，利用天然黄土崖壁掏挖开凿窑洞。根据地上、地下、塬坡、崖壁、平原等多种地形变化，中国黄土高原的窑洞型建筑体系，还逐渐细分出各不相同的窑洞建筑形式。随着人们综合运用砖石、木材等辅助材料，传统窑洞住宅在结构安全性、耐久性，以及视觉艺术性和多样性方面，都取得了显著提升。

---

① 学者任美锷认为：首先，黄土的粒度组成总体而言是非常均质的，"粗粉砂占 45％，粒径大多在 0.05～0.01mm。＞0.1mm 的粗砂或细砂都只有极少含量"。任美锷：《中国自然地理纲要》，商务印书馆 1992 年版，第 162—163 页。李瑞等学者认为：随着风力作用反复分选，粒径变化从西北向东南逐渐变细。再有，在黄土沉积层中，根据黏粒所处的土层位置，由上至下呈现逐渐增多的趋势。而从沉积黄土的水平方向上，也显著存在由北向南逐渐增加的现象。总的来说，就是"黄土的物质成分除具有很大的一致性外，也具有明显的方向性变化"，从黄土沉积层剖面粒度组成来看，自上而下，黏粒逐渐增多。"在水平方向上，显示自北向南、自西向东，黏土颗粒逐渐增加。"李锐、杨文治、李壁成等：《中国黄土高原研究与展望》，科学出版社 2008 年版，第 28 页。

图 3-6（1）　介休市东南城区草市巷窑洞民居

图 3-6（2）　介休市东南城区里东马道西侧窑洞民居

99

图 3-7　山西省师家大院山地窑洞

图 3-8　山西碛口窑洞民居

图 3-9　山西平陆地窖窑

　　黄土是一种质地均匀、可塑性很强的建筑材料。居住在丘陵河谷地带的人们，缺乏天然黄土塬地形条件，便将黄土加工成规整的泥坯、泥砖，修建房屋或者夯筑城墙。在亚洲干旱带，甚至北非等一些具有相似气候环境和黄土状沙尘覆盖的国家或地区，人们也普遍采用黄土堆积物制造的泥坯、泥砖，建造房屋、宫殿和神庙。古老的波斯建筑艺术，几乎已经把黄土所能实现的几何空间范例、拱顶技术和建筑装饰艺术，发挥到了登峰造极的地步。

图 3-10(1)　公元 10 世纪建造于布哈拉的萨曼尼墓

图 3-10(2)　公元 10 世纪建造于布哈拉的萨曼尼墓

图 3-11(1)　介休市旌介村空王佛侧殿泥坯扶壁

图 3-11(2)　福建省武夷山市下梅村民居

图 3-12　北非廷巴克图民居

中国古代建筑的关键，在于土木结构的平衡与相互补充。世世代代摸爬滚打得来的生存经验，使人们对黄土的信赖几乎与生俱来。而且，黄土作为建筑材质显然比木材耐久得多。在建筑的使用过程中，人们能够随时对泥结构部分进行增补、修复和加固。相反，木结构一旦腐朽变质，则只能更换、拆除。所以，在木结构工程技术的早期阶段，单纯依靠大木作工艺，一方面很难在保证结构稳定性的同时，有效增加单体建筑的绝对高度，或者通过举折变化显著提升建筑内部层高；另一方面，黄土高原具有雨热同期的气候特点，夏季各地经常迎来强对流天气，短时间内猛烈降雨，经常会给建筑立面墙体带来冲击，黄土扶壁无疑能够在提供良好的结构支撑的同时，为檐柱和木制门窗遮风挡雨。

高台建筑是中国早期古代建筑的一种重要形式，利用黄土夯筑起高大坚实的黄土高台，然后在高台之上搭建木结构房屋。这样耗时费工夯筑起来的宏伟建筑，无一例外是政治、神权的象征，重要的政治、祭祀或者军事仪式活动在此举行。隋唐以前的古代城市和王宫，大多也选址在地势较高的区域位置，主体建筑物依然以夯土高台为基。从建筑工程的角度讲，利用夯筑技术筑起高台，显然是提升建筑工程的一种简单直接的方法，同时最大限度保障了建筑的结构安全性，不失为明智之举。此外，从建筑的文化内涵来分析，高台建筑以及选择地势高的黄土台地营建城市，也是突出权力标志、强化神权，提升积极防御和军事进攻性的有效手段。在黄土高原绵延广袤、沟壑纵横的地貌环境中，占据地形优势和制高点，无疑具有十分重要的战略意义和文化象征性。

夯土高台本身不仅具有很强的实用性，作为中国古代建筑最为基本的一种工程技术手段，也被广泛运用于建筑台基、城墙、军事设施、佛塔、水利设施等大型建设工程领域。中国古代建筑的核心与实质，在于整体的土木结构。由于大量使用木材等有机材料，每一座中国古代建筑自身实际都隐藏着一座生物钟。因此，中国古代建筑的存在，是一种活态的存在，有自身的生命周期和运动节奏，远非直观所见的那般静默无语。木结构很容易随着时间的流逝腐朽消融。中国古人早已认识到这一客观规律，并深刻认同这样的文化性质，欣然理解一些事物无可避免地逝去，同时满怀期待地期盼再生与新的生命循环。在旧有建筑基址上重建或新建建筑物，是一种常见现象。夯土遗构常被用来重建房屋，或者包砌在城墙里面变废为宝。还有些时候，夯土城墙的残垣断壁，也会成为个别人家掏挖窑洞的理想地点。

　　长年和黄土打交道的人们当然发现了土层越深，黄土黏性越大的奥秘。山西境内许多村落、古堡和晋商大院中都尚存数量很多、规模不一的地道系统和地下贮藏空间。地上建筑和地下空间串联成错综复杂、层级繁多的立体空间网络。战争时期，这些地道、地窖曾为无数人提供了必不可少的安全庇护，为当地人们组织武力反抗提供了宝贵的时间和基础。而在非战时的大部分时间里，地下空间系统同样构成了传统居住生活的重要环境。黄土高原的冬天干旱寒冷，当地人必须在漫长的冬季到来前，将大量的粮食、块茎蔬菜等生活必需品储藏在地窖，以满足日常所需。得益于黄土天然的物理结构特性和化学性质，黄土高原人民充分利用地下空间，将地下、地上空间组成有机联系的人居环境整体，堪称黄土高原传统聚居模式当中十分重要的组成部分和建筑文化特点。

图 3-13　介休市张兰镇北贾村新堡一处废弃民居的地窖

以窑洞为代表的黄土高原传统建筑形式，是世代生活在这里的人们从黄土塬和河谷山川中逐渐领悟来的智慧结晶。人们不但从大自然的曼妙身姿中，学会了如何为自身营造安全、舒适、实用的居所，也从"风神捏就的世界"中领悟到黄土特有的美。琉璃工艺并非始创于中国，但是将琉璃融入中国古代建筑形制，成为一门独立的建筑装饰艺术，却是借由黄土高原和胡汉各民族的世代努力，共同实现了西域文化向华夏地区的传播与融合。

"琉璃古作流离，或云药玻璃，其名始见于汉书西域传，盖传自西方，非中土所有。北魏太武帝时，大月商人始于平城采矿铸之，为行殿，容百余人，是为中国原料制琉璃之始。隋开皇间，太府丞何稠能以绿瓷为琉璃，已非假手远人，其后流传渐广，遂始之瓦面，代刷色，涂朱，糅漆，夹纻诸法，盛唐时有碧瓦朱甍之称。"[1] 此后，明清及至民国，琉璃制作工艺大体秉承了隋唐及赵宋时期由大月商人习得的古法，"故近世制琉璃者，如北平赵氏辽宁侯氏皆山右人，明泽州所制琉璃瓦饰之花纹，可与石作，佛塑，彩画，数者，同为晋省擅长之技术，同时又与南部之江苏南北遥对，为我国工艺最发达之二区域也"[2]。

(2) 近水之利、择土之安

关于黄土特性的各项基础研究为我们揭示了，在黄土的物理属性、化学成分和黄土作为建筑造型媒介所具有的特性之间，存在一个异常关键且十分活跃的变量，那就是水。黄土基于物理结构属性和化学成分，在物理力学方面所具有的表现，是建筑工程安全性的重要指标。或者通俗地说，黄土作为一种主要建筑材料，是否具有结构安全性，水是首要影响因素之一。水既可以通过渗透、浸泡等物理方式改变黄土的固结物态，使其结构强度降低；也可以通过大量溶解、冲排黄土中富含的碳酸盐等细颗粒矿物和化学成分，进一步瓦解其物理结构特性，以破坏黄土的结构支撑性，使其出现崩塌、滑坡、溶解或湿陷等严重的结构安全问

---

① 刘敦桢：《琉璃窑轶闻》，《中国营造法式学社集刊》，民国二十一年九月，第三卷第三期，第 173 页。

② 同上书，第 175 页。

题。因此，在黄土高原的建筑文化传统和聚居模式中，水一直是至关重要的变量决定性因素。

水与黄土的关系，或更进一步说，近水之利与择土之安的对立统一，不仅直接决定了黄土高原传统建筑的原型和聚居模式，更从根本上决定了中国古代社会政治中心（都城）与经济中心之间的区位关系。

虽然水源对农业生产和日常生活均必不可少，但是，黄土高原上的人们，特别是生活在河谷盆地地区的居民，仍然会出于避免水流侵蚀的目的，把窑洞住宅建在水源上方地势较高的黄土阶地和台地上。尽管受河道影响，这些台地或阶地的地形往往狭长而曲折，呈带状分布，很多地方随黄土丘陵沟壑的形态变化，黄土阶地还会层叠错落、地势多变。而且，出于对风向和空气温湿度等因素的考虑，房屋朝向和院落组群关系，也受河水流向的影响。所以，实际可供利用并且适宜居住的空间，并不算十分充足。基于这样的地理环境和生存条件，黄土高原上的人们仍然充分展现了他们的聪明才智，以及合理利用环境条件、应对自然挑战的主观创造性。

从单体建筑和院落组成来看，院落的整体性和围合程度很高。北方传统民居以正厢房组成的合院形式为主。由主次偏正建筑围合院落，本身就具有较高的整体性和内部闭合性。山西的合院民居，特别是晋商大院，尤以其挺立如削的山墙，显著强化了院落组织向内围合的整体特征。从院外望之，可以感到空间内外、表里之分，处理得极为坚定而果断。院落组织内在的整体性与闭合性，通过与外部空间近乎隔绝的限定更加凸显。这一特点，一方面有其社会原因，比如黄土高原地区长期饱受民族边境冲突和地方割据势力侵扰，局部战争时有发生。此外，晋商家庭中成年男性往往常年驻外从商，府内女眷和家财的安全防卫问题，自然要求住宅建筑和院落组织方面进行相应调整。另一方面，从黄土高原人民对住宅建筑的心理图式角度分析，黄土高原塬堑相交，山川河谷向背截然分明，大体走向随太平洋斜面呈纵向分布，人们早已熟悉了局部隔绝、逼仄的外部环境和空间感受。再有，黄土高原属干旱半干旱的温带大陆性气候，一年中的主要降雨都集中在夏季短暂的几个月当中，是典型的锋面雨。所以，防范雨水侵袭，特别是避免雨水对黄土结构的猛烈冲刷，对于保障建筑结构安全仍然十分重要。基于上述原因，我们可以理解位于这种典型地貌和气候环境中的山西传统民居院落普遍狭长紧凑、表里分明、整体围合性强的形式特点。

图 3-14　介休市西南城区温家巷 123 号东北方向一处民居

历史时期黄土高原地区的水资源环境曾经十分优越，阡陌纵横的黄土高原水网密布，大大小小的湖泊像珍珠一样散落在山间。近水利、远水害，一直以来是历朝历代选址建都、营建城池的重要考量。正如石器时代的聚落遗址往往集中在曾经重要的水源地一样，黄土高原上的古代城市遗址也大多分布在近水却地势高爽的地方。隋唐之后，中国古代社会的经济重心逐渐南迁，政治和文化中心随之转换，城市开始向东南部地势较低的冲积平原、河谷盆地转移。城池基址受地形条件的直接影响虽然弱化了，却对如何因地制宜、趋利避害提出了更高要求。因为，城市的空间规模不断扩大，人口逐渐增加，城市公共职能也随之更加复杂，城市自身要承载和应对的问题可以说是空前的。

通过今天仍可见到的中国古代城市遗址、著名古都和许多历史悠久的小型地方古城，我们能够清楚地看到，黄土高原古代城市正如其传统民居院落一样，自身的整体性与围合性通过高大坚固的夯筑城墙表达得淋漓尽致。尤为可贵的是，每一座城市都依据基址的环境特点和地形条件，针对城池形态、内部空间格局进行了合理规划，充分满足了军事戍守、交通、御洪排涝、居住生活等各项综合需求。

相似的空间安排，在黄土高原广大乡土社会，转换为大量以壁、堡、屯为名称的聚落单元。乡土聚落没有高大的砖砌城墙，却有敦厚扎实的黄土堡墙。一些形制考究的堡墙甚至专门修筑了形似马面的防御设施。村堡平面形态、堡门设置，总体上也都遵循着防御、交通、排水防涝等基本要求而精心设计。

无论是院落、古城还是乡土聚落，外部看来浑然一体、牢固坚实，内部则充满了精巧细致的空间规划和对美的孜孜以求。既深刻遵循了黄土高原人民千百年来从自然环境中领悟到的心理图式，又饱含着当地人务实乐观、开放进取的主体创造力。土生土长的黄土高原传统人居环境，无处不显现着扎根黄土的生命张力，以及人们直面现实、达观应变的人格魅力。

二　介休古典建筑文化传统

（一）介休区位特点

区位特点是指某一城市或地区，在其所处的自然地理区域中，与其他相邻城市空间或自然环境因素之间的地理空间关系。从人文地理的角度，区位特点还具有社会学层面的意义和所指，主要为了说明某一城市或地区，因其所处的地理空间关系，而与其他城市或自然环境因素，在政治、经济、自然生态、人口、民族等社会组织结构，以及历史、文化、艺术等人文精神领域中，所形成的文化共性和特殊性，以及由此对于区域资源分配的诸多影响。从这个层面而言，介休的区位特点与文化研究意义，既离不开山西，也离不开黄土高原。

前文已经详细阐述了黄土高原的地貌特征，以及黄土作为空间造型媒介的综合表现。从整体区位环境的角度审视黄土高原，我们仿佛可以看到一个高悬于华北平原西北方的宏伟沙堡。前文已经提到，黄土高原

109

位于中国第二级地形阶梯。黄土高原的西南与作为中国最高一级地形阶梯的青藏高原相接，西北、北则与蒙新高原为邻。由青藏高原和蒙新高原所环抱的黄土高原，就像是稳稳地坐上了一把由高原山地打造的巨型交椅，东以太行为界，南以秦岭为据，既可俯瞰华北、华中，又能眺望黄淮与长江三角洲。黄土高原，同时还是世界上黄土地貌发育最典型和类型最齐全的地区。处在这样得天独厚的地理位置上，偌大的黄土高原好似一座固若金汤的黄土城堡，高踞辽阔的中国大西北。可以想见，在中国漫长的冷兵器时代，如此险峻的地理区位优势，几乎是无可撼动的。

黄土高原虽然天然险固，但是黄河及其中游流域的主要支流，比如渭河、汾河、沁水、洛水等天然河流，使得黄土高原不但毫不闭塞，反而因其易守难攻、闭而不塞的自然地理条件，具有极高的区位重要性。黄土高原农耕文化的社会历史影响，正是通过黄河流域的重要水系，以及历朝历代统治者主持修筑的陆路交通得以传播，并在持续不断的民族融合与文化交往中，使中华民族多元融合的社会文化传统在历史的长河中不断积累、沉淀和发展。曾经承载这些沟通与融合作用的地理空间，或消失或隐没，但从今天仍旧繁忙的陇海铁路线和京广铁路线上，我们还能清晰地看到黄土高原古老文化传承的痕迹。

山西对于黄土高原的地理区位特点尤其重要，一方面，因为山西是唯一一个全境位于黄土高原典型地貌区域的行政省份。与其他省份相比，山西在黄土高原的面积比例最高，而且山西省域位于黄土高原东缘，省界太行山同时也是守护黄土高原东部安全的天然屏障。另一方面，黄土高原早期农耕文化的社会影响，主要通过水陆交通线路向中国北方以及长江流域、珠江流域传播开来。黄土高原最主要也最便利的是水路交通，极为仰赖黄河中游流域的若干主要支流。其中，发源于山西境内的汾河、沁水，就是黄河中游水利交通的重要组成部分，与渭河共同构成了黄河中游的水路交通网。早期的陆路交通代价较高，时效性也明显逊于水路。但是，随着时间的推移，特别是战国时期各诸侯国地方经济实力的发展，围绕都城和主要经济都会，逐渐形成了体系化的陆路交通。山西是黄土高原腹地通向中国东部、南部

以及北方草原的重要交通枢纽，其门户地位随着陆路交通的完善更加
凸显并全面打开。

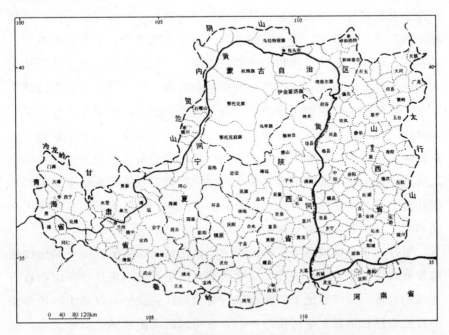

图 3-15 黄土高原地区政区图（黄考队赵存兴，1989）

如果说，沟通一国一城需要至少具备一条重要的交通线路，无论是
水路还是陆路，那么，黄土高原与中国四方之域的空间联系、民族交往
和文化融合，则是建立在整个山西的省域基础上，借由水陆交通网共同
实现的。

如果我们将黄河中游的"几"字形湾，作为一个高度概括的地理地
形符号来看，将晋陕大峡谷东侧的几字湾造型分别向东南延伸，我们就
会得到一个东北西南走向的十字形，恰似中国版图中央的一个十字路
口。而山西的区位重要性，自古就在于它地处这一自然地形转换和区域
文化过渡的十字路口，同时拥有纵贯南北的汾河河谷以及横跨东西的黄
河水利运输通道，既成为中国中东部以及南方各省物资进入陕西关中政
治中心的交通咽喉，又是黄土高原地区政治、经济、社会、人文等综合
影响力辐射整个中国版图的信息中心。

如果仅有交通之利，而没有丰富的物产资源，也难以推动繁荣的商

111

品交换和文化往来。我们知道，山西自古就是少数民族杂居的多元文化地区。这一点，离不开自然地理条件作为基本前提。由于南北跨度大，纬度和海拔差异，山西的地形地貌环境复杂多变。局部气候条件，也随地形和纬度位置变化，存在梯级差异。省域内几乎囊括了所有基本的地貌特征，高原、盆地、山川、河谷、丘陵、台地。丰富多变的地形地貌和气候条件，不仅孕育了多样化的动植物物种，也暗藏许多宝贵的地下资源。这些不可多得的自然禀赋，为各种不同的生产生活方式打下了物质基础，使山西长期保持农业、牧业、手工业共同发展的繁荣景象。这从根本上保证了以农业生产为主的中原汉族和以游牧渔猎为主的草原山地民族，能够长期共同生活在黄土高原。以资源竞争和商品交换为目的的社会交往、民族融合、文化沟通，乃至战争，无疑构成了黄土文明起源和早期社会发展的重要根基。

至今，从全国范围来看，山西之所以仍然对中华民族历史文化传统的发展与传承具有不可替代的文化价值和历史意义，正是在于山西自历史时期以来，始终立足于特殊的地理位置和区位优势，以黄土高原丰饶的自然资源和华夏文化传统为中心，在中国西北游牧民族草原文化，与中原汉族农耕文化以及长江、珠江流域带有强烈地方特色的少数民族文化之间，建立起有效促进民族融合与文化沟通的社会舞台和人文传统。

介休位于山西省中部的太原盆地。这里也是汾河流域重要的河谷地区，自古以来既是山西的农业生产重地和黄土高原的粮仓，也是水陆交通和对外贸易的重要枢纽，可谓跨越东西、融合农牧，沟通南北、戍边兴邦之重地。明清时期，依托太原作为山西省政治中心的区位优势，晋中地区更因盘踞着晋商的雄厚财力，崛起为山西乃至中国最为富庶的经济区之一。举凡政治和经济中心，其社会文化与日常消费模式也必然引领时代风尚。至今，各种晋商文化研究文献，仍念念不忘当时晋中妇女衣着服饰华丽，美艳赛江南的昔日风华。

如果说岁月易逝、年华易老，我们已经无法看到明清时期晋中城市街头恍若巴黎时尚之都的繁华迤逦，但历史建筑、历经风雨的古城街巷，却仍能为我们深入研读山西各个时期城市社会发展史，打开一个追溯时光的隧道。

晋中地区现存的历史建筑和传统民居，建筑年代主要集中在明清时期，无论是民居、街坊店铺还是纪念性建筑，都以其建筑装饰奢华繁复、材质考究闻名于世。介休同样具有这一特点，虽然这里并不是晋商大院最集中的地区，但是城镇民居的建筑形制和装饰工艺，普遍达到了较高的建筑艺术水平，同时能够明显看到由于商业贸易和晋商文化传统，中国东南地区的传统建筑装饰风格，已经巧妙地渗透到包括介休在内的山西晋中的建筑文化体系中。此外，多处历史悠久的建筑文化遗产，比如后土祠、祆神楼、源神庙、介休北辛武村太和岩牌坊等，不仅彰显了华夏农业文明的社会价值观、礼仪秩序，更在装饰艺术和工艺技术方面受到了丰富的外来文化影响。

通过与晋中地区其他城市进行比较，比如，太谷、祁县和平遥，我们可以看到，这些城市更多作为明清时期晋商文化的典型代表而享有盛誉，其城市建筑空间格局、街坊店铺、晋商大院、票号遗迹、地方老字号等建筑空间元素和文化符号，分别展现了明清城市商业经济和对外贸易的繁荣景象。而从介休的建筑历史和现存的建筑文化遗产来看，当地社会文化传统以农业文明为主体，同时具有显著的多样化特征和文化原生态。这说明，由于长期位于区域交通枢纽，享有得天独厚的区位优势，介休得以在山西早期的社会发展进程中扮演重要的社会角色。

汾河河谷是重要的粮食产地，晋西北吕梁山区又是优质木材的重要产区，大量物资需要借助汾河航运源源不断地运送至汾河河口地区，等待通过黄河进入黄土高原腹地。这一过程至少在唐中期以前，都保持着高度发达的态势，是山西早期社会发展史的重要篇章。在区域商品交换的潮流推动下，介休与其周边的府县治所城市，建立起长期而密切的地区合作关系。源源不断的经济收益、频繁密切的社会交往、人口流动和文化交融等因素，赋予介休城市发展一个相当优越的先决条件。

而这可能与我们习惯于立足山西明清史，特别是晋商发展史的视角评价介休的社会经济水平，得出"介休弹丸，生殖有限"等结论大为不同。关于介休自然物产匮乏、地方经济长期明显滞后于临近城市的惯性认识，或许只是特定历史时期介休社会经济状况的局部描述，并不能说明介休城市发展进程的早期阶段，更无法解释介休现存的具有极高建筑

113

艺术水平和历史文化价值的文物建筑精品。

历史上，随着黄土高原农耕文化不断取得发展，山西境内的农牧业界限也发生了多次变化。总体上看，山西中部及以北地区长期处于半农半牧的生产模式中。山西晋南地区，自尧舜时期便是稳定的农业种植区，较早参与黄土高原农耕文化的形成和发展，农业文化传统历史悠久且十分成熟。此后，直到秦汉时期，晋南地区始终是黄土高原政治经济文化的中心。我们熟知的尧都临汾、舜都蒲州、禹都运城县内等研究发现，基本印证了山西社会史早期发展的重要区域。

历代《介休县志》均记载："西汉置界休县，属太原郡。""东魏孝静帝，更筑于今治，属汾州……隋开皇十八年（598年）改名介休县，自此历代县名均不改。贞观元年，介休县属汾州……"此后，除元初短暂归太原郡外，直至明清，介休始终隶属汾州；民国时，归冀宁道。行政隶属关系，使介休在相当长的历史时期内，一直与汾州保持高度密切的社会交往与文化沟通。此外，介休独特的地理位置，不仅与治所汾阳毗邻，同时还与平阳府的治所临汾十分接近，恰好处在汾渭航运两个重要地区的治所城市之间。

鉴于临汾、汾阳、翼城、侯马等晋南重镇与介休的地理区位关系，在这样一条以汾渭航运为纽带的交通干线上，介休一定也曾经是一个异常繁忙的交通运输城市，商品交易品种丰富多样，成为晋中南早期社会史的重要组成部分。

介休的城市社会史，不仅伴随着唐中期以前山西早期社会发展，也与黄土高原农耕文化的主体化进程相互印证。正是汾渭航运的早期发展和带动，黄土高原农耕文明的经济优势，才逐步转化为其政治优势和文化优势。而政治、民族文化心理的主体优势和自觉意识，也在长期与北方游牧民族和南方少数民族的商品交换、文化技术交流中，得到进一步巩固和彰显，并最终占据文化主导地位。因此也可以说，介休建筑文化传统和城建史的文化意义之所以尤为重要，一方面，在于介休作为山西晋中河谷地区的重要城市之一，在黄土高原传统农业文明和明清晋商文化中取得了卓越的社会发展成就，逐步建立起黄土高原地区共同的区域文化共性。另一方面，在于介休的城市社会发展史能够充分印证山西参与黄土高原农耕文化形成，以及在民族交往和文化融合过程中，有效推动黄土文明主体文化自觉的重要历程。介休所走过的这一区域社会发展阶段，不仅为黄土文明树立了文化主体身份，为奠定中华民族历史文化传统的根基做出了重要的历史贡献，同时也为介休的历史文化特殊性积累了宝贵的社会基础。

梁思成先生曾经说过，"建筑是一切艺术的总表现"。同样，美国有机主义建筑师伊利尔·沙利文（Eliel Saarinen）也说过："让我看看你的城市，我就能说出城市居民在文化上追求的是什么。"那么，从这个角度来讲，透过城市建筑史以及尚存的建筑文化遗产，我们便能够管窥该地区在特定历史时期的典型艺术追求和民族文化自觉意识。因此，追溯介休的建筑文化传统，将对进一步拓展和深入刻画我们熟知的黄土文明社会历史画卷，具有重要的文化价值和现实意义。

（二）区域交往与黄土文明

我们知道，黄土高原是中华民族历史文化传统的重要发源地之一。在中华民族历史悠久的社会文化传统体系中，以汉族为主体的农耕文化，或者说华夏民族文化，历经风雨逐渐占据显著的文化主导地位。而这深深扎根于黄土的农耕文化、黄土文明，就诞生在广袤苍茫的黄土高原之上。

我们同样清醒地认识到，任何文化类型和属性，无论其自身具有怎样的合理性和优越性，都必然受到自然环境、民族构成和社会文化语境等多方面的复杂影响。有时候，这些影响犹如和风细雨，正是文化萌芽孜孜以求的。但更多的时候，这些难以抗拒的影响当中，总是裹挟着极为严苛的现实挑战，迫使尚处蒙昧状态的文化幼苗不仅需要进行各种自我调整和改善，还要顽强地从其他类型的文化中吸收借鉴于己有利的内容或因素，以适应总体环境难以预期的变化。对于象征整个国家和民族的文化类型而言，文化的成熟发展，以及文化的政治象征性和民族性，尤其需要经历自身成长和与异质文化沟通融合的历史过程。黄土高原上的原生文化当然也不例外。

与同时期的游牧民族草原文化和渔猎文化相比，黄土高原早期的农

115

耕文化尽管依然要与天斗与地斗，但是，人类对粟、黍等野生植物的驯化和人工栽培，还是提供了相对稳定的食物来源。同时，对小型野生动物的驯化和饲养，也有效满足了农业定居生活方式对蛋白质、脂肪能量等营养成分的需求。农业种植和家禽家畜饲养相互配合、相互补充的生产生活方式，极大地完善了农业定居人口的食物链，为黄土文明的成熟与发展奠定了至关重要的人口和社会基础。

文化交往并非决然分化的独立过程，也并非想象中那样纯属形而上。事实上，随着人类社会不断取得进步，特别是进入人类文明发展的历史时期以来，伴随民族以及民族意识的形成和发展，文化交往在无形中已经通过战争、人口迁移、宗教思想传播、商品交换等途径悄然发生。黄土高原的农业文明与周边地区的民族文化共生、杂处和交往，在农业文明自身还远未成熟的时候便已开始。此时的农耕文化依然脆弱，一旦人口保持稳定增长，特定时期的农业种植技术和渔猎生计方式便不能有效供给生存所需和社会化需要，针对土地的一系列抢占和掠夺活动就会引发部族冲突或地区冲突。"这种经济结构的缺陷不仅可以用来解释中国这样的统一国家不断崩溃的事实，而且也适用于其他建立在同样的经济和社会基础之上的国家。"① 然而，社会机制固有的缺陷和由此引发的冲突，并非总是坏事。冲突和非确定性本身，也为地区之间重新配置资源提供了机会。正是在由未知、试探、摸索和反思构成的最初的交往和冲突、互动中，黄土文明渐渐赢得了文化主导地位，也使本民族的文化自觉意识油然而生。

可见，民族交往与文化交融并非总是物质充裕和经济富足后的社会现象。相反，交往与互动反而更容易成为以促进自身发展为目的的主动行为和自觉意识。而黄土文明最首要的特征之一，正是自文明形成初期以来，对民族之间交往和互动的一贯坚持和文化包容。这一本质特征，一方面沉淀为黄土文明核心内涵的重要内容；另一方面，也成为中华民族历史文化传统自形成以来仍能够绵延不绝、与时俱进的根本原因。

---

① ［英］阿诺德·汤因比：《历史研究》，郭小凌等译，上海人民出版社 2010 年版，第41页。

　　文明起源是一个异常复杂的话题。中华民族历史文化传统的核心基础——黄土文明及其起源，一直以来是中国乃至世界考古学界的重要研究课题之一。与世界上其他文明类型的起源问题一样，我们仍很难为黄土文明进行明确的内涵界定，甚至未能以实证的方式为黄土文明起源的时间上限提供了考古证明和科学论据。但是，这不妨碍我们从历史以及新的考古学中发现，继续发掘不同程度反映黄土文明核心内涵在其萌芽阶段所显现的文化特征和基本属性。

　　黄土高原所处的区位环境以及自然地貌条件，使其俨然成为一座天然堡垒，自古以来就是中亚各国和东欧地区，深入华夏农耕地区和中原腹地的重要门户。这里也是众多草原游牧民族和中原汉族共同生活的家园。不同民族之间，以各自的方式分享共同的生存资源，既为民族融合与文化交往提供了契机，也不可避免地导致族群冲突、局部骚乱，甚至大规模边界战争频繁爆发。

　　为了维护政权稳定和边疆安宁，中原王朝长期视黄土高原长城沿线地区为军事战略要地，不断增加驻军，加筑长城，构筑军事关隘。长期大量的军事战略投入，一方面直接来自中央政府，另一方面，就是靠军队自身的垦殖能力，还有长期大量从事军资供给贸易的山西商人。

　　晋商崛起于明末清初，晋商传统却可以追溯至更加久远的历史时期。机敏的山西人，凭借得天独厚的天时、地利、人和，成为最早从事长途贩运和边境贸易的大宗商人。军粮、马匹、毛皮、牲畜、中原内地的各种农产品、丝绸锦缎、手工制品等，都是山西商人手中炙手可热的紧俏商品。虽然长途贩运异常艰辛，充满难以预料的风险，但是他们同长期生活在黄土高原地区的许多人一样，早已习惯并接受了多民族共同生活的各种社会现实。广泛的民族融合，使各民族之间你中有我、我中有你。无论是互市通商，还是两军对峙，游商和普通百姓的生活依然如故。对于他们而言，最可取也最行之有效的生存之道，就是务实乐观、随机应变。

　　从较为抽象的意识形态角度来看，黄土高原宽广的文化包容心态，也深刻植根于西周时期周礼的出现和传承。周礼根据血缘亲疏、宗族代际关系，对宗族成员进行等级划分，并以此为依据，在宗族成员中对国家统治权、社会综合管理权以及生存资源等重要内容进行社会化分配，使之在一个明确的差序格局中分别享有、世袭一些特定的权利和义务。比如，受封领主要绝对效忠周天子，并向其履行对获封领地进行综合社会管理的义务，必要的时候还有义务对周天子进行军事护卫和支援。

在文明的早期，这一社会化管理模式使人们容易将其与"君权神授"等原始的宿命论观点联系在一起，而变得易于接受。此外，周礼的另一个高明之处在于，它同时为这个模式预定了一条重要的游戏规则，就是血缘。这也使得被特权阶级排除在外的人们，能够找到一个自我安抚的理由，有助于疏解周王朝差序格局所造成的负面情绪和心理压力，从而将可能因权力争端而引发的暴力冲突范围，大大缩减在特权阶级内部。这既有效降低了爆发大规模战争的可能，也使武力冲突不至于迅速蔓延或渗透到整个王朝。

在周礼制度家族式的社会规约和伦理道德体系中，严格地说，贯穿自西周至秦汉的这段历史，"中国是以地方列国政治分立的局面出现的"①，并不存在现代意义上的国家冲突和民族文化竞争，也没有出现具有强烈排他性的典型的宗教信仰体系。因为，在"公元前221年政治统一之前，中国早已实现了文化统一。在这方面，中国最伟大、最富创造性的思想文化运动发生在兵连祸结的春秋战国时代，即完成政治统一之前。这是包括孔子在内的几乎所有中国哲学学派奠基人所在的时代，儒学被推崇为经典"②。儒家思想体系对中华民族传统社会的伦理道德体系与核心价值观，进行了共同规范。仅从宗教信仰体系的社会学意义而言，这一特殊的宇宙观和价值观体系，无疑弱化了中华民族原生信仰体系，在社会组织机制以及文化心理等方面，对本民族共同建构统一的身份意识和文化主体认同，形成全面而深刻的观念引导。

事实上，中华民族第一次真正对以黄土文明为核心的汉民族文化产生强烈的民族共鸣和文化自觉意识，其实是在"五胡乱华"所推升的社

118

---

① ［英］阿诺德·汤因比：《历史研究》，郭小凌等译，上海人民出版社2010年版，第37页。

② 同上。

会压力和文化压力下全面爆发并得到强化。此后，直到北宋将盘踞在山西晋阳一带的割据势力彻底铲除并火烧晋阳之后，中国似乎又自然而然地进入一个民族共处、文化共生的阶段。虽然辽金时期的所谓民族共处与文化共生，其实是一种迫于无奈的对峙和僵持，但是这种尴尬的政治局面，并不会从根本上动摇汉民族文化对其政权统一性和完整性的坚守。中华民族已经萌生的文化主体意识，此刻迫于现实而主动转化为蛰伏的状态以图自保。

中华民族历史文化传统的延续与传承，虽然经历了无数曲折和坎坷，却成为世界公认的唯一一个不曾中断的，不仅保持了高度连贯性和统一性，而且仍然拥有深刻的文化适应性和强劲的文化创造力的文明形式。对此，周礼所发挥的深远影响可谓至关重要。

最初，周礼旨在将周王朝统治者的宗族血缘与政治特权联系在一起，而随着历史时空斗转星移，这一带有浓郁家族亲缘色彩的社会化管理模式和伦理道德体系本身，也已经转化为中华民族历史文化传统的核心理念与内涵基础，被后世王朝传承下来。不难理解的是，当周王朝统治者的血缘谱系早已逝去或被冲淡，政治权利的正统性和权威性，便顺理成章地与中华民族的历史文化传统联系起来。无论是鲜卑民族的北魏政权，还是满族人建立的清王朝，只要尊崇中华文明历史文化传统，就是中华民族大家庭不可分割的重要组成部分，各民族文化对中华文明的共同创造，也都将被视为对中华民族历史文化传统的重要贡献。

民族共处、文化共生的社会历史传统，以及礼仪天下的文化价值观，是黄土文明形成初期逐步形成的文化特征和基本属性。贯穿黄土文明的起源和早期发展阶段，黄土高原的自然地理环境和气候条件，总体上是既宜农又宜牧的。无论各个部族之间采取何种生存方式，或渔猎迁徙或农业定居，都能在这块丰饶温和的黄土地上找到栖身之所，相互之间特有的文化元素也在长期的多民族共存中得到自然而然的交流和传播。这些自然生态和人类历史之间的必然与偶然因素汇聚在一起，为中华民族历史文化传统的多元一体格局奠定了不可或缺的早期基础。周礼和儒家思想的相继出现，从社会制度、文化价值观念以及伦理道德体系的层面，全面而深刻地巩固了民族共处和文化共生传统的文化内涵，使得这一社会历史传统和民族文化传统源远流长。

介休得天独厚的地理区位特点，使其得以通过黄河流域的汾渭航运以及道路交通运输系统，至迟在隋唐以前的历史时期，便与晋北、晋南的早期社会历史活动，特别是黄土文明的形成与初期发展，紧密联系在一起，成为长城内外、黄河中下游地区之间广泛沟通与交往的重要枢纽之一。一定程度上，我们可以说，介休的社会发展史，是山西社会史以及黄土高原社会发展史的重要组成部分之一。介休建筑文化传统中丰富多样的民族文化信息，不仅是黄土高原历史悠久的区域社会史的真实写照，也是黄土文明多元一体格局的历史见证。

黄土文明多元一体格局的最终确立，使介休独具特色的传统建筑文化和社会历史信息，不仅对于今天的族群文化研究以及历史人类学研究具有重要的学术研究意义，更重要的是，为我们深入揭示黄土文明的起源与发展提供了一个尤为宝贵的典型案例和重要契机。

（三）介休古典建筑文化

介休建筑文化传统与黄土文明早期形成之间，存在着深刻的历史渊源和文化互异性。某种程度上，正是这一特殊的历史关联本身，成就了介休建筑文化传统的独特文化内涵。介休的城市建筑史，既是一部文化史，更是一部社会史。重读黄土文明并拓展我们对黄土文明的一些惯性认识，也在实际研究中为我们深入挖掘介休的建筑文化传统及其特点，奠定了更具建设性和开创性的历史基础。

为此，在以介休建筑文化传统为主旨的历史研究中，我们更加需要回溯晋西南早期社会活动和黄土文明的形成与发展，预先对黄土文明的核心特征，对其产生深远影响的关键因素，比如交通和区域经济交往，进行有针对性的分析，进而深入探讨科学建构介休建筑文化传统的合理路径。文化史研究就像拼图游戏，只有将手中的一角嵌入正确的位置，最终呈现的画面才是完整的，同样，也只有画面完整无缺，每一个处于局部的图形元素才能获得价值和意义。

但是，我们不能因此采取均质化的文化研究框架或历史评价标准，对介休建筑文化传统展开个案研究。因为，忽略城市文化个性，片面强调区域文化共性，是对文化的解构而非建构，主观忽略个性的文化历史研究，也无异于抹杀历史本身。

我们今天见到的介休城区历史风貌，直接得益于明清至民国这一时期的城市建设与积累。城区现存的传统民居、街区坊巷、庙观、城池遗址、古物遗迹等，大多属于明清或民国建筑文化遗产。但我们不能因此笼统地说，介休是一座明清古城。同样，我们也不应该仅以晋商模式作为单一解释框架，诠释尚存的优秀传统民居和坊院组织。

介休首先是一座历时发展的古老城市。介休历史城区今天的风貌，既直接得益于近世的城市发展，更植根于历史时期漫长的探索与积累。历史是不断发展演变的，介休人从没有停下自己的脚步。当晚清时的中国最终迎来世界经济体系猛烈冲击时，城镇化商业经济模式势不可当，一向以礼仪秩序、儒家思想为最高社会规范的中国城镇传统文化，也开始走上系统化、标准化的现代转型之路。中国传统城镇的空间格局、功能属性，都在发生形式转变和功能革新。透过一板一眼、规整清晰的街坊格局和精致考究的城镇传统民居，我们仍能看到这座城市曾经对每一次历史机遇的敏感把握。

介休也是一座因地制宜的城市典范。介休位于太原盆地南部偏西。市域东南方绵延着重要的自然景观绵山风景区，使介休城区整体地势西高东低、南高北低。按照城池坐北朝南的传统原则，城区总平面则整体向东北方向倒仰，十分不利于城区防洪排涝。但是，审时度势的介休人，不仅秉承了黄土高原古老的空间方位传统，而且顺势利用了自然地形特点和汾河的水体动力学条件，大胆将城址规划在绵山山麓向汾河河谷下切的阶地上，借汾河向介休西南奔流而过的下泻之势，引汾水入城，以逆时针方向绕城一周，最终从城区以北偏东方向出城，以满足城区排涝排污的要求，使城南坊居和西北衙署等重要城市空间免于水患。

121

图 3-16(1)　介休市城区西大街由东向西

图 3-16(2)　介休市城区西大街由东向西

122

图 3-16(3)　介休市城区西大街由西向东

图 3-16(4) 介休市顺城关水门南街由北向南

图 3-16(5) 介休市顺城关水门南街由北向南

123

图 3-16(6) 介休市东南城区云路由北向南

图 3-16(7)　介休市东南城区南河沿街由北向南

图 3-16(8)　介休市东南城区三官楼巷南端尽头（画面
右侧为内城东城墙遗址）

　　介休更加是一座胸襟宽广、海纳百川的城市。袄神楼是三晋名楼之一，位于介休城区东北顺城关东关门内以西。袄神楼的特殊文化意义，不仅在于其独特的建筑结构造型和精美绝伦的琉璃装饰艺术，更在于它所蕴藏的深厚文化渊源。在一座最终以中原农耕文化和汉族人口为主体的古老城市里，袄神楼得以存续并享有盛誉，本身就表明了介休人宽广的文化胸襟和海纳百川的传统人文精神。

1. 城区结构

　　介休历史城区总体呈方形，由内城和东北部顺城关内外两部分组成。内城平面保留清晰规整的十字街格局，中轴线轴心坐北朝南，略向西北方倾斜。内城以十字街为中心，划分出东、西、南、北四个主要街区。由于城区以南南北向略长，介休总体修长而匀称。顺城关大体以 L 形，将内城西北、东北、东南三大街区围覆在内。

图 3-17　介休市历史城区总平面复原图

（1）十字街

十字街结构是一种古老的城市空间规划方式，根源于中国原始社会的井架原型，也是九宫图理想模式的衍生与深化。在黄土高原和北方中原地区的许多地方，均已发现许多十字街格局的中国古代城市或遗址。现存明清大同城是至今仍延续十字街结构的中国古代重要都城之一，并因此而成为中国古代城市制度研究的重要典范。

"大同城内的街道布局与隋唐长安洛阳里坊情况相同,即方形城,每面各开一门,四门内街道相通,合组成一大十字街,大十字街四隅的每一隅,又都各设小十字街……山西大同城这个实例,给我们找唐代地方城址暗示出一些规律性的现象:方形城,每面各一个门,内以大小十字街划分为大小区域。"① 可见,十字街结构已成为中国建筑考古研究中年代判定的重要指标之一。

但大同十字街格局的历史渊源远不止于隋唐,而是与凉州姑臧城具有密切联系。"什翼珪始都平城,犹逐水草,无城郭,木末始土著。佛狸破梁州(凉州),黄龙徙其居民,大筑郭邑,截平城西为宫城,其郭城绕宫城南,悉筑为坊,坊开巷,坊大者容四五百家,小者容六七十家。"② 有关姑臧城的形制,文献记载道:"凉州城有龙形,故曰卧龙城。南北七里,东西三里,本匈奴所筑,乃张氏之世居也。又张骏增筑四城箱各千步。东城殖园果,命曰讲武场,北城殖园果,命曰玄武圃,皆有宫殿;中城作四时宫,随节游幸。并旧城为五,街衢相通,二十二门。大缮宫殿观阁,采妆饰拟中夏也。"③ 由此可知,平城自作为北魏都城开始营建,便受到草原游牧民族聚居文化的诸多影响,比如,四分城厢、街衢相通、城郭居南、坊巷格局,以及在东、北城厢外分设园圃,以供随节游幸等对都城空间的诸多细致安排。

大同自古就是中国古代都城和边塞重镇。无论是作为都城,还是作为军事要地,军屯政策和军资贸易一直以来都是维系边塞城市和军事堡垒的重要手段。在这些不畏艰险从事长途贩运和军资贸易的商人中,有相当一部分就是山西人。他们不仅占据天时、地利,而且与众多草原游牧民族保持着深厚的民族兄弟情谊,在语言沟通、文化交流和情感互动等很多方面拥有诸多便利。这些早期从事长途贩运生意的商人、僧侣、手工艺人,以及由于战乱而被迫迁徙的城市居民,就是最早传播城市文化、移植文化因子的重要媒介。正是他们的流动,将特定历史时期位居

126

① 宿白:《现代城市中古代城址的初步考查》,《文物》2001年第1期。
② 陈寅恪:《隋唐制度渊源略论稿》,商务印书馆2011年版,第72页。
③ 同上书,第77页。

主流地位的城市文化，传播至更多地方。

介休地处汾河中下游，太原盆地东南缘。通过汾河航运和大同、太原盆地之间的陆路交通渠道，西域文化、黄土高原边塞文化都可以非常便利地到达山西晋中及以南地区。介休自古就是汾河航运和黄土高原南北通衢上的交通枢纽之一，自然很早便开始广泛吸收交通运输通道以及商品流通所带来的众多区域民族文化元素。

十字街结构和里坊制，是一套相辅相成的城市空间规划与管理模式，尤其适用于封建政权和中国古代城市的早期发展。随着封建政权的不断发展与膨胀，战争的形式、性质和目的都发生了转变，仪式性和等级关系逐渐弱化，战争日益残酷血腥，并以攻占大片土地为直接目的。战争胜负以及占领区的社会管理，需要调动越来越多的人力、物力。因此，封建政权对世俗生活的直接干预也更加广泛、深入。封建统治者意识到精心安排城市空间布局，可以有效控制城市人口及其居住生活范围，并进而掌控人们从事交通、商业贸易、社会交往等活动的途径和方式。十字街结构和里坊制，无疑为实现这一统治目的提供了一个使城市空间模数化、标准化和系统化的形式依据，因而得到系统加强，并在隋唐时期达到巅峰。

介休的十字街格局十分清晰规整，东西南北大街笔直挺阔、垂直相交，街面整齐铺砌的红条石方正坚实，使整个城市看起来大气端庄、光洁亮丽。十字街交汇处曾矗立着一座可供四面通行的十字街楼，琉璃瓦饰恢宏壮丽，是介休历史城区的中心地标。由于地势高差变化，介休四个主城区的次级街巷体系并不拘泥于十字形垂直正交，但总体也保持了横平竖直的结构形式，南北向街道居多，并且往往是城区的主干道。十字街结构易于城市人口管理和交通通行，却不利于城防。为了提升城市内部空间的军事防御性，十字街结构逐渐演变为"丁"字形。平遥古城便是此类"丁"字形街巷格局的另一典型。

（2）城防

有关介休的城市建设史，以及城池概况、坊里街巷等信息，直到民国版《介休县志》才以专论"营建考"的形式记述在册。综合对比康熙至光绪年间历部县志的相关内容，我们了解到，民国版县志整合了以往有关介休城池建设的历代文献，指出："考《旧志》《水经注》、《魏书·地形考》等，泛指历史文献）云：今之县治，实汉故城。当晋惠帝永兴时，为刘渊将乔晞攻破。《通志》称魏孝静时所建者，乃在今县东南二十五里。其城但筑土为垣，今已不可复考矣。明正统十四年、景泰元年、正德二年、隆庆元年，历任知县相继修葺。筑高倍厚，增建敌台百一十余座，阔二丈，作窝铺于其上。"[①]

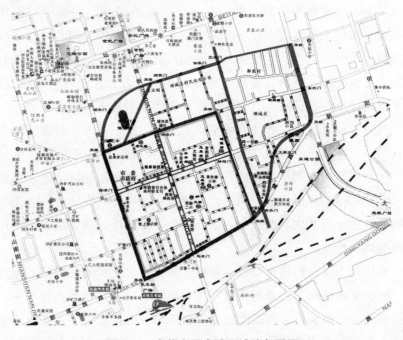

图 3-18　介休市历史城区城防复原图

据此我们可以说，介休现存历史城区的空间格局，一定程度上沿袭了汉故城的形制特点。十字街结构很可能自那时起，便已具备雏形。后世日益突出的城防与城市化发展问题，历经明代以来不断增补加筑外城、瓮城以及马道、丁字门等城防设施，逐渐得到解决。介休历史城区的形制与结构，也在此过程中进一步完善，并比较完整地保留到民国。令人遗憾的是，抗战战争期间及新中国成立初期的工业化发展，对介休历史城区的传统风

① 张赓麟督修：《介休县志》（民国），侯清柏标段，山西人民出版社 2012 年版，第250—251 页。

貌影响较为严重，以致绝大部分城墙、庙观、传统民居相继损毁消失。

正是由于顺城关的存在及其 L 形结构特征，我们从城门名称，便可以看到内城和外城在城防工作方面的系统分工。首先，内城四座城门由北向南，以顺时针方向，依次为润济门、捧辉门、迎翠门和临津门。不难看出，精致的措辞既充分概括了四座城门所处的地理方位、环境特征，也寄托了介休人对城市家园的温情与热爱，朴实、清雅的人文情怀溢于言表。相比之下，外城则承担起交通、城防的大部分重要公共职能。外城城门中，除却南北水门和文家庄门带有明确的功能指向性，由西向东依次为西关门、师家门、侯家门和东关门。其中，师家门直接与师家马道相通，毫无疑问属于军事防卫设施；侯家门则与南侧外东马道相连，其军事便利性也显而易见。东关门和西关瓮城的军事目的更是不言而喻。

图 3-19　介休市城区东大街三官楼巷口由西向东

介休城区规模适中，马道是保障内外城连通，特别是在紧急情况下实现快速交通的重要城防设施和交通要道。介休内城共有马道三条，分别以北、东、西城门为端点，顺时针绕城一周，即润济门东侧北马道、捧辉门南侧东马道和临津门南侧西南马道。马道与内城主要城门毗邻，非战时亦可用于满足城市居民日常通行的需要。

129

图 3-20(1)　介休市东南城区东马道由南向北

图 3-20(2)　介休市东南城区东马道坡道由北向南

图 3-20(3)　介休市东南城区东马道东侧，内城城墙上新近开设的
豁口，上面是县政府宿舍，约四五十户人家

　　瓮城是城防设施中较为复杂的一处，隶属外城，位于顺城关的
西端。所以，瓮城以内二道门也叫西关门。根据县志等历史文献以
及笔者实地走访所获得的信息，我们大胆推测，目前介休主城区西
北角的体育场，极有可能正是清至民国时期介休古城的瓮城遗址所
在地。

　　据清康熙以来县志记载，瓮城大致位于内城西北角外，由内外
两道城门构成。瓮城内曾建有一座关帝庙，足见其特殊的军事战略
地位。但是，瓮城的军事威慑力不单在于其自身建筑构造或装备，
更在于和马道、城门、角楼等城防设施共同构成的系统化军事防御
体系。

　　润济门以内西北侧是县衙、后土庙，以及庙底街、听令巷等重要街
巷和坊居的所在地。这里同时也是介休历史城区的政治行政中心和文化
中心。这一区域的安危历来关系整座城市的日常秩序和社会组织结构，
因此占据首要地位。以瓮城为中心的西北部城防体系，正是力图保障这

131

一中心区域而精心设计的。距离瓮城最近的是师家门和师家马道，以及顺城关和内城西北角的两座角楼，还有内城北城门润济门。这些军事设施的协同性与互补性，为中心城区以及整座城市建立起坚不可摧的军事防线。

如此复杂而明显有意为之的空间布局，向我们暗示出一个强烈的意图：顺城关是城防规划的重要环节，瓮城位于顺城关区西端，负责镇守一方并扼守西北方向进入内城的咽喉，捍卫县衙重地的安危。师家门和侯家门分据顺城关北，负责戍守北城，并在必要的时候与瓮城协同作战，共同守卫润济门。因此，实际上，北城润济门处在一座瓮城和两座城门的共同防御下，可谓城防的重中之重。另外，为了寄托良好期盼、祈求战无不胜，在瓮城、师家门、侯家门和润济门内，分别建造了一座关帝庙、两座马王庙、一座观音堂和一座规模宏大的后土庙。回想历史，极有可能在民族冲突频发或者匪盗猖獗的年代，北城门和瓮城一带经常在后土庙为即将开拔的将士举行大型祭祀或誓师活动，企盼他们出师大吉、凯旋。战马是冷兵器时代的战争利器，马王庙司掌马匹，既是重要的军事祭祀空间，又是城防军用马匹集中的地方，安排在顺城关开阔地带，一方面利于快速集结调用马匹，另一方面也为战马专设了祭祀空间，以示其重要战略价值。

丁字门遗迹现位于内城西南区温家巷西口。在历史文献中，丁字门仅见于民国版《介休县志》城关图。因此，丁字门的建制有可能较晚。从丁字门的实际位置看，我们有理由推测，随着城市居民人口增加，为了兼顾日常出行和坊居防御的双重需要，而在西南马道上增设此门。一方面，镇守内城主要居住生活区；另一方面，便于居民经马道出入西城临津门，或者较为便利地到达县衙治所、警察厅等重要行政机构。仅从城防方面来看，在西南坊居增设丁字门，对于城市管理者而言也极为必要。介休内城近3/4的空间，均处在顺城关的严密护卫下，唯独西南坊居直接暴露在城墙根下。为加强城市人口监管，同时有效防御外敌入侵，丁字门及其相关的军事设施，无疑能够显著增强介休城防整体效果，提升城防设施之间的系统协作。

图 3-21(1) 介休市西南城区温家巷由西向东丁字门遗址

图 3-21(2) 介休市西南城区温家巷由西向东丁字门遗址

133

图 3-21(3) 介休市西南城区温家巷口由东向西丁字门遗址

（3）游息生活境遇

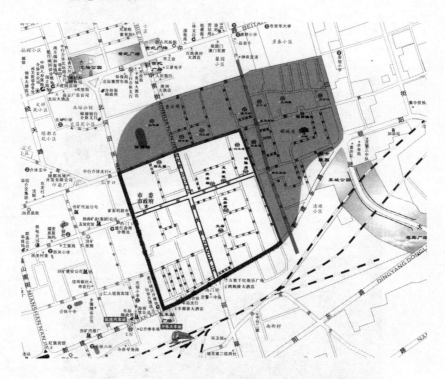

图 3-22　介休市历史城区顺城关庙观景观分布复原图

绿化公园、城市景观并非现代城市规划理念首创。事实上，早在前文提到的北凉姑臧城，就已开始在内城东、北两部分别设置大型果圃，并在中城设四时宫，以供随节游幸。虽然这时的果圃苑囿，仍受草原游牧民族旧俗的影响，实则是仅供王宫驯养动植物的开阔地；但是，在内城外增设宫廷苑囿的城市规划思想，却被继承发展下来。北魏平城遗址就曾发现了较大规模的鹿苑等城市绿地空间。而这一思想作为惯例，也广泛渗透在各级地方城市中，寄托人们对自然环境和城市空间的美好愿景。

介休历史城区规模有限，用于文化象征和游息赏玩的空间设置，主要集中在顺城关南北水门之间相对开阔的地带，包括内城水系、南北玉皇桥、众多庙观等建筑景观，以及槐树底巷千年古槐等自然景观。

顺城关的主要职责是城防，但由于此处空间开阔，是内城水系的必经之路，奔流不息的内城河道与南北两座交相辉映的玉皇桥，可谓城中一景。同时，顺城关汇聚了城内绝大多数的庙观空间。所以，在没有战事时，顺城关很有可能成为城市居民彰显文化诉求，短暂出游赏玩，以享四时之乐的理想去处。有关中国古典园林的历史文献也表明，早在魏晋南北朝时期，寺观丛林和佛教圣地就已经作为中国古代园林的重要形式之一，影响社会各阶层广泛的宗教文化传统和对园林艺术的文化赏鉴。

顺城关共有庙观九处——关帝庙、观音堂、马王庙、得月庵、华严寺、文家祠、介子祠、袄神楼、三圣庵，大致可分为三类：一类与军事祭祀活动相关，如关帝庙、观音堂、马王庙；一类与普罗大众的宗教信仰有关，如华严寺、三圣庵、得月庵；另一类与介休地方传统文化和地方文化认同密切相关，如袄神楼、文家祠、介子祠。

这三类庙观空间各有所重，一方面，服务顺城关军事城防任务的需要；另一方面，宗教空间本身亦要求清净自然，外城既在城防护卫之下，又得清雅环境。以华严寺为中心，形成了一个由三圣庵、得月庵，以及白衣庵、龙泉庙内外城共同组成的佛教文化区域，满足了城市居民就近从事宗教祭祀活动的要求。最后，非常重要的是，袄神楼、文家祠和介子祠，分别与介休当地的重要精神领袖紧密相关，体现了介休地方传统文化的精髓，是介休地方历史的代表。这三处重要的公共祭祀和活动空间，恰好位于东关门以西，而东关门又是普通百姓和商贾日常通行，往来于太谷、平遥等相邻城市的重要关隘。任何出入东城城关的人，无论进城还是出城，最先以及最后看到的城市景观，都将是介休地方文化的经典代表。特别是袄神楼的过街楼部分，犹如一座城市雕塑，强调了城市空间的场所感，提示着人们的到达与离去。正是在这一次次到达和离去之间，袄神楼逐渐凝聚起介休的城市形象和文化意象。也正是在人们一次次前往顺城关，游弋、观赏、祭拜、祈祷的心境中，逐步建立起对介休城市文化的理解与认同。

135

图 3-23(1)　介休市顺城关袄神楼由西向东

图 3-23(2)　介休市顺城关袄神楼由东向西

图 3-23(3)　介休市顺城关袄神楼由东向西

图 3-23(4) 介休市顺城关袄神楼南巷由南向北

古槐本属于自然景观,但顺城关槐树底巷的千年古槐,相传是介休三贤之一文彦博幼时居住玩耍的地方,因而古槐同时也是十分重要的人文景观,凝聚着人们对介休地方传统文化的认同与传承。可以想见,在文家庄绵延沉静的坊居背景中,古槐虬枝婀娜、树影婆娑的身姿,以及内城的潺潺流水和流光溢彩的琉璃玉皇桥,曾经共同营造出怎样一幅城关美景。

(4)城坊分区

从民国版县志来看,介休历史城区的内外城已经广泛分布着居住里坊。其中,内城西北区因一直以来是县衙治所的所在地,坊居比例偏低。东北区则因分布着城隍庙、龙泉观、关岳庙、白衣庵等大型公共祭祀空间以及商会,居住单元主要集中在胡家园和东胡巷一带。相比之下,居住里坊尤为集中且容纳大量城市居民的区域,主要分布在内城东北、东南和西南。如果将东北、东南和西南城区视为一个大型区域组团,满足日常居住生活需要,那么,以钟鼓楼、衙署为中心组成的坊居,则可视为另一个区域组团,只是规模稍小,主要服务于城市行政管理和官方文化象征。

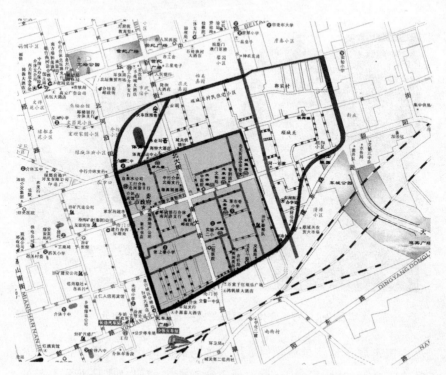

图 3-24　介休市历史城区城坊分区复原图

表 3-1　坊居组团示意

城坊组团	城区	地标(含已毁)	主干道(南北向)	支巷(东西向)
第一组团	东北	城隍庙 关岳庙 龙泉观 商会	北水门街 外东马道 通顺巷	胡家园
	东南	文庙 五岳庙 三官楼	南水门街 里东马道 三官楼巷 段家巷 云路	小东街 董家巷 草市巷 学巷
	西南	钟楼 三门楼 双槐 宋家牌楼	南大街 钟楼巷 庙底街	双槐巷 堡上巷 温家巷
第二组团	西北	县署 后土庙 吕祖阁	北大街 庙底街 听令巷	梁家巷

138

第一区域组团的中心由多个地标建筑组成，分别是城隍庙、关岳庙、龙泉观，以及三官楼、文庙、五岳庙。我们可以在这个大型组团中，再次细分出两个分支区域，分别是以城隍庙、关岳庙、龙泉观为中心的商业居住坊居；还有以三官楼、文庙、五岳庙为中心的文教居住坊居。

城隍庙的宗旨是护郭佑民，有城隍庙的地方，自然也是人们生活起居的理想之地。因此，城隍庙周围几乎无一例外汇聚着大量的城市居民和繁荣的商业市井场所。至今，城隍庙和关岳庙门口，仍然是沿街街市最为集中、热闹的街区之一。各种蔬菜、水果、熟食、面食应有尽有、琳琅满目。以城隍庙、关岳庙和龙泉观为中心的区域，称为商业居住坊居。

这一区域尤为值得注意的，是胡家园和东胡巷的历史渊源。有关这一区域在历史时期的居民构成情况，比如人口和民族构成，已经很难查找到确凿的历史文献为证。从现存的状况来看，第一，这一区域的传统民居和院落，普遍较东南、西南城区的居住建筑更加高大、疏朗。院落组合清晰完整，建筑装饰局部亦有许多精巧考究之处。可以想见，历史上曾经居住生活在这里的人们，很可能拥有较高的经济实力和稳定的城市定居生活。第二，通过实地走访，我们发现，在胡家园和东胡巷现有的居民中，几乎没有胡姓人家。人们也不记得任何与此相关的历史信息。然而，据民国版县志记载，"万历二十六年，知县史记事增筑西门、南门，藩城竖悬楼一十有六，增窝铺一十有四"[①]。我们由此推测，或许内城东北区就是介休历史城区的藩城旧址。

139

胡家园和东胡巷最初的原住民是胡人，即西域或草原游牧民族中，前往介休及中原其他地区从事商业贸易活动的城市移民，并非胡姓人家。若非如此，那么有限的城市区域中，又有哪处完整区域可称为"藩城"，需要专设悬楼（带有城市监管意味的公共建筑）十六座，增建窝铺（帐篷类临时居所）十四处？

---

① 张赓麟督修：《介休县志》（民国版），侯清柏标段，山西人民出版社 2012 年版，第 257 页。

另一个值得注意的细节，为我们提供了相关佐证。康熙版县志舆地图中，东北城区除城隍庙、龙泉观外，还有一处军厅。与之隔街相望的是县署和察厅，说明城市管理者实际上将东北和西北城区的防务纳入了统一的整体，对东北城区的监护等同于县署重地。乾隆年间，东北城区的军厅建制依然存在，而且军厅近旁出现了一处"旧署"字样的所在，疑似军厅所在地发生过变更或扩建。真实情况虽不可考，但至少可以认为，县署对这一城区的防务监护多年来始终未曾松懈。嘉庆时期，基本延续并维持了前代的城关建制。民国期间再次出现相关记录的时候，军厅、旧署已经不复存在，取而代之的是商会。

晚清至民国剧烈的社会变革，使中国传统城市迎来现代转型。近代民族工业和城市商业经济崛起，并快速行业化和职业化，促使中国传统城市的固有形态与组织机制，发生翻天覆地的变化。城市与新兴行业和职业相关的公共空间和组织机构大量涌现。正如19世纪中期法国巴黎，最先点亮城市街头的是新兴百货商场的橱窗。从军厅到商会的空间转化，记录了介休城市形态的变迁，也暗示我们社会结构的深层转型。透过这一历时演进，我们可以想见，对于商业贸易、商人和市集，中国传统社会大致经历了由官方监管、军事监控，到市场竞争、行业组织的社会化转变与城市文化转型。

此外，胡家园所在城区与顺城关只相隔东北城墙，与最初供奉西域火神的祆神楼相距很近。有理由相信，祆神楼和胡家园、东胡巷的存在，与隋唐时期长安、洛阳城多处为胡商设胡祆祠，存在一定程度的相似性。"自唐武德四年（621年），（长安）兴建了中亚、西域一带人民信奉的拜火教的庙宇——胡祆祠或波斯胡寺。西市（长安）及附近集居了为数不少的中亚、西亚人，他们有的是跋涉兴贩的'商胡'、'胡客'，也有的早已定居这里，成为内地的居民。"① 不得不说，这与中国殖民地半殖民地时期，洋人租界中建造教堂等宗教建筑的现象十分相似，尽管事件性质不同。城市移民总是需要一个能够确立自身族群认同的典型符号，有时凭借工具行动强力实现，有时则在迁徙与融合的过程中由移

① 宿白：《隋唐长安城与洛阳城》，《考古》1978年第6期。

民逐步建构对主体文化身份的自觉与认同。

再有，以文庙、五岳庙、三官楼为中心的文教居住坊居。大约晚唐至辽金以后，中国古代城市中重要的地标性建筑的区位原则，逐渐固定下来。比如，文庙。无论介休、平遥，还是大同，文庙的位置，无一例外都在城区东南方，而且，在东南城墙上都各设一座文昌阁和魁星楼。介休的文庙，也是东南城区的地标。由于天然地势条件具有南高北低的特点，文庙以南的云路，由北向南直观可见十分显著的地势抬升之势，尤其暗合祝愿学子平步青云、步步高升的良好愿景，是一处自然地形和人文因素有机结合、特色鲜明的城市景观。

三官楼寄托了中国古人对天、地、水三官的文化认知与期盼。文庙、五岳庙同样从人和世界观、宇宙观的角度，彰显了人对自身以及三山五岳构成的人世间所怀有的传统文化的认知。这三处所指一致的文化地标，为东南城区的人们搭建起一个充满理想和哲思的居住生活语境。人们在这样的居住环境和生活氛围中，有条不紊地生活起居。文庙、五岳庙周边井井有条的坊里结构中，逐渐衍生出绢市巷、祠堂巷、布市楼底等带有显著商业活动印迹的街巷网络，将不同坊里民居紧密凝聚在一起。共同的文化理想、家国山河观念，以及共同的起居生活，使人们共同培养起一种深深的情感依恋和相互关联，即使家族、血缘、信仰各不相同。这就是城市语境中的文化认同，它既广泛存在于人与人之间，也在人与城市之间、人与社会之间建立起深层纽带。

民国版县志营建考部分，不仅详细记述了明清以来对城濠、坊里的不断修葺完善，更向我们展示了许多满怀公益心的介休人的风采。他们中既有当地官员，也有普通邑民。比如，"明嘉靖元年，邑民董裳等砖甃北关，门树铁栅以泄水"。又如，"嘉庆二十四年，知县陆元镺缮治北城之外塌者五丈……起移南门外灰渣，浚凿城濠，疏通城内东大街沟道，掘水洞深六尺，长五十丈，上下周围各砌以石。复价买毗连董族之地十三亩，开挖池塘，备注霖雨积水"。

文献中所指的"董族"世代居住在东大街附近，并有家族田产，家境十分殷实。这与我们所进行的城区古建考察十分吻合。东大街以南段家巷以西，现仍有一条小巷，名叫董家巷。在这条并不算长的小巷里，

141

仍保存有比较完整的坊院结构和数套内部连通的民居院落。通过访谈我们得知，在现存董家巷传统民居以北，也就是现东大街临街商铺处的广阔空间，一街两行都是同属于董氏的家族院落。主人院落在董家巷路北，而路南现存的民居院落则是长工和家仆的居所。尽管现存的只是董氏家仆居住的院落，但从大门前石门墩的雕饰，以及院落内部的进深格局来看，不仅家仆的数量曾经相当可观，董氏家族的经济实力也不容小觑。可以想见，以东大街为轴心，以城隍庙、文庙、五岳庙、三官楼等文化地标为中心的第一组团，自古以来，始终是介休人民居住生活、从事广泛社会交往的重要区域。

第二区域组团的中心是衙署和钟鼓楼。东西大街横跨东南、西南两个主要居住生活区，东南城区街巷网络和西南城区，以南大街为轴，呈"非"字形相通。平行分布的两大居住生活区，在许多方面便于资源共享和文化渗透。因此，西南城区的坊居和街市生活，亦十分兴盛。特别是温家巷一带，纵向排布的数条分支坊巷，汇聚了大量城市人口，密度十分可观。堡上巷、宋家牌楼底是大型民居院落相对集中的街区。这里现存的传统民居，普遍具有高大挺阔、装饰繁复的砖雕门楼，内部进深和院落组合也更为复杂，显示出与温家巷大片坊居的潜在差异。

衙署和钟鼓楼是象征官方权力的地标建筑，与东南城区首要满足市井生活需求不同，西北城区和西南城区堡上巷以北，总体而言，坊居密度较低。除却衙署、钟鼓楼等行政管理空间外，基本不再有其他类型的地标建筑，而是通过双槐、古槐等自然景观，对区域空间进行标识，凝聚街区向心力。由此可见，介休城区之间在功能属性和文化定位等方面，不仅存在系统周密的规划设计，而且历经长期发展达到了较高程度的功能分化与系统协作。

2. 乡土聚落

介休市域范围内的乡土聚落，受自然地形影响，一部分分散在丘陵阶地之间，另一部分则以堡、壁、屯为单元，在河谷盆地或冲积平原上建立起定居聚落。

142

图 3-25(1)　介休市张兰镇北贾村旧新堡北堡墙中部马面

图 3-25(2)　介休市张兰镇北贾村旧新堡东堡墙东南角

143

由于地处河谷盆地，介休城区所在的冲积平原东西两侧，有许多狭长曲折的黄土阶地、台地和黄土山坡，可以看到自然地形变化对乡土民居的直接影响。平原山地之间的阶地层叠错落，沿着汾河流淌的方向自北向南延伸。为了适应地形和住宅建筑对采光保暖等因素的综合要求，阶地上的窑洞既有贴合阶地地形走势的联排窑洞，也有因地制宜、活泼生动的错层窑洞，充分反映出近水选址、依山而建的建筑分布特点，使人不禁想起弗兰克·赖特在流水别墅中刻意营造的横向结构韵律和层级变化。

在阶地和黄土山腰上居住生活，不可避免地受地形限制，建筑空间和生活环境变得比较狭小。但是，在地形允许的情况下，联排窑洞面前呈南北走向的开阔空间，同样能很好地发挥户外公共空间的作用。人们可以晾晒粮食、衣物，采光通风，或者从事户外交往活动。天然阶地使得窑洞分布如梯田一样错落有致，空间转换隔而不断。相邻人家既鸡犬相闻，又保持一定的距离，有效保护了生活隐私和空间独立性。联排窑洞的串联规模可大可小，十分灵活，有三五间规模的小型联排窑洞，供单个家庭居住使用；也有十多间窑洞首尾相连的大型联排窑洞，能够同时满足若干家庭共同居住生活的要求。

窑洞内的使用空间毕竟有限，不易采光，有时因朝向不利，还会影响室内通风的效果，所以，只要天气和暖，没有严寒或风雨困扰，人们都喜欢在窑前空地上眺望远方，享受阳光和微风带来的清新暖意。在生活空间相对局促的环境中，这当然也是一种对居住者精神情感的必要调试和放松。在山坡阶地下方或者其他地方远观，联排窑洞的弧形屋顶首尾相接，形成了一道富有节奏、韵律清晰流畅的波形曲线，与山坡阶地上的自然景观映衬在一起，犹如一段人与自然高度契合的生命律动。

堡、壁、屯，是介休乡土聚落十分重要的组成部分和典型形式。但直到最近十多年，中国古堡的建筑学价值才逐渐得到认识。"中国现存古堡最多、最集中的地区从北至南分别为古代农牧分界线沿线，山西省汾河、沁河流域，闽粤赣三省中国历史中中原南迁人群与南方人群杂居地区。"[①] 可见，古堡的地理分布往往与中国古代的民族迁徙与多元社会构成密切相关。从历史演进的角度，堡垒型建筑既可以说是封建割据政治格局的产物，也可以说是激烈的民族冲突所激发的自我防卫机制。因此，这种人类聚居模式既带有典型的时代特征，又根植于传统地方社会。

历经漫长的历史过程，带有显著军事防御性特征的乡土聚落单元，逐渐从一种必要的现实选择，沉淀转化为当地特有的居住文化传统。通

144

---

① 张斌等：《民间古堡》，中国建筑工业出版社 2012 年版，第 30 页。

览介休市行政区地图，我们很快会发现许许多多仍然以"堡""壁""屯""寨""关""峪""家"等为名的乡土聚落或行政管理单元。至今，人们已经记不得也说不清，为什么他们居住生活的地方会如此命名。但这些极具地方文化特点的空间组织称谓，却早已将介休乃至晋中地区历史时期的真实过往内化其中。

我们知道，山西自古以来以半农半牧的生产方式为主，许多草原游牧民族汇聚于此，与主要从事农业定居生活的汉族，长期共同生活在一起。为了争夺必不可少的草场和宝贵的土地，各种矛盾与摩擦也时有发生。民族冲突很可能只解释了堡、壁、屯大量分布在介休以及晋中地区的部分原因。

从建筑文化深层根源来讲，我们更倾向于认为，古堡作为一种人类共有的建筑结构形式，也曾经是农业定居民族历史的一部分。堡垒型建筑拥有一个十分古老的起源和建筑原型，那就是人类曾经共同使用过的帐篷。这一时期，人类大体处在以巢居、穴居为主的半定居生活阶段。至今，在已经发掘的原始社会早期聚落遗址中，我们还能看到大量地穴式构筑物的遗存。通过考古复原，我们可以确信，在地穴部分之上，还曾有树木枝条以及兽皮、树皮等材料搭建的、有尖顶的顶棚。人们最早就是在这样的半定居构筑物中，过着逐水草而居的迁移生活。简陋的帐篷经过草原游牧民族不断改进，变得精巧实用。从事早期农业种植的人们同样经历过半定居阶段，所以，建造蒙古包一样的临时性居所，对于后来慢慢定居下来的农耕民族，一定并不陌生。

不仅如此，早在晋西南地区因汾河航运繁荣兴盛起来的时候，介休就是汾河流域的重要农业产地和交通要道。沿着汾河河谷向北，能够直接进入草原畜牧区。加之那个时期的农牧业界限尚徘徊在山西中部霍山一带，游牧民族与农耕民族的日常交往和经济往来相当便利，且主要集中在晋西南汾河航道，以及晋东南沁水流域等交通便利的地区。因此，各民族文化在此相互渗透、广泛融合，便是十分自然的事。今天，人们十分熟悉的村落，比如大靳村、小靳村，其中的"靳"字便很有可能意味着这里曾经存在过相当规模的骡马交易或者皮革贸易，是草原游牧民族、农业定居者和游商频繁互动的商品流通地。

145

　　无论从事游牧还是农业种植，帐篷、穴居等早期半定居生存方式，都为人们构建了一个根深蒂固的心理模式，即一个有效围合的居住生活空间，是保障有机体生存繁衍的必要条件之一。因此，中国古代建筑形制十分强调建筑单体以院落为中心向内围合，村堡聚落则通过夯筑堡墙，共同划定一个内向型的居住活动空间。

　　以堡、壁、屯的形式，将农业聚落组织成为一个小型的生产、生活单元，符合传统农业社会初期生产力相对滞后的现实条件。小型村堡，既易于自建，又能够在一定程度上实现自卫、自保，是一种相对灵活、机动的、满足生存需求并应对社会风险的共同机制。堡、壁、屯，既是黄土高原汉民族早期建筑文化历史的重要见证，也是山西地区多民族共处与文化融合的结晶。这种嵌入民族文化基因中的、被融合吸收的文化意识，使自成一体、机动灵活的乡土聚落形式融入山西乡土文化，有时候反而使我们只见村而不见堡，或者只看到堡的封闭自保，而忽视它同时也是功能机制健全、空间分布合理，同时蕴含丰富民族文化传统的乡土聚居模式。

　　作为黄土高原特有的一种乡土聚落模式，堡、壁、屯的内部空间结构，实际上是黄土高原农业定居社会自我组织机制的一种映射。早期农业社会赖以生存的必要条件，比如水井，以及所遵循的基本秩序，比如氏族、血缘、家庭、长幼主次、亲疏表里，都可以在乡土聚落的空间元素和组织结构中找到巧妙对应。

　　当清楚看到这一潜在的对应关系时，我们便会发现乡土聚落与中国古代城市之间一脉相承的文化渊源。发端于黄土高原，并在这里发展衍生出中国古代城市的理想模式和基本原型，归根结底是以农业定居生活为基础的一种社会组织机制。土地、水源、阳光、风向，始终是最为基本的生存条件。在此基础上形成的空间方位意识、区域环境意识、生态观，以及伦理道德秩序，成为黄土高原古代城市空间规划与社会管理的直接依据。

　　介休市北贾村的旧新堡，始建于清乾隆年间。从历史脉络来看，并不算十分古远。但是，旧新堡简洁明了的十字街布局，仍保持了古朴、原生的空间特点。旧新堡总体呈方形，坐北朝南，东西两端地势相当，南北方向则落差较大，可以直观看到南高北低的地势变化。旧新堡共有两座堡门，且堡门相对于堡墙呈 L 形突出堡墙之外，所以，形成了南堡门朝东、西堡门朝南的显著特征。整座村堡恰似一个逆时针旋转的风车，平面布局十分富有动感。村堡内东西向街道共四条，南北向街道仅一条。其中，东西向街道中由北向南第二条街道的西端，直通西堡门。仅有的一条南北向街道的南端，则与南堡门相通。这两条分别与堡门相通的街道，呈十字相交的地方，是整座村堡的中心，也是全村唯一一座公共水井的所在地。公共水井位于旧新堡十字街偏西南方向。以水井为中心，村民修建了一个高于街面约 50 厘米的扇形井台。井台南侧紧邻一处民居，民居山墙上是旧新堡村民以前常用的村务公开栏，上面用粉笔书写的字迹清晰可见。随着水井逐渐干枯废弃，村务公开栏也被移至西堡门外的堡外街道上。

旧新堡是侯氏家族子弟的聚居地之一。随着村堡人口不断增长，逐渐衍生出旧堡、新堡、旧新堡三个自成一体又紧密联系的组团式聚落单元。虽然现在生活在村堡中的村民并非都是侯氏家族后裔，但最初村堡居民的主体却是侯氏家族成员。直到今天，侯氏家宅仍然是村民们口中啧啧称赞的高门大院。侯氏家宅，主要集中在旧新堡西堡门以北的两条街区内。这里的宅院一座连着一座，内部空间交错贯通，院落进深由南向北逐渐加深并抬升，以平衡村堡自然地形南高北低的走势。

由于是家族宅邸，同时，乡土聚落的人口构成相对稳定，人们的居住、生活和消费模式十分固定，商品交换的需要虽然普遍存在，但是定期市集，以及走街串巷的货郎们，已经能够满足村民的日常生活所需。因此，村堡内设置街道的主要目的是通行和军事防御，而非城市化街道所具有的公共性和交互性。堡内唯一具有较高的公共空间属性的区域，曾经是井台旁边的十字街口。但目前随着水源枯竭，井台以及十字街的公共空间职能也逐渐衰落。可见，空间形态与其功能属性是相辅相成的有机整体。一旦功能属性发生变迁或转移，即使十字街这种能够有效满足公共交往需要的空间形态，也很难成为真正具有公共空间属性的交往场所。

147

图 3-26(1)　介休市张兰镇北贾村旧新堡十字街井台由东北向西南

图 3-26(2)　介休市张兰镇北贾村旧新堡新的村务公开平台

148

图 3-27　介休市张兰镇北贾村旧新堡民居院落地势随进深抬升

同理，在以家族宅邸为主体的乡土聚落单元中，人与人之间共同居住、生活和交往的准则是家族制度、长幼亲疏秩序，以及相应的伦理道德规范。而这一套复杂的家族内部规约，只在家庭内部生效，因而也只关系到家宅内部空间的组织关系。所以，尽管每一座深宅大院内部，事实上都是一个相对独立的错综复杂的空间系统，院落之间以各种形式的门、厅、廊为节点，按不同实际需要启合，以对空间进行灵活重组。但是，从院落外部来看，几乎无一例外是一抹平整肃杀的黄泥砖墙，无半点缝隙可言，以致村堡既难以衍生任何形式的次级街巷，也无此必要。相对于院落内部空间的灵活多变，民居院落的山墙和门楼显得极为程式化。仅仅一墙之隔，内部生动繁复，外部则静穆简约，一动一静、一繁一简，深刻诠释了黄土高原人民对以家族和社会为核心的中国传统社会组织机制所固有的价值判断。

3. 方圆曲直——"一个开放的话语场"

窑洞是黄土高原特有的一种建筑形式。在中国古典建筑的结构语言谱系中，窑洞无疑体现了现代几何学基本元素——圆或者曲的一种空间艺术。

从人类住宅建筑史的角度来看，窑洞建筑形式带有显著的穴居特征，属于半定居聚居模式。在黄土高原农耕文明占据主导地位的时期，随着农牧业界限不断向北推进，包括黄土高原在内的中国北方大部分地区，都逐渐采纳了农业定居生产生活方式，居住建筑形式也开始转变为以木构或砖木结合为主的建筑形式。人们根据自身所在地的地形环境、气候条件、天然物产等因素，发展出一系列带有显著地缘特征的建筑语言体系和聚居模式。

随着中国古代建筑史和城市文化研究的不断深入，我们有必要将更多关注给予这些平凡朴素的、曾经或者仍然服务于人们日常生活的地方民居建筑遗产。因为，正是它们始终伴随着人类生存发展的全过程，始终为了适应各种时代要求而发生演进。它们通过自身的变迁，记录了人与社会的发展轨迹，因而蕴含极其丰富的社会历史信息和有关人类自身的主体意识。

（1）窑洞

在全世界其他黄土覆盖区中，与窑洞极为相似的建筑形式和结构原理被广泛使用，但由于特定自然地形和地貌条件不尽相同，拱顶结构的实际应用也存在明显差异，加之建筑用途以及人们的使用习惯各不相同，所以，从类型分析的角度来说，尽管看上去与窑洞十分相像，或共同运用了拱券技术，但大部分拥有拱顶的建筑与中国黄土高原上的窑洞仍存在本质的地缘文化差异。但是，纵观人类住宅建筑的发展历程，将同纬度黄土覆盖区的典型建筑形式加以比较，仍将十分有利于推进对地方传统建筑文化的深入研究。

介休地处太原盆地，地势相对平坦开阔，典型的窑洞在城市传统民居中的比例并不高。但窑洞作为一种建筑空间形式和造型语言，仍被广泛运用在晋中地区极富特色的窑套楼形制中，标志着山区窑洞建筑向平原木构建筑的巧妙过渡。

由于历史和现实的诸多原因，介休历史城区现存的窑洞民居，数量已经非常稀少，以青砖窑居多。经过初步考察，师家巷 20 号是介休城区现存窑洞民居中，规模最大、结构最完整的一处，由坊门、坊院、以12 孔联排窑洞为主体的偏院，以及主院落构成。目前，师家巷 20 号的坊院结构清晰完整，拱形坊门及其附属空间亦尚存。其中，主院落的砖雕门楼保存完好，工艺考究。院内进深结构部分尚存，两侧厢房虽有所损毁并发生变更，但正房窑套楼形制仍清晰可见。门窗等处的木结构装饰工艺精良，且保存相对完好。

图 3-28(1)　介休市顺城关师家马道 20 号坊门拱券

图 3-28(2)　介休市顺城关师家马道 20 号 12 孔联排窑洞

图 3-28(3)　介休市顺城关师家马道 20 号连接坊门的
院落，12 孔联排窑洞西侧为原主人正院

图 3-28(4)　介休市顺城关师家马道 20 号坊门内侧

图 3-28(5)　介休市顺城关师家马道 20 号正院窑套楼遗构

152

图 3-28(6)　师家马道 20 号正院院门砖雕

总体而言，师家巷 20 号是介休城内一处不可多得的窑洞民居院落，集中反映了由窑洞、窑套楼组织构成的民居院落形式。同时，更为重要的是，此处院落所在的师家巷，曾是介休城防体系的重要组成部分之一，不仅历史悠久，而且在介休城市建设史上具有十分重要的价值与意义。师家巷 20 号印证了介休历史城区城防体系的存在及其重要性，并展现了历史时期师家巷传统坊居生活的一个侧面。虽然现存同类案例并不多，但师家巷 20 号仍不失为传统窑洞民居的宝贵典范，非常值得关注。

窑洞的空间形态和建筑结构，以悬链线拱所遵循的几何学原理为核心。在近代科学家能够精确论证这一原理之前很久，黄土高原先民就已经发现并掌握了这项规律。人们用最朴实无华的黄土，构筑起最美丽的拱顶住宅。黄土不仅是黄土高原自然地貌景观的基本构成要素，也成为这一地区建筑人文景观最具代表性、影响最为深远的空间造型媒介之一。

中国西北和北方大部分地区，与地中海—红海—线以东的伊朗、阿富汗、巴基斯坦、印度西北部，同处于亚洲干旱带。在这条干旱带上，黄土成为当地人共同的建筑材料和建筑艺术灵感的来源，为中亚地区建筑文化传统的共性研究奠定了重要基础。

地处中亚的古波斯文化，由于最早涉足星象观测，发明了数学、几何学，并将卓越的天文物理学知识和几何学、数学知识应用在古波斯建筑艺术中，从而创造了至今仍令人目眩的穹顶建筑。早期的古波斯建筑并没有布施彩绘，也尚未出现流光溢彩的马赛克镶嵌艺术，因而更能够反映古波斯时期黄土的空间造型艺术。不难看出，由于高超的数学和几何学知识，古波斯人可以堪称完美地将建筑结构造型和装饰形式融合在一起，达到天衣无缝的地步。

153

中国黄土高原上的窑洞建筑，也有特征显著的拱顶结构。但是，与中亚和欧洲典型的拱顶建筑不同，从建筑结构力学的角度，黄土窑的一体化程度更高。窑洞的结构稳定性并非取决于地基或黄土扶壁，而是凭借窑洞内部整体结构的支撑性，将窑洞上方厚重的沉积黄土的重量传导到地面，以确保弧形窑顶不会发生坍塌，两侧充当屋身的黄土扶壁也不会发生垮塌。所以，修建窑洞时，控制好窑洞面阔与垂直高度的恰当比例，通常是最难、最为重要的环节。

图 3-29(1) 布哈拉卡延清真寺拱券建筑，建于 1512 年

图 3-29(2) 巴格达阿巴斯广场双层拱廊建筑

154

人们在实践中逐渐积累起许多建造窑洞的实用经验。在山区，石料采集比较方便，人们多采用石砌窑的方法来修筑窑洞。"夯实地基砌起窑壁，在中间填土成窑顶半圆形，叫'堆土牛'。依土牛砌成窑顶，扎实后再挖掉土牛装，用灰抹内壁。"① 除了堆土牛，还有通过搭木架来旋

────────────────

① 温幸、薛麦喜主编：《山西民俗》，山西人民出版社 1991 年版，第 164 页。

窑顶的方法。相比堆土牛和搭木架都更为简便的方法，是利用牛则等专门工具来砌筑窑顶的拱形弧线。"牛则呈圆弧状，像牛脊背，修窑洞时，一过平装，即把牛则置于平装之上，往出插窑顶，省去繁杂支架。"①

　　窑拱部分的结构精确性直接关系到窑洞的居住安全，人们不敢小视。不仅从窑拱结构本身着眼，连窑洞的门窗尺寸以及在窑洞立面上的位置也经过了精心测算，"晋东南一带，上门窗用特殊的尺子，按二十八星宿的位置来确定长度和方位"②。根据我们对窑拱弧线以及窑洞正立面门窗尺寸和方位比例进行的几何学分析，门窗的平面位置及尺度比例，的确与窑拱的结构力学原理紧密相关，符合窑拱悬链线力学原理的要求，并有助于稳固并强化悬链线拱的整体结构支撑性。相信，这些凝聚着祖先智慧的丰富实践经验，不仅包含着人们对宇宙世界的美丽想象，更蕴含着科学巧妙的普遍规律。

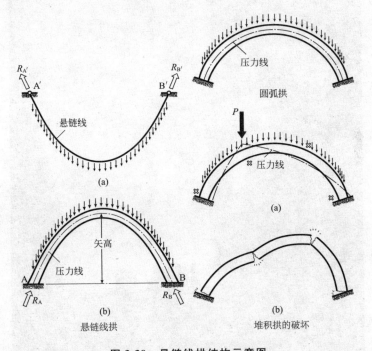

图 3-30　悬链线拱结构示意图

①　温幸、薛麦喜主编：《山西民俗》，山西人民出版社 1991 年版，第 319 页。
②　同上书，第 79 页。

155

　　有关窑洞所遵循的结构力学原理，我们可以援引约旦古城佩特拉城中的卡兹尼神殿（Al Khazneh），作为一个相似案例加以阐释。需要指出的是，这座已有两千多年历史的神殿，建造在砂岩峭壁上，而非黄土山体。但这不妨碍我们从工程力学原理的角度将两者进行比较。因为，黄土高原沉积黄土的物态属性更接近砂岩，而非土壤。

图 3-31（1）　卡兹尼神殿，佩特拉古城，约旦

图 3-31(2)　卡兹尼神殿，佩特拉古城，约旦

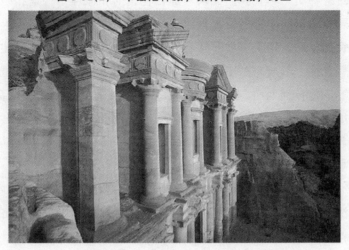

图 3-31(3)　代尔修道院，佩特拉，约旦

157

　　起初，人们对于公元前 1 世纪的纳巴泰人如何建造卡兹尼神殿百思不得其解。最终，通过各种途径进行综合论证，考古学家终于发现，这座砂岩崖壁上的神殿，并不是按照西方建筑结构原理自下而上，由地基，到立柱，再到支撑墙体、拱券等结构层面，通过系统化分工组建起来的。恰恰相反，卡兹尼神殿是建造者站在崖壁顶端，自上而下，一点一点从山体崖壁中掏挖雕凿出来的一座砂岩建筑，酷似佛教石窟开凿工艺，具有强烈的雕塑艺术气息。要知道，这座神殿的正立面高达 39 米，同时拥有高大宽敞的正殿空间和墓室。

　　为了确保这座宏伟的纪念性建筑，无论在建造过程中还是建成之后都不会发生坍塌，精通建筑工程学知识的纳巴泰人对卡兹尼神殿的立面面阔、建筑垂直高度和比例、神殿内部空间的进深和层高，进行了总体而周密的工程计算。尤其是对神殿的面阔进行了精心设计，从而最大限度地将正殿上方山体岩石的重量，沿着神殿正立面两侧的山体成功传导到地面，而不是由神殿立面的石柱来承载崖壁的巨大重量。

　　虽然从表面看，黄土窑洞和卡兹尼神殿的建筑材料并不相同，但是我们知道，地中海和红海沿岸与中国西北以及北方同属于亚洲干旱带，都拥有大规模粉砂状的黄土覆盖区。所以，砂岩和黄土其实是性状非常接近的两种物质。尽管我们无从考证，材料的相似性是否是相距遥远的人们共同青睐于同一种建筑工程原理的真正原因，但是窑洞和卡兹尼神殿，的确都成功运用了一种非常巧妙的结构力学原理，即通过建筑结构自身的整合性，形成来源于结构内部的自持力，帮助建筑体将重力影响充分分解、传导到地面，而非凭借建筑结构中的承重单元去主动承托。从这个角度来说，中国黄土窑洞，特别是依托黄土崖壁挖掘出来的窑洞，与卡兹尼神殿一样，都更像是一尊自成一体的圆雕雕塑。其结构稳定性，主要取决于它自身的结构整体性和一体化程度。

　　所不同的是，黄土高原上的沉积黄土比中亚地区的黄土粉砂更加细腻。虽然结构强度远逊于固结的砂岩，但是细腻的黄土黏聚力更强，同样可以满足窑洞建筑的结构力学要求。所以，砌筑窑洞既要通过控制合理的结构比例来保障结构稳定性，也要巧妙选择适宜的土体，借助黄土本身的黏聚力、垂直节理等物理结构特性，提高窑洞的结构整体性和一

158

体化。此外，在人们日常使用窑洞的过程中，为了进一步确保窑洞安全，结构耐久且实用美观，还广泛使用砖石包砌的方式，对黄土窑壁进行加固和装饰，从而大大提升了窑洞的宜居性。

除了在黄土崖壁上直接挖掘窑洞，人们还发展出其他方式来砌筑窑洞，以适应各地地形差异和土质变化。在黄土高原南部的一些地区，用砖石垒砌窑洞的方式也很常见。不过，即使建造完成的窑洞是砖石结构的，在砌筑过程中，天然沉积黄土在窑洞最初形塑阶段和建造阶段，也都发挥了非常重要的结构作用，使砌筑窑洞的效率和安全性都大幅提高。

尽管人们早已熟练掌握砌筑窑洞的技术，而且，窑洞的防风保暖性都很好，特别适应黄土高原严酷的自然气候条件，但是，黄土高原地区非常广阔，地形多样，既有辽阔平整的黄土塬，又有规模持续扩大的黄土丘陵沟壑，黄土高原东部的山西高原，就是这样一个自然地形尤其丰富多样的地区，山川、河流、平原、盆地、河谷阶地遍布全省。自西向东、由南向北的各个地区，都不同程度拥有本地区尤其适宜的建筑形式和聚居模式。介休西南地势随绵山山麓逐渐抬升，从汾河河谷平原，到广袤的丘陵、山地，民居建筑也由木结构建筑、窑套楼组成的合院形式，转变为更加灵活的山地窑洞。

（2）窑套楼

介休地处晋中汾河河谷地区，这里也是山西五大盆地之一的太原盆地，自古以晋陕粮仓而闻名。在太行山和吕梁山之间，山西省全境的地形大体呈"多"字形，或者"夕"字形，自东北向西南倾斜。因此，山西省东西方向窄，而南北跨度大。受省域地形影响，介休处于太行吕梁两山之间的汾河河谷平原中。虽然城区总体比较平坦，为窑套楼以及砖木结构建筑奠定了环境基础，但是城区以南的大部分地区由绵山余脉和丘陵所覆盖，地势渐升并沟壑纵横。乡土聚落仍有许多以窑洞为主。通览介休乡土聚落和城市传统民居，我们便可清晰地看到从黄土高原山地窑洞，到河谷平原砖木结构建筑的形式过渡与转化。

窑套楼，顾名思义，是拱形窑洞与平顶木结构楼阁的形式组合。从几何学的角度分析，有机地融合了方圆结构元素，具有丰富的曲直韵律

159

对比。从材料学的角度，窑套楼可视为土与木的一次形式探索。由于窑洞在下，木构楼阁或大屋顶在上，两者上下叠加便成为窑套楼的典型形制。木构屋顶的出檐部分，从视觉上起到了自上而下将整座建筑归拢为一体的作用，所以，窑套楼虽然结合了两种截然不同的形式语言，但是建筑的整体感和统一性非但未被削弱，反而因构成元素之间有机结合，更加富于变化和结构律动。

窑套楼形式，在介休当地的运用非常广泛而灵活，有庙堂、官式建筑，也有民居；有街坊店铺，也有戏楼、戏台。可见，即使在农业平原地区，黄土高原传统的窑洞建筑形式，也因其根深蒂固的环境适应性而备受青睐。

前文已经详细阐释了窑洞的结构力学基本原理。窑套楼形式与传统崖壁窑洞和平顶窑洞（又名薄壳窑洞）的结构差异，主要集中在窑洞的垂直上层空间的变化。木结构建筑的重量，普遍比同体量其他材质的建筑要轻，所以，窑套楼形式的结构力学稳定性自然不是问题。人们依然按照传统的方法砌筑窑洞，只是平原地区并无天然黄土崖壁之利可以凭借，而主要以砖砌窑洞的方式修筑窑套楼建筑。

图 3-32(1)　介休市顺城关梁家巷 11 号窑套楼民居

图 3-32(2)　介休市顺城关梁家巷 11 号窑套楼民居

图 3-32(3)　介休市东南城区东大街 149 号窑套楼民居遗构

161

图 3-32(4)　介休市东北城区降家巷 16 号窑套楼民居遗构

图 3-32(5)　介休市东北城区朝阳路 72 号窑套楼民居遗构

图 3-32(6)　介休市北辛武村冀国定宅

162

　　窑套楼通常与其他形式的建筑，比如窑洞、窑套楼或木构建筑，有机组成合院系统。既有三合院，也有四合院，形式不拘一格。在介休历史城区的传统民居中，窑套楼不仅十分常见，而且在院落构成中占据首要地位。一般而言，只有正房才可以采用窑套楼形制，东西厢房通常只是半坡砖木结构建筑。

　　介休当地的传统民居院落，以面阔窄、纵深空间重叠深远为主要特征，尤其适宜介休城区的自然地形条件。介休坐落于绵山脚下，依山体余脉向汾河河谷自然下切之势，介休城区整体南高北低、西高东低。为了尽可能因地制宜，创造良好的居住生活环境，城区主要街道十字街的轴心，随地势略向东北方倾斜，同时，各级街巷亦以南北纵向排布居多，以最大限度适应山体风向、水流、日照等环境因素的要求。总体呈方形，但南北方向更显修长的城址条件，使得城区大部分传统民居，以压缩住宅和院落面阔，将厢房人字屋顶简化为半坡的方式，降低建筑占地要求，改善内部居住环境。同时，提高城区土地的利用率。

由于院落略显局促，同时厢房也被大大弱化为半坡形式，介休以及晋中一带的人们格外重视正房窑套楼的空间安排与装饰细节，以丰富院落空间的主次、节奏变化，提升居住环境品质。

强化正房窑套楼的空间主体地位，一方面通过增加面阔和层高，分别突出拱形窑洞与平顶木构的形制特征，使正房成为院落空间的主体、制高点和组群结构的重心；另一方面，通过木雕、砖雕、石雕、彩绘等装饰工艺，使正房窑套楼的局部构件，比如门窗、檐饰、雀替、踏道、楼梯、脊饰等细节，达到较高的工艺水准和艺术性，从而占据视觉焦点。

此外，院落本身看似虚空，实质上却是由不同层级关系上的单体建筑物、空间元素、装饰细节，共同烘托营造出来的一个特定场所和语境。院落作为整体所遵循的内在空间秩序，也是推升正房窑套楼主体地位的重要途径。中国传统民居院落的空间秩序，概括地说，可以归结为以长幼、主次、亲疏、表里为核心的礼仪秩序。这一最为基本的场所秩序，源自古老的井架原型，即在经纬中择定主次，在场域中区别表里。

介休地区传统民居院落，无论是乡土聚落，还是城市民居，庭院中心略偏北处都有一个外方内圆的石质院心，标志着院落的中心以及环境焦点。由院心延伸出去的十字结构，分别为院落空间划定出长幼、主次、亲疏、表里的秩序依据。从经纬角度来看，正房窑套楼位居主体，并在院落进深关系中继续强化主体递进关系。从场域角度来看，院落以内为里、以外为表。据此，家族亲眷居内，外系旁支处外。长幼、主次、亲疏、表里，截然分明、一目了然。

中国古典建筑的核心与精髓，是空间布局以及建筑组群关系。强调单体形式存在的构筑物，主要有佛塔，以及用于观景或军事防御的楼、城门、戏台等，比较有限。窑套楼的形制特点，在于方圆曲直在单体建筑空间中的综合运用。因此，窑套楼除了作为构成元素，在院落空间的环境秩序中扮演重要角色外，从单体建筑结构的角度分析，窑套楼对于中国古代建筑史和建筑学研究，尤其具有十分重要的价值与意义。

在实地考察的过程中，我们发现，窑套楼形制虽然广泛使用，亦十分美观，但窑上之楼的实际功用大多仅限于贮藏。无论是其尺度比例，还是采光、防风、保暖等特性，均不适宜居住。反而，下层窑洞承担了饮食起居的绝大部分主要功能。直到现在，许多居住在城区传统民居中的原住民仍表示，窑洞冬暖夏凉十分宜居，每逢炎热的夏季，人们甚至专门从厢房搬回正房窑洞避暑。笔者也亲身感受到，在午后两三点钟，夏季一天当中最热的时段，窑洞室内外的体感温差，竟高达 8 摄氏度。而到了寒冷多风的冬季，当人们点燃火炕，窑洞坚实敦厚的墙体和弧形拱顶，便再次发挥出卓越的结构特性，最大限度收集聚拢宝贵的热能，呵护人们度过一个又一个寒冷的冬夜。

相比窑洞优越的气候适应性，木阁楼的实际效用则在逐渐降低。随着人们日常生活方式逐渐现代化，家中不再储存大量粮食与农产品，也很少亲手加工制作日用品或副食，制作工具与原材料大量减少，木阁楼遭遇废弃甚至拆除的比例相当高。

可见，在窑套楼这一特殊的建筑形制中，窑洞仍然是功能主体，木构阁楼在功能上属于附属空间，但在文化内涵方面，却显然占据着主导地位，是正房主体建筑的意象所在。在一定程度上，我们也可以由此大胆推断，几何学基本元素——圆和曲，是建筑空间功能实现的重要结构基础与前提，提供了最大限度的结构力学支撑和功能适应性。而与此相对的——方和直，亦即平顶木构，作为成熟的农业定居建筑文化的典型意象，逐渐成为居于主导地位的形式语言与文化符号。

在黄土高原以外，即使是北方中原地区，窑套楼形制的直接运用，并不多见。但是，窑套楼所蕴含的方圆曲直规律，却广泛隐含在中国古典建筑的方方面面。在高度成熟的木结构建筑中，虽然不能直观看到圆和曲的形式语言，但是圆的结构整合性与黄金分割定律，事实上已被巧妙分解、转化为更加精密和复杂的直线结构关系，比如木结构檐柱比例。同时，在直观可见的各种复杂建筑形态里，比如城门、拱桥、过街楼，等等，我们仍能够看到方圆曲直在功能实现和文化象征两方面的侧重和有机统一。

图 3-33(1) 福州三坊七巷坊门（1）

图 3-33(2) 福州三坊七巷坊门（2）

165

介休张兰镇北贾村的旧新堡，为此提供了一个典型例证。在实地考察中，笔者发现侯氏家族庞大的家族聚落，几乎完全被严丝合缝地遮蔽在高耸的黄泥砖墙背后。加之村堡街巷狭窄逼仄，院墙如削，给人一种异常强烈的压迫感和威慑力。唯一令人感到些许温情与人气的细节，就是院门，因此尤其吸引笔者的目光。

图 3-34(1)　介休市张兰镇北贾村旧新堡东北角俯瞰

图 3-34(2)　介休市张兰镇北贾村旧新堡十字街
东街，由西向东，没有次级分支巷

　　侯氏家宅以及村堡中其他姓氏的大型家族院落，通常都有偏正院之分，相应地也就出现了两座院门，相距并不远，一偏一正、一圆一方、一大一小。拱门通偏院，走马车、仆人，供物品通行；木构门楼通正院，仅供主人使用。如此截然分明的主次偏正规划，不难看出，拱门虽然高大气派，但主要是为了马匹、马车、家仆们日常通行。拱形院门不仅坚实耐久、易于维护，而且几乎适宜各种尺度体量的物品通行，因而承载着大部分高负荷的功能需要。相比之下，砖雕门楼方直挺阔，虽然体量小，却专为主人服务，并不承担过于复杂的使用功能。繁复的雕饰和考究的用材，处处彰显主人的经济实力、社会阅历、文化取向，以及审美追求，成为家族文化的缩影。

图 3-35(1)　介休市张兰镇北贾村旧新堡十字街南街一处民居坊门

图 3-35(2)　介休市张兰镇北贾村旧新堡十字街南街一处民居坊门

167

对于建筑的风格语言和形式特征，常年致力于建筑史特别是中国近代建筑史研究的赖德霖先生，曾在一篇自序中进行了十分富有启发性的总结："建筑的'中国风格'不是一个既定的形式语言，而是一个开放的话语场，在其中，本土传统在世界建筑的语境中被重新审视。"赖德霖先生提出这一观点，主要基于中国近代建筑史的研究背景。赖先生认为，从发展中国家的角度，"现代建筑的定义和研究必须与一个民族或国家的现代化进程相结合。中国的现代建筑就是伴随着中国的现代化产生，服务于中国的现代化，并体现了中国的现代化理念的建筑"。那么，中国建筑的现代转型，自鸦片战争时便首先在上海等重要港口城市拉开序幕，并受外来因素的影响。所以，在开放的国际环境和世界建筑的语境中，中国风格的建筑，自然成为一个开放的话语场。

我们由此推想，中国古典建筑的风格特征，是否就是一个既定的未被打扰的形式语言？事实上，立足本课题，从介休古典建筑文化传统，乃至晋中和黄土高原地区传统人居环境的角度来看，我们仍可借用赖德霖先生的精辟概括，中国古典建筑的风格形式，自古以来便是一个开放的话语场。只不过，对话主体和沟通机制，总在特定历史时期发生变化。

中国古典建筑的本质与核心，是土木结构及其组群关系。这些特征和文化因子，自黄土文明形成初期便由这片高原特有的生态环境、多样化的民族构成与文化取向所决定。人类最初建造房屋，如同鸟儿搭建巢穴，没有既定样式可循，一切只为了居住、生存。此后相当漫长的历史时期，人们依然为了这一基本的实用目的建造居所，对生存方式进行适应性调整。

黄土高原土生土长的传统民居和聚落形式，根源于塬墚相交、沟壑纵横的自然地貌，以及多变的区域气候环境，分别适应不同民族或族群的生存方式、习惯与偏好。这些民族和族群尽管有诸多外部特征差异，但是他们之间同时存在根深蒂固的血缘、情感联系和文化沟通。随着黄土高原草原山地民族不断向南渗透，窑洞和帐篷也越来越多地向着农业定居生活的现实需要转变。

拱形结构为临时性居所提供了建筑力学保障，而农业聚落却可以借助黄土、木材、砖瓦、石材等更多建筑用材，以及地形条件，满足建筑长期居住和使用需要。木材的几何学应用，使得复杂的矩形空间成为可能。建筑结构开始从强调自持力，强调各自为政、灵活机动等特点，向着结构细分并且更加依赖土地，或者说建筑基址的方向，发展更加复杂、多样的建筑力学传导方式。永久性居所因而更加强调局部结构在尺度、比例上的内在协同性和整体性，同时也更加依赖建筑基址、方位、布局等外部环境因素。

尽管从中国古代建筑文化传统的视角，我们尚不能仅从窑洞、窑套楼以及木结构建筑的形式差异，推测其存在前后相继式的历时发展线索，但可以说，黄土高原地区以窑洞为代表的半定居性穴居生活方式，为中国古代建筑土木混合结构奠定了重要前提和基础。窑套楼兼具窑洞和木结构建筑的造型语言和形式特征，却不足以证明，其必然处在中国古代人类聚居模式从半定居向定居转型的时间节点。然而，根据我们的调查，从窑套楼的地理分布以及形制特点来看，我们至少可以初步推论，窑套楼是介休以及晋中地区特有的一种地方传统建筑形式，充分顺应晋中地区特有的自然地理条件和气候环境，同时满足各族人民从迁徙逐步转向定居生活的现实需要和文化诉求，见证了黄土高原地区社会历史进程以及传统人居环境的历时发展。

介休古典建筑文化传统的系统研究，既在于展现与当地自然地理条件和人文环境相适应的建筑语言形式及其变迁，更在于立足中国古代建筑史和社会史这一宏观综合视角，针对黄土高原传统建筑文化，进行典型案例分析。黄土高原自古以来就是华夏民族同各少数民族共同生活、相互交往的重要地区，介休古典建筑文化传统的实质与核心，不仅蕴藏着人们对当地居住生活环境的深刻理解、主体认识与创造，更凝聚了黄土高原多民族传统聚居文化异常生动鲜活的建筑语言体系和审美心理，是珍贵的历史见证和多元文化结晶。

黄土在灵巧的双手中展现温润优雅，木材则在彼此的纵横交错中打开一片格局。方圆曲直，典型呈现了土与木在空间艺术中特有的形式语言和特征。窑洞、窑套楼以及木结构建筑，因而承载着土木及其语言体系的相遇与融合。伴随建筑形制的不断演进，属于土木结构的建筑语言，也变得越来越深沉隐没、无法直观，以至要从更加抽象的数理关系分析，甚至融贯多学科视野加以历史研究和文化分析等多种渠道，综合推演地方传统建筑的复杂演进。也正因为如此，针对介休建筑文化传统展开个案研究，不仅对于中国古代建筑史、中国社会史以及历史人类学等专业学科具有重要学术价值，更加对推进地方传统文化研究和城市文化发展具有现实意义和积极影响。

169

附表　本章图录及来源

序号	来　　源	备　　注
图 3-1	《中国黄土高原研究与展望》	李锐、杨文治、李璧成等著，科学出版社 2008 年版
图 3-2	《中国黄土高原研究与展望》	李锐、杨文治、李璧成等著，科学出版社 2008 年版
图 3-3	《中国黄土高原研究与展望》	李锐、杨文治、李璧成等著，科学出版社 2008 年版
图 3-4	《中国黄土高原研究与展望》	李锐、杨文治、李璧成等著，科学出版社 2008 年版
图 3-5	《住宅 6000 年》人类住宅演化史	Norbert Schoenauer，中国人民大学出版社 2012 年版
图 3-6 (1)、(2)	课题组拍摄	摄于 2014 年
图 3-7	《山西晋商与他们的宅院》	王建武主编，外文出版社 2006 年版
图 3-8	《山西晋商与他们的宅院》	王建武主编，外文出版社 2006 年版
图 3-9	《山西晋商与他们的宅院》	王建武主编，外文出版社 2006 年版
图 3-10 (1)、(2)	*Persian Art and Architecture*	Stierlin, Henri. Stierlin, Anne. Buchet, Adrien. New York, NY: Thames & Hudson, 2012
图 3-11 (1)、(2)	课题组拍摄	摄于 2014 年
图 3-12	*National Geographic* No. 7	New York, the U. S. 2011
图 3-13 (1)、(2)	课题组拍摄	摄于 2014 年
图 3-14	课题组拍摄	摄于 2014 年

续 表

序号	来 源	备 注
图 3-15	《中国黄土高原研究与展望》	李锐、杨文治、李壁成等著，科学出版社 2008 年版
图 3-16 (1)—(8)	课题组拍摄	摄于 2014 年
图 3-17	摹自《介休市交通旅游图》	绘于 2014 年
图 3-18	摹自《介休市交通旅游图》	绘于 2014 年
图 3-19	课题组拍摄	摄于 2014 年
图 3-20 (1)—(3)	课题组拍摄	摄于 2014 年
图 3-21 (1)—(3)	课题组拍摄	摄于 2014 年
图 3-22	摹自《介休市交通旅游图》	绘于 2014 年
图 3-23 (1)—(4)	课题组拍摄	摄于 2014 年
图 3-24	摹自《介休市交通旅游图》	绘于 2014 年
图 3-25 (1)、(2)	课题组拍摄	摄于 2014 年
图 3-26 (1)、(2)	课题组拍摄	摄于 2014 年
图 3-27	课题组拍摄	摄于 2014 年
图 3-28 (1)—(6)	课题组拍摄	摄于 2014 年
图 3-29 (1)、(2)	*Persian Art and Architecture*	Stierlin, Henri. Stierlin, Anne. Buchet, Adrien. New York,NY: Thames & Hudson,2012
图 3-30	《建筑结构的奥秘》	川口卫、阿部优等著，王小盾、陈志华译，清华大学出版社 2012 年版

171

序号	来　源	备　注
图 3-31 (1)—(3)	http://www.atlastours.net	
图 3-32 (1)—(6)	课题组拍摄	摄于 2014 年
图 3-33 (1)、(2)	课题组拍摄	摄于 2014 年
图 3-34 (1)、(2)	课题组拍摄	摄于 2014 年
图 3-35 (1)、(2)	课题组拍摄	摄于 2014 年

注：图片名称详见正文，此处不予赘述。

第四章 介休宗教文化

"没有任何一种文化的产生和发展不伴随着某种宗教的产生和发展。"[①] 在介休实际的田野调查过程中，我们发现许多庙宇内部其实是多神并列，直接被称为"三教堂"的也不在少数。这种基于"佛、道、儒三家在历史上逐渐趋向一致的现象，现代学术界通常称之为三教合一。在三教合一这个名称里，应该是强调了儒家的宗教成分，所以不说三家合一，而是说三教合一"[②]。"循着这个思路，我们可以说，三教合一的现代版，就是多元文化，包括传统文化与外来文化的融会调和，且我们甚至可以不必拘泥于这个'教'字。"[③] 因此，在论述介休宗教的过程中，笔者将儒、释、道三教纳入了宗教的讨论范围。又根据我国著名的宗教研究学者杨庆堃教授提出的"制度化宗教"（institutional religion）和"扩散性宗教"（diffused religion）概念，"中国传统宗教是一种分散性的宗教而非制度化的宗教，分散性宗教的特质就是其教义、仪式与组织都与其他世俗的社会生活与制度混为一体，并不像制度化宗教一样有其完全独立的宗教组织与教义、仪式"[④]。据此，现有的宗教定位不再拘泥于有组织、有教义、有仪式的制度化宗教。诸多学者业已将民间信仰作为宗教来研究。

---

① ［英］艾略特：《基督教与文化》，张志刚译，四川人民出版社1989年版，第85页。

② 中国宗教学会秘书处编：《中国宗教学》（第一辑），宗教文化出版社2003年版，第183页。

③ 同上书，第187页。

④ 金姚基、范丽珠：《研究中国宗教的社会学范例——杨庆堃眼中的中国社会宗教》，庄孔韶主编《人类学经典导读》，中国人民大学出版社2008年版，第405页。

所谓民间信仰，则指普通百姓所具有的神灵信仰，包括围绕这些信仰而建立的各种仪式活动。他们往往没有组织系统、教义和特定的戒律，既是一种集体的心理活动和外在的行为表现，也是人们日常生活的一个组成部分。①民间信仰也称为民间宗教，中国民间宗教指的是流行在中国一般民众尤其是农民中间的：①神、祖先、鬼的信仰；②庙祭、年度祭祀和生命周期仪式；③血缘性和家族与地域性庙宇的仪式组织；④世界观与宇宙观的象征体系。②

基于以上宗教、制度性宗教、非制度性宗教、民间信仰的探讨之上，笔者一方面将儒、释、道三家作为介休宗教的表现形态，另一方面也将介休的民间信仰纳入宗教的考察范围内。

宗教是一种文化，对宗教的研究即是对文化的研究。加之宗教是文化中最具稳定性的形态样式，其教义、教规、宗教仪式等要素有其稳定性，在历史长河中的变化不大。因此，通过对介休宗教文化诸要素的追溯，亦是对介休稳定和持久的历史文化的追溯。

一　介休的宗教历史

介休的宗教是在自身地理文化背景下发展而形成的，同时也是在山西宗教历史与中国宗教历史背景下孕育和发展的。多种文化、多重背景孕育下的介休宗教，成为集佛教、道教、儒教、伊斯兰教、祆教、地方民间信仰等于一体的多元宗教格局。佛教自西汉哀帝元寿元年传入中国，在漫长的历史中，经历了不同的发展阶段。山西以五台山为中心，逐渐成为全国佛教传播的重点区域之一。佛教在山西兴起于东汉，发展于北魏，鼎盛于隋唐，绵延于宋元明清。③从民国二十年（1931年）的山西佛教徒人数、寺院分布统计表来看，介休的佛教徒有39579人（其

174

---

① 赵世瑜：《狂欢与日常：明清以来的庙会与民间社会》，生活·读书·新知三联书店2002年版，第13页。

② 王铭铭：《社会人类学与中国研究》，广西师范大学出版社2005年版，第139页。

③ 山西省史志研究院编：《山西通志》第四十六卷《民族宗教志》，中华书局1997年版，第138页。

中男教徒 22536 人，女教徒 17043 人），其佛教徒的总人数仅次于山西的太原、大同、稽山与离石。山西佛教徒总人数为 681511 人，而介休佛教徒所占全省的比例为 5.8％。此外，介休当时大大小小的寺庙共 86 所。[①]　道教在山西何时兴起，已无准确记载，但据有关宗教资料的记载所推，道教的兴起要早于佛教的传入。有资料记载，远在两千多年前的西汉初年，燕北恒山一带就出现了知仙方与炼仙丹的方士，即是《汉书·艺文志》所称的神仙家。[②]　此外，伊斯兰教传入山西，至少已经有六七百年的历史。[③]　作为一种意识形态和社会现象，伊斯兰教自传入以后，就融入了古老的山西文化，又经几个世纪的发展，对社会生活以及政治、经济和文化，产生过重要的影响。

山西的宗教分布呈南北走向，越往南，寺庙越多。南部洪洞县、侯马市等地区，为中华古文明的故乡，三晋文化的发源地，故这里的儒、道二教名胜古建占据多数；在北部的大同、五台山地区，是北魏游牧民族的发祥地，受佛教影响较大；中部太原地区，系山西政治、经济、文化中心，儒、释、道三教寺庙鼎立；西北部黄河沿岸，人烟稀少，经济欠发达，寺庙数量明显减少。[④]　介休位于山西中部的太原地区，儒释道并列，同时还有伊斯兰教、祆教、地方民间信仰等宗教形态。

民国版《介休县志》记载：佛教（隋唐宋元代有高僧。清代旧有僧会司，在顺城关华严寺，今撤）；道教（旧有道会司，在城内五岳庙，今撤）；天主教（明代即有服教者，清时尤火。最近调查若干，顺城关有教堂，今湮。大东街北王氏宅乃故居。建教堂，民国七年于南街）；耶稣教（传教行于道光季年，至同光间而始盛。南街温家巷内之武家巷李姓宅，光绪初美教士后遂购其宅。最近调查，服教者二百五六十人）；理门教（以戒烟酒为宗旨，故服教者众。最近调查若干数）；回教（清代半归消减，半入孔教。今无闻焉。喇嘛、红黄等教俱无，迩来有所谓

175

---

① 参见山西省史志研究院编《山西通志》第四十六卷《民族宗教志》，中华书局 1997 年版，第 162 页。

② 同上书，第 250 页。

③ 同上书，第 290 页。

④ 参见黄心川《〈山西寺庙大全〉是一部填补空白的著作》，《五台山》1998 年第 3 期。

善婆婆者，讲静坐工夫，口不言钱，故信从者众。然拜偶像、打会敛财，红绿缬纷，殊亦骇人耳目矣）。①

在清代不同版本的《介休县志》中，各类寺院建筑成为地图的主要标志物，宗教建筑成为介休地方社会的建筑坐标，从另一侧面显示了历史上宗教在介休当地社会生活中的重要性。据历代《介休县志》记载，介休较大的寺庙堂祠有 149 处之多（含佛寺 77 处，道观 47 处）。② 这一数据还没有将更为庞大的儒教祭祀空间及民间信仰空间包括在内。介休的各级历史文物保护单位，类型多为庙、寺、牌楼、观、庵等，有相当的比例是宗教类遗迹。在介休的实地调查过程中，俯首即拾的亦是各类宗教景观，这些宗教景观大多已经衰落，向人们诉说的只是过往的故事。现在复兴起来的宗教场所，大多是改革开放后重修的。介休各具特色的宗教文化景观，将这个古老城市的过去和未来联结了起来，同时也见证了黄土文明的沧桑岁月。

二　介休的多元宗教文化

（一）宗教空间

在康熙版的《介休县志》中记载的宗教空间有：城隍庙（在县东街路北）；后土庙（在城北隅，元祐二年重建，宣德二年增修）；五岳庙（在县东南隅草市巷，景泰七年创建）；三教堂（在县南城外，邻城）；真武庙（在北关外）；关帝庙（在西关瓮城内，一在东关外八里路北，一在十二里铺路北，有土堡，一在城南村路南）；龙王庙（一在文家庄路北，一在南城外文家庄）；马王庙（在北关、义棠驿）；三结义庙（一在西关外官路北，一在东关路北。俗传旧为妖（祅）神庙，万历年间知县王宗正奉诏除之，改塑三结义正神）；助国圣母庙（在县西十里官路

---

① 参见张赓麟督修《介休县志》（民国），侯清柏标段，山西人民出版社 2012 年版，第 250—251 页。

② 参见山西省介休市志编撰委员会编《介休市志》（总述），海潮出版社 1996 年版，第 3 页。

176

北。太宗即位，访诸境内父老，贞观十五年赦封助国圣母，建庙以祀。大德七年地震，庙倾。正德十年，乡人重修，有碑记）；元君圣母庙、源神庙、玉皇庙、东岳庙、火神庙、摩斯庙、汉郭有道祠、宋文潞公祠、晋介神庙、康太尉庙、龙天土地庙、樊王庙。① 此外，还有云峰寺、回銮寺、兴王寺、崇寿寺、净土寺、华严寺、普照寺、永利寺、太宁寺、保阳观、三清观、蕊珠观等。②

新中国成立前，介休城区有建造精美的寺庙 20 多座，新中国成立前后已拆除的有华严寺、崇寿寺（北寺）、兴王寺（南寺）、火神庙、马王庙、牛王庙、药王庙、三圣庵、观音寺、白衣庵、道君庙、十方院、文昌宫、观音堂、潞公祠等。其后存有的宗教建筑为后土庙建筑群、文庙、八蜡庙、五岳庙、龙泉观、关帝庙、城隍庙、三结义庙等。③ 新中国成立前，介休境内几乎村村有庙，但多毁于"文革"期间，现存的宗教寺院有回銮寺、龙头寺、广济寺、禅慧寺、龙泉观、后土庙、关帝庙、土神庙、源神庙、文庙、城隍庙、东岳庙、五岳庙、三结义庙等。其中，介休的大郎神庙、娘娘庙、龙王庙、王寺庵是较为明显的道教遗存。

现存的宗教空间中，后土庙保存完好，琉璃瓦件金碧辉煌，有较高的文物价值，已成为国家级文物保护单位。后土庙的始建年代无考，宋元祐二年、明宣德二年、清道光十三年重修。后土庙建筑群由后土庙、三清观、真武庙、三官祠等组成，以后土庙为主体，故这一组庞大的道教宫观建筑群以"后土庙"为总称。据庙内所刻碑文记载：天阳地阴，天公地母也。略曰"后土"者，乃天地初判黄土也。相传盘古开天辟地之土也，即所谓"皇天后土"。后土是道教所奉"四御"（"御"是对帝王的敬称）天神中的第四位天神，全称"承天效法土皇地祇"，与主宰天界的"昊天金阙至尊玉皇大帝"相对应，是掌管阴阳生育、万物之美和大地山川之秀的女神。人们把玉皇和后土相配合称为"天父地母"，

177

① 参见王埴纂修《介休县志》（康熙），侯清柏标断，山西人民出版社 2012 年版，第 42—43 页。
② 同上书，第 43—44 页。
③ 山西省介休市志编撰委员会编：《介休市志》，海潮出版社 1996 年版，第 15 页。

尊地母为"地母至尊""后土娘娘",经常以"母亲"譬喻大地,并到处修建后土庙奉祀后土,反映了中华民族对于给人类提供生活资料来源的大地尊崇有加的心理。[①] 后土庙现存建筑群多为明、清两代遗构。三清楼是庙内主体建筑,居庙院中心,两层三檐十字歇山顶楼阁式,前施卷棚抱厦,后连戏台。下层为三清殿,内奉太清、玉清、上清"三清"坐像;上层四周无墙壁,可供游人登高望远。这组建筑将三清殿与戏台彼此连接共建,浑然一体,从建筑学的角度看,别开生面,独具特色;从道教角度看,这种做法巧妙地解决了后土庙戏台高于三清殿的尊卑位次之难题,是当时建筑工匠们聪明睿智的卓越体现。

相比后土庙,回銮寺的损毁程度要更为严重。回銮寺原名灵溪寺,位于绵山脚下,是佛教圣地中的一座禅寺。唐太宗欲登山礼佛,至此回銮,该寺因此而得名。唐贞观初年,由田志超创建。其后,灵溪寺迁于兴地村,僖宗赐名"回銮寺"。宋建隆三年重建后,该寺曾敕改"兴国寺"之名。后历经各代重修或改建,于明嘉靖修志后统称今名。该寺坐北向南,占地面积七千余平方米,现存建筑三十余间。主体建筑大雄宝殿系元代佛寺建筑艺术的典型遗构,该殿主体完好,纪年清晰,保存了较为丰富的宋元建筑原始构件和营造法实例信息,堪称宋元时期古建筑艺术的宝库,是极具文化历史价值和科学研究价值的历史载体。[②] 院内的碑碣古木等附属文物,跨代久远,内容丰富,弥足珍贵。其碑刻记载之历史涵盖宋(金)、元、明、清、民国各个历史时期。碑之所记既有维修重建的内容,又有佛教、政教、民事风俗的记事。回銮寺地处山西山麓通道,属绵山的著名景观。这里既具天然生态之美,又有山乡园林之趣,反映了古人崇尚自然、巧夺天工造化的思想和智慧。

空王佛祠,位于介休市龙凤乡张壁村北,又名空王佛行祠,传说空王佛登涉绵山时曾在此歇宿。绵山的抱佛寺,传说为空王佛晚年聚僧讲经说法的场所,而回銮寺为唐王李世民驾访空王佛不遇回銮之处。当地百姓对空王佛及其弟子摩斯、银空的传说甚广,因其施雨灵验,被尊为

---

① 参见王宝库等《山西宗教文化游》,山西经济出版社 2005 年版,第 96—97 页。

② 参见吴定元、梁启胜编《介休政协志(1949—2009)》,山西人民出版社 2009 年版。

雨神。空王佛祠殿内设有佛坛，上塑空王佛三身像，像后设有背光。坛下空王佛的两个弟子摩斯、银空相对而立，彩塑面相庄严，色泽鲜亮，形象生动。殿内东、西墙壁绘有空王佛事迹壁画，场面宏阔，构图谨严，线条洒脱遒劲，富有明代壁画的特色。①

祆神庙，位于介休市顺城关正街东隅。明嘉靖十一年（1532 年）庙毁，万历年间改建为三结义庙，清顺治十七年（1660 年）至康熙七年（1668 年）又对结义庙进行重建。庙内正殿、献亭等建筑均为清代所建。祆神楼居于庙前，既是庙前山门，又是点缀街心的过街楼。关于祆神庙的相关传说，见乾隆版《介休县志》"杂志篇"，相传潞公未第时，妖狐现形曰："公后必大贵，愿朝夕洒扫。"未几潜踪。及征贝州王则，复现形助战，赖以奏凯。公感其义，建庙祀之，榜曰"元神庙"。盖白狐千年则化为元也。后间出为祟，里人祷之，亦能隐致其福。故香火历数百年不衰。至明嘉靖十一年，诏天下毁淫寺，知县王正宗因改为"三结义庙"。②现在的祆神庙已被列为国家级重点文物保护单位，得到了很好的修缮与维护。

除以上典型的宗教空间外，大量的宗教空间也记载于《介休县志》中：

社稷坛：明洪武六年创建，神牌二，以木质为之。社右稷左，另建神厨库房、牲畜所。每岁春、秋仲月上戊致祭。

先农坛：祭品如社稷，每年奉钦天监预择吉期，朝服以祭。

神祇坛：神牌六，中为云师、雨师、风伯、雷师四神。位左为本境山川神位，右为本境城隍神位。岁以春、秋仲月上戊致祭。祭之日，出主于坛，帛七，色白，余与社稷同。

厉坛：岁清明节、七月望、十月朔祭邑中无祀孤魂，迎城隍神主之。

城隍庙：乾隆二十八年建。明洪武初，封天下城隍之神府曰威灵，

179

---

① 参见山西省史志研究院编《山西通志·文物志》，中华书局 1999 年版，第 419—420 页。
② 参见王谋文纂修《介休县志》（乾隆），侯清柏标断，山西人民出版社 2012 年版，第457 页。

公州曰灵佑侯，县曰显佑伯。二十三年，改正祀典，府曰本府隍之神，州、县各以类推。春秋合祭神祇坛。

八蜡庙：明正德六年，县丞张敬建。清乾隆十一年停止。

关帝庙：民国二年，中央厘正祀典，令天下立关岳庙并祀关壮缪岳忠武，上采蜀汉以来名将二十四人，依次配享，与孔庙分庭抗礼，亦巨典也。①

此外，当地志书还有对五岳庙、龙王庙、药王庙、助国圣母庙、元君圣母庙、昭济圣母庙、源神庙等的记载。这些庙宇及其形成的信仰空间对于地方社会的整合起到了重要作用。

（二）宗教仪式

宗教人类学"使用的方法现在经常被称作现象学的方法——对诸如神、圣礼和祭祀等信仰与仪式进行比较研究，以便确定其意义及其社会重要性"②。宗教仪式一般在节日中进行展演。在介休，民间祭拜的神灵众多。如文昌、奎星、城隍、水神、后土神、五岳神、灶神、关帝、祖先等。可以说是集儒释道、自然崇拜、祖先崇拜于一体，形成一个庞大且较成体系的宗教节日系统。

介休历史上记载的宗教节日及仪式有：

元旦：设物品拜祭祖宗。

正月二十日天仓：蒸黄米面糕，点灯供佛。

二月初二：阖学供文昌奎星，乡里供城隍。

清明日：拜扫坟墓。

三月初三：祭源神、灰柳泉，各乡皆祭水神。

三月十八：供后土。

三月二十八：供五岳。

四月初八：供关帝。

---

① 参见张赓麟督修《介休县志》（民国），侯清柏标段，山西人民出版社2012年版，第283—294页。

② ［英］埃文斯·普理查德：《原始宗教理论》，孙尚扬译，商务印书馆2001年版，第20页。

六月十五：供龙王。

六月二十四：阖学东郊外供关夫子。

七月十五：祭奠坟墓。

八月十五：东郊外阖学供林宗。

十月初一：祭奠坟墓。

十一月冬至：设祭品拜奠祖宗。

十二月二十三：饧饧供灶神。①

现有的诸多宗教类节日在介休人当下的生活中亦有存留。介休当下较具代表性的宗教性节日为清明节。介休市为寒食之乡，于 2008 年 4 月 2 日被中国民间文艺家协会授予"中国寒食清明文化之乡"的称号。当地现有的清明节，已经从单纯的时令祭祀仪式，发展成为有禁烟、冷食、祭祀、插柳、踏青、蹴鞠、秋千、风筝、斗鸡、赏花、咏诗等一系列的民俗活动。自古以来，清明节由国家、官府与民众共同互动参与，经历千年传承至今。

在康熙版的《介休县志》有记载："治人之道，莫急于礼。礼有《五经》，莫重于祭。"② 在宗教的诸多仪式中，祭祀仪式尤为凸显。

文昌祠：每岁春、秋上丁日祭，豕一、羊一、帛一、爵三、笾豆各四。

奎星：康熙三十年，王埴因学谕石公博请，加祀奎星（奎，文明星也，虽不载祀典，然礼以义起，当与文昌同为定例）。③

三坛祭祀。社稷坛：每岁春、秋二仲月上戊日，知县率僚属致祭。社土神，稷谷神，惟土生谷，惟谷养民。邑有人民，即有社稷。春秋祈报，圣人重民之意深矣。风云雷雨山川坛：每岁春、秋二仲月上戊日，知县率僚属致祭。中列风云雷电之神，左列本境山川之神，右列本县城隍之神。邑厉坛：为无后者设也。境内无祀孤魂，无所依归，易滋害于人间，名曰厉鬼。祭厉鬼所以安生民也。祭典天子曰泰厉，诸侯曰国厉，郡曰郡厉，州曰州厉，县曰县厉，里社曰社厉。皆有祭焉。每岁以

181

---

① 参见王埴纂修《介休县志》（康熙），侯清柏标断，山西人民出版社 2012 年版，第 19—20 页。

② 同上书，第 65 页。

③ 同上书，第 61 页。

清明日、七月望日、十月朔日设坛于城北致祭。先期,主祭官诣城隍庙发告文,至期,请城隍神出,主其坛,榜无祀鬼神于坛下左右分而祭之。祭物:城隍位用羊一、豕一,无祀鬼神用羊二、豕二。解置于器,同羹饭等,铺设各鬼神位前。读御制告文而祭之。[①]

城隍庙:岁无常祭,惟春秋上戊日合祭于社稷、山川坛祭。邑厉请为主,遇水旱灾患则祷之。[②]

八蜡祠:每岁以春秋仲月上戊日祭。蜡者索也,索八神而飨之也。祝曰:土返其宅,水归其壑,昆虫不作,丰年若土,岁取十千。[③]

以上祭祀仪式均有一套严格的祭祀规范,不同的祭祀仪式,附有特定的祭祀意义与象征,介休民众在约定俗成的祭祀规范的延续过程中,实现了日常生活中人神共居的状态。

(三) 多元宗教信仰

介休宗教算是民间宗教研究的典型。在介休,既有以儒、释、道为代表的制度性宗教,也有具浓厚地域文化的非制度性宗教,由此,介休呈现的是儒、释、道三教与地方民间信仰并存的宗教图景。儒、释、道三教的融合从 17 世纪到现在一直进行着。[④] 儒、释、道是中国传统文化的重要组成部分,亦是中国历史上人们的基本信仰形态。三教作为个体人生的宗教,分别代表了三种不同的人生境界:人道、佛道、仙道,在人生路上互为补充。而介休的儒、释、道三教,是因介休的历史环境而特殊化了的,有了地方文化的色彩。再加之由地方的自然、历史孕育形成的民间信仰形态,共同构成触探地方民众的社会生活形态及其心智的窗口。具体的信仰形态表现为:以儒、释、道为代表的制度性宗教及以地方诸神为代表的非制度性宗教。

---

① 参见王埴纂修《介休县志》(康熙),侯清柏标断,山西人民出版社 2012 年版,第62 页。

② 同上书,第64 页。

③ 同上。

④ 参见[法] 禄是遒《中国民间崇拜·中国众神》(序言),王定安译,上海科学技术文献出版社 2009 年版,第3 页。

以儒、释、道为代表的制度性宗教主要包括以下几种。一是以文庙为儒教的宗教信仰空间，以及在地方兴起的以儒学教育为基础的义学。儒学教育成为介休历史上颇为普遍的教育方式，由此，儒学价值理念也深植入介休人的观念中，成为儒化的重要形式。二是以回銮寺、绵山佛教建筑群为代表的佛教信仰空间，集佛教传说、历史故事、佛教教义经典、佛教艺术于一体。介休历史上的佛教信仰群体，成为宗教信仰中的较大支流。三是以后土庙、城隍庙等为代表的道教信仰空间。"后土"是道教笃信的掌管阴阳生育、万物之美和大地山川之秀的女神。城隍信仰由来已久，其原型可追溯到《礼记》的水庸神。从自然神崇拜到城市保护神，再发展到职掌阴间的地方最高神明，其间经历了漫长的历史过程。城隍不但在民间备受善男信女的崇拜，而且在宋代也被朝廷列入官方祀典，成为中国影响最大的神明之一。道教亦将城隍纳入自己的神仙体系中。[①] 道教的相关信仰将介休人拉回对土地、对自然界朴素的敬畏。除儒、释、道外，介休亦存在伊斯兰教、基督教等信仰。

以地方诸神为代表的民间信仰表现为，介休有中亚宗教元素与本土宗教元素糅合的祆教，介休祆教遗存成为在中国隋唐曾流行一时的祆教的例证。介休祆教遗存以祆神庙为代表。祆教很容易被人们误读成"妖教"或"袄教"。它是中国隋唐时期比较流行的宗教之一，产生于公元前6世纪的西亚地区，后来流传到亚非许多地区。该教认为火是善神的儿子，象征着神的绝对和至善，因此礼拜圣火是教徒的首要义务。在6世纪初的北魏南梁以及北齐北周各朝即有祆教传入，传入中国的祆教又称"火祆教""拜火教"。祆教至唐代得到进一步流行，主要表现在祆祠到处设立，唐廷还设官专司其教。[②] 1997年，中山大学历史系教授姜伯勤到山西介休考察了祆神庙，对现存建筑木雕中的一些神兽进行了研究，认为它们不见于其他寺庙建筑，很有可能保存了宋代初建祆神庙时

183

①　参见刘家军等主编《城隍信仰研究：安溪城隍庙》，中国社会科学出版社2013年版，第3页。

②　参见牟钟鉴、张践《中国宗教通史》，社会科学文献出版社2000年版，第575页。

的图像原型。

民间信仰中除了颇具典型意义的祆教外，亦有丰富的地方民间信仰形态，而当地的民间信仰形态是在介休独特地域背景下催生出来的，是地方社会历史的鲜活代表。介休历来以农业为主要的生计模式，围绕农业生产出现了一系列的土地神、水神等的崇拜，如享有"水文化博物馆"之称的源神庙，从对现有源神庙空间布局的考察中，从诉说沧桑历史的古碑所反映的水案记述中，均显示了介休民众对水资源、对农业的重视程度。再如介休人民对土地尤为敬重，便将土地神塑像供于家宅门口，在节日期间及日常生活中用香火祭拜。

（四）人神共娱的场域空间——古戏台

山西仍存留的清代以前庙台 2787 座，而这仅是原数的十之二三。[①]介休的一些宗教空间内有古戏台的布局，如后土庙、源神庙、五岳庙。戏台成为人神共娱的场域空间，既娱人，又娱神，古戏台既发挥着敬神娱神之功能，同时又有民间聚会娱乐之功能。介休存有两面可做台口的戏台，此建构是神庙戏楼中多庙一台的特殊现象，台口朝向每一庙的正殿，这类戏楼的兴建往往源于当地的地势或经济状况。介休板峪村戏台就是一台多用的典型。两面可做台口的戏台，北面对着龙王庙，南面对着关帝庙，台底有门洞连通两庙。东南坡顶是噤师庙。面对龙王庙的南台，每年于七八月唱戏以祈雨和谢雨。而对关帝庙的北台口，庙会于每年五月十三日唱戏。东台口则是每年三月十五日使用。戏台周围镶木板作为临时墙壁，在龙王庙演戏时就打开北面的板墙做台口，在关帝庙演戏时则打开南面的板墙做台口，在噤师庙演戏的时候就打开东面的板墙做台口。[②]

在介休市张壁古堡可汗王祠院内有座元代古戏台，据有关史料记载，该戏台于清乾隆三十五年（1770 年）重修，重修后戏台两侧台柱上悬挂一副楹联，一直保留至今，其内容为：八字纹龟高悬福寿传千

---

① 参见冯俊杰《山西神庙剧场考·前言》，中华书局 2006 年版，第 5 页。
② 参见刘徐州《趣谈中国戏楼》，百花文艺出版社 2004 年版，第 72—76 页。

调，五龙仰首惊叹神奇庆顶珠。楹联中的"干调"，无疑指的就是干调秧歌，而"庆顶珠"则是一出非常经典的干调秧歌剧目。干调秧歌竟然能出现在戏台楹联之中，可见其在当地民众世俗生活与精神生活中的位置，进一步佐证了干调秧歌在当时兴盛的状况。作为一种乡土气息非常浓郁的民间艺术，能够从田间地头登上新翻修的古戏台演出，反映了干调秧歌的艺术性在当时已经处于相当成熟的阶段，已为社会所普遍认可和接受。①

戏台在当地社会具有重要的功能。第一是社会教化的功能。敬神祭祀是介休社会一直延续下来的礼俗规范，它不仅表现为礼仪本身，而且更重要的是通过对神的信仰与礼仪的等级秩序来体现社会的道德教化，而这一诉求既有上层统治者的重视与支持，也有下层民众的需要，因此戏台无论是在官方还是在民间都具有不可忽视的作用。而作为戏台的最直接功能——演戏，更是进行社会教化最有力的表现形式。第二是娱乐功能。对下层民众来说，戏台是他们休闲娱乐的重要场所，悠扬的乐曲、婉转的唱腔、高亢的锣鼓、各种形式的民俗表演，使他们在紧张的劳作之余得到身心方面的休闲，紧张繁忙的劳作暂时得到了调整，每一次观戏就是一次心灵的释放。第三是文化传承功能。每一座戏台就是一个小博物馆，如牌匾、楹联、雕刻等，都蕴含着丰富的地域文化内容，同时，戏曲的演出，村民相聚的交流，均会促进文化的交流。第四是作为文化的象征功能。戏台作为村社一级的标志性建筑，通常是民众重要的公共活动空间，是乡村文化的汇聚中心。

185

（五）繁华落尽显真淳——宗教艺术

1. 传说与碑刻

伴随宗教的流传而延续至今的相关宗教传说，伴随宗教建筑的兴建而留下的碑刻、诗文等，成为介休宗教文化的重要组成部分。

关于绵山佛教圣地的传说，为绵山佛教因何而兴找到了答案：俗传

---

① 参见介休市文化局提供的介休市非物质文化遗产项目申请材料。

隋唐间有异僧入山修行。至绝险处，忽有二兔二鹿前导，僧随之而渡，遂化身于岩中。唐太宗封为空王古佛。后人建寺，名曰云峰。于渡迭两桥，一曰鹿桥，一曰兔桥。岩之右有铁索岭，岭上有五龙缠。对峙有说法台。由岩而前有朝阳洞、一斗泉、小须弥、白云洞。中岩有蜂房泉。山顶有竹林寺、铁瓦寺、银空窟、莫斯岭。银空、莫斯，皆古佛弟子名，化身于此。山前有塔岩头、玄帝庙，外有龙岩会、李姑岩，俗传唐太宗妹修行于此，故名。山北有山神庙、观音阁，近平麓有下马泉、圪堆头、光严寺。前后约计九里一十八湾，有二十四诸天小庙各处罗列，为介胜地。① 处于佛教圣地的景观也被赋予了灵性，如为介休"十景"之一的蜂房泉涌即见绵山内。石苔盘结连缀，有小窍百余，如蜂房状，水由中出，倒滴若贯珠，俗称佛乳。将普通的俗物赋予了佛的神性，宛若由佛教气息包裹的绵山的山山水水也具有了佛的灵性。

唐代是我国佛教的兴盛期，在介休亦留下了李世民与回銮寺的故事以及相关诗文。相传，李世民在雀鼠谷建弘济寺塔，并将介休作为"福地"。在兴地村的回銮寺，也与唐太宗有一段美丽的际遇。唐太宗欲登绵山礼佛，至此回驾，便赦赐"回銮"。唐太宗还作诗《题回銮寺》②："回銮游福地，极目玩芳晨。宝刹遥承露，天花近足春。梵钟交二响，法日转双轮。寂尔真仙境，超然离俗尘。"

吟咏宗教场所的诗文还有赵讷的《兴国寺》③："胜游凭地主，流憩有柴门。预问登山路，还将穷水源。古槐列疏冷，尧柏耸骈繁。闲对高僧坐，鸣钟昼已昏。"他的《观音阁》④："造物分灵秘，不容人易来。登高缘绝壁，远览坐春台。谷鸟鸣相应，岩花落更开。浮生方浪迹，咫尺怅天涯。"此外，《抱腹岩》中有"佛自清凉者，漫劳人火烟"。张煊的《游净土寺》，"借问龛灯谁入果，试看风絮几粘泥"，诗句中不乏禅意与对佛的领悟。

① 参见王埴纂修《介休县志》（康熙），侯清柏标断，山西人民出版社 2012 年版，第 15 页。
② 同上书，第 229 页。
③ 同上书，第 239 页。
④ 同上书，第 240 页。

2. 宝卷

介休宝卷、河西宝卷、江浙宝卷并称为全国三大宝卷。宝卷是在唐代敦煌变文俗讲以及宋代说经基础上发展而成的一种民间吟唱的俗文学，因此它与宗教有着直接的联系。表现如下：一是从内容来看，渗透着儒、释、道三教合一思想的精华，其篇幅以长篇居多，蕴含着丰富而又深刻的哲理，曲目也包含有大量非宗教的历史人物、民间传说、神话和戏剧故事等，可谓包罗万象。二是从表演的场所来看。表演场所既可以在寺观庵堂，也可以在百姓家里的炕头上。三是从演唱的仪式来看。在正式场合表演前，宣唱人员一般还要庄重地举行诸如净手、漱口、敬香、礼佛、扫尘等整套宗教宣唱仪式。在介休绵山地区还流传着一种地域性很强的宝卷宣唱仪式，称为"空王佛卷宣卷仪式"，它是以《空王佛宝卷》为唯一宣卷的卷本来进行宣唱的一种形式，与其他宝卷宣唱形式有关联但也有很大差异，为介休所特有。四是从演唱的主体来看。宝卷的讲唱和受众群体起初仅限于僧人、尼姑、道士，后来才逐步发展到民间艺人和普通百姓。五是从演唱的形式来看。念卷也称宣卷或唱卷，在靖江还被称为讲经。念卷时以一人为主，旁边还伴有一名以上人员或坐或站，名为答佛者（陪佛者），当遇到唱腔后有佛音时，即句尾有"弥陀佛""阿弥陀佛"之尾音，则由答佛者（陪佛者）或在场听众接唱。主宣唱者、答佛者和现场听众之间的默契配合，显得互动性很强，有的宣卷活动现场还要悬挂佛像等宗教图画。念卷韵散结合，讲唱一体，唱腔优美音乐动听，是在佛经基调的基础上结合民歌创造出来的一种独特音乐形式。六是从演唱的文本来看。由于宝卷卷本在其受众群体心目中的地位与佛教经卷一样神圣，能有幸参与手抄宝卷卷本并能使其得以世代流传则被公认为积德行善之举。[①] 因此，至今传世的宝卷古旧卷本，其中手抄本占据了相当大的比例，历史上许多人家把珍藏的宝卷卷本视为可以驱魔镇邪的镇宅之宝。

187

① 参见介休市文化局提供的介休市非物质文化遗产项目申报材料。

三　宗教与介休范例

（一）宗教中的农业社会

黄土文明主要是一种农业文明，历史上，介休民众也主要以农业为生计模式。而许多宗教信仰是与农业社会的生产生活联系在一起。

源神庙的修建与复建是介休地方社会对农业发展与水资源利用强烈诉求的表现。在源神庙供奉的诸神有西门豹、郑国、孙叔敖、文彦博、王一魁、李冰、庄子、太上老君、列子、伏羲氏、周文王、孔子、贡工等。塑造的神像既有神话人物，也有实际存在的历史人物。这些历史人物在神化的过程中被地方民众当作神来供奉，这表明民众对水的多寡既信天命，也信人的力量，他们对水利的治理也多发挥人的主动性，展现了缺水年份村民用智慧和勤劳与天灾抗争的奋斗精神。再如庙东八蜡庙，是介休长期处于农业社会所形成的农神信仰的典型遗存。

介休的诸多宗教空间、宗教神祇等都是当地农业社会生活的鲜活反映。在生产力低下、生产工具简单的情况下，劳动力的多寡直接影响到生产成果的多少，所以，掌管生育的神祇成为民众竞相祭拜的对象。因为牛、马等牲畜成为农业社会保障农业生产的有力工具，因此牛、马等牲畜不仅成为重要的家庭财富，亦被升华为崇拜对象。将牛、马等牲畜塑为塑像加以祭拜，用祭拜之礼表达他们对牛、马的感恩，并使之保佑其四季的平安。同时，因为当地水资源相对匮乏，而当地以农业为主要生计模式的现状更加凸显了对水的重视。基于此，村社内部有水神庙的出现，以祈求水的充沛、庄稼的丰收。

（二）宗教权威

通过对现存宗教类碑刻资料的释读，我们能看出历史上民众的信仰圈。同时，宗教类建筑的修建本身就是乡民对宗教虔诚的反映。寺院的修建是地域内的村民不论贫富，共同倾其心力的结果。介休现存的各类碑文中，宗教建筑类碑文占了较大的比重。从碑文中可看到修建寺院的缘由、修建寺院的情况、寺院的兴盛情况等信息。修庙建寺事件在清代的《介休县志》中亦多有记载，表明历史上修建寺院之事是作为介休社会建设方面的重要事情来抓的。

相关文献中，祭祀祖先的习俗有严格的规定：邑中有家庙者不过数大姓。无者遇岁时伏腊，但祭于寝。生辰忌日皆然。笾豆俱从简约。墓祭则清明、中元、民岁腊（道家以十月朔日为民岁腊），一岁之内凡三举焉。① 对文庙空间安排与文庙祭典亦有严格的规范：大成至圣文宣先师孔子，岁以春、秋二仲上丁致祭。以复圣颜子、宗圣曾子、述圣子思、亚圣孟子配亨。知县主正祀。追祀圣父叔梁纥为启圣公，别立一祠。同日教谕先事主祭，以颜无繇、曾点、孔鲤、孟孙氏配享。先入程珦、朱松、蔡元定、周辅成从祀。② 祭典过程中，对祭品的顺序与种类、祭器、祭拜顺序、使用的乐器等都有详尽且严格的要求。介休当地亦有对名宦乡贤的祭拜，并对名宦乡贤作为祭拜对象有严格的选择标准。祀名宦以重功，祀乡贤以贵德。报往劝来，血食万世，为俎豆光典綦重矣！③

从介休现存的志书来看，神职人员亦有较高的位置，乡人咸目高僧，敬礼之。④ 以儒、释、道为例的宗教人员亦成为建官分职的一部分。在介休县，设儒学教谕一员，训导二员，巡检一员，驿丞一员。阴阳训学一人，医学训科一人，僧会司僧会一人，道会司道会一人。⑤

宗教成为推动介休教育的有效因素之一。在清代，介休的儒教居于核心地位。儒教备受重视，与之相关的文庙、庙堂、义学、坛庙祭典等成为联系的统一体。有记载称，清代介休考中进士者达64人，仅次于安邑、平定、阳城，位居全省第四。⑥

189

① 王谋文纂修：《介休县志》（乾隆），侯清柏标断，山西人民出版社2012年版，第85页。
② 王埴纂修：《介休县志》（康熙），侯清柏标断，山西人民出版社2012年版，第51—52页。
③ 同上书，第60页。
④ 王谋文纂修：《介休县志》（乾隆），侯清柏标断，山西人民出版社2012年版，第328页。
⑤ 同上书，第94页。
⑥ 参见山西省介休市志编撰委员会编《介休市志》（总述），海潮出版社1996年版，第3页。

介休旧俗中的婚礼，需要通过宗教仪式的介入，新婚夫妇在结婚后"三日，行庙见礼，此邑中婚事，大约如斯"①。因此，宗教的权威已经深深浸入人们的日常生活。乾隆版《介休县志》的"风俗篇"有介休"颇好神而建讼"②；"隆于祀先，虽费而不惜"③；"且崇佛重祷，市利轻生，而少知教子。因刊《正俗约》、《四礼辑要》、《五刑化愚图》，家喻户晓，渐有正俗之化"④ 的记载。在对宗教笃信虔诚的同时，亦有因民众过度沉溺于宗教而造成不良影响的情况。当统治者察觉人们深陷宗教生活已经带来不良后果的时候，亦给予遏制，且有一定效果。如对丧俗的记载中有"今缙绅咸知遵守家礼，绝无饭僧怅佛等事"⑤。

（三）官民互动场

宗教体现的是人的终极关怀，其内涵包括了社会道德、伦理观念和价值形态。同时，"宗教作为一种文化建构，无论其建构还是其文化的再生产，都不是孤立进行的。宗教与社会的互动，使经济、社会、文化领域的诸多非宗教因素，参与到宗教的文化建构及其再生产的过程之中。……近年来民间信仰'复兴'，除了宗教信仰的需求功能使然以外，基层社会的经济、社会、文化等非宗教的因素，也程度不同、形式不一地参与其中"⑥。介休宗教与社会的互动较为典型的是宗教空间、宗教仪式等宗教文化事项，这些构成了官民互动的场域。

据记载：立春前一日，知县率师儒僚属同迎春于东郊。迎土牛、芒神以入县，设宴。是夜鞭土牛以送寒气，拜芒神以变春和。⑦ 在这些仪式活动中，官员一方面可建立地方权威，另一方面可迎合民众之需，塑

---

① 王谋文纂修：《介休县志》（乾隆），侯清柏标断，山西人民出版社 2012 年版，第 84 页。
② 同上书，第 82 页。
③ 同上书，第 83 页。
④ 同上。
⑤ 同上书，第 84 页。
⑥ 金泽：《宗教人类学学说史纲要》，中国社会科学出版社 2009 年版，第 422 页。
⑦ 参见王埴纂修《介休县志》（康熙），侯清柏标断，山西人民出版社 2012 年版，第 49 页。

造"亲民"形象。"文官职在事神、治民。"① 朝廷官员介入宗教活动的诸多事宜中,是官方管理地方社会的手段之一。介休宗教场域中既有官方推动的力量,也有民间的诉求。因此,宗教具体的表现形态是官民互动的结果。

"王之舟曰:庙祠之设,凡以崇德报功也。文庙、城隍、社稷三坛而外,其他皆不列祀典。然境内各祠庙岁时伏腊,祷旱潦而祈灾祥,其来久矣。务民义者敬而远之,未必非神道设教之一端,因即次而列焉。"② 从此记载来看,民众为免遭旱灾、水灾的侵扰,亦与官方规定的祀典并行不悖地延续着其他的民间信仰。在特定的历史时期,因国家对宗教实行打压政策,一些民间的宗教形态在这样的政策背景下被视为"淫邪"或"异端"而受到打击。例如,将袄神庙改为三结义庙,泥包铁像的历史事实呈现,都是历史时期民众在面对外来力量干预时的一种文化策略。

(四) 从宗教多元走向文化多元

中国民众的社会生活,是一种宗教化的生活;中国社会的民间信仰,是一种生活化的宗教信仰。社会生活中包含着宗教,宗教寓于生活,二者水乳交融,密不可分。③ 介休社会中呈现出各宗教形态和谐相融的局面,传统社会的教案并不多见。"境内寺观建置已久,主持世教者务端本以胜之,于吾道亦无害焉。"④ 生活化的宗教,为民众的生活提供了强大的信念支撑。同时,民间信仰中的许多神灵还借助国家的承认,获得"合法性"。最终,地方社会道德标榜的规范系统,有力地维系着社会的和谐有序的发展进程。

191

介休的宗教文化呈现出多元化的局面,在这样的场域中可以较为和谐地共处。"我们不妨把当代人类处理宗教关系的方式区分为下述三种,

---

①　王埴纂修:《介休县志》(康熙),侯清柏标断,山西人民出版社 2012 年版,第 61 页。
②　同上书,第 42 页。
③　刘道超:《信仰与秩序:广西客家民间信仰研究》,广西师范大学出版社 2009 年版,第 262 页。
④　王埴纂修:《介休县志》(康熙),侯清柏标断,山西人民出版社 2012 年版,第 44 页。

这就是：排他主义、兼容主义和多元主义。"① "排他主义和兼容主义的根本洞见在于肯定和强调诸宗教之间的差异性，肯定和强调宗教信仰之间的不可调和性以及由此决定的宗教信仰层面对话的不可能性。"② 由此，"排他主义者和兼容主义者的根本缺陷在于：他们未能超出宗教信仰层面去进一步思考宗教对话问题，未能从文化层面，从改善全人类的生存处境的共同实践活动层面去思考宗教对话问题，从而把宗教对话理解成了宗教竞争和宗教兼并"③。因此，为了给真实而卓有成效的宗教对话开辟道路，就必须从根本上破除宗教自我中心主义，从而既超越排他主义，也超越兼容主义。多元主义就是基于这样一种设想提出来的。宗教多元主义的努力正在于从根本上解构宗教自我中心主义，彻底破除人们对本己宗教的优越感。

介休的宗教是"宗教多元主义"的良好范例，各个宗教在有限的地域空间内实现着交流、对话，呈现出和谐发展的良好局面。介休的多元宗教格局，不仅是对各个宗教的兼容并包，也是对各个宗教背后不同文化的包容和吸纳，做到了"强调多个而不是一个生活的价值，是对每个文化的价值的肯定。面对不同的文化特点，我们需要的是了解与协调，而不是歧视与毁坏"④。从宗教的兼容里透射出来的是文化的兼收并蓄，介休宗教文化的多元范例，亦是对我们当下的文化走向多元共融的一种参考。

---

① 段德智：《宗教概论》，人民出版社 2005 年版，第 389 页。
② 同上书，第 408 页。
③ 同上书，第 409 页。
④ 金泽：《宗教人类学学说史纲要》，中国社会科学出版社 2009 年版，第 204 页。

第五章　水资源与地方社会

山西处于黄土文明腹地，其之长在于煤，其之短在于水。介休也不例外，改革开放后，尤其是进入 21 世纪以来，煤炭收入成为地方发展的主要经济支柱。相对于丰富的煤炭资源，水的匮乏一直制约着地方经济的发展。不过，就区域内部来说，历史上有些地方的水资源是较为富足的，介休洪山镇洪山村就是代表。在洪山村水资源富足之时，水从自然资源转变为经济资源，使洪山村成为享誉介休的历史村落；同时，也将作为自然资源与经济资源的水转变为文化资源的水。洪山泉断流之后，水成为当地发展的最大阻碍。

一　洪山村——水书写的历史

洪山村位于介休市东南方向 12 千米处的洪山镇中东部丘陵地区，临天俊山北麓、狐岐山脚下。有史可查的洪山村历史约有 3000 年，关于洪山村的历史文献记载早已有之，其记载又与狐岐山、狐岐胜水的记载紧密相关。《山海经》中有记载："狐岐之山无草木，多青碧，胜水出焉。而东北流注于汾水，其中多苍玉。"明万历《汾州府志》载："狐岐山，又名洪山，在县东南二十里。山中有狐洞，可通十里。"明代万历十九年（1591 年）《介邑王侯均水碑记》有记载："县之东曰洪山，泉水涌出，灌民田，得沃壤之利，乡人立庙祀之，从来远矣。"[①]

洪山村有凤凰村之名，凤凰之名不仅有吉祥之意，于洪山而言，其

---

① 黄竹三、冯俊杰：《洪洞介休水利碑刻辑录》，中华书局 2003 年版，第 181 页。

地形地貌与凤凰更有着超然的相似。其中，源神庙恰好位于凤凰的头部，东头区是凤凰的胃，堡则和西头区是凤凰的翅膀，北头区是凤凰的尾，南街则是凤凰的脊骨。以凤凰村为名，也正好概括了洪山村特殊的地形特征。位于洪山村西北角的古槐，是村里最古老的树，树龄为2000余年，树高16米，树围5.3米，树冠10米，经历风雨沧桑而不倒，古槐的古气见证了洪山的历史发展过程。洪山村因其悠久而丰富的历史文化，于2003年被授予"山西省历史文化名村"称号。此外，洪山还有三处文物保护单位，分别为国家级重点文物保护单位唐陶遗址，省级文物保护单位源神庙，县级文物保护单位关帝庙。这些正是洪山村丰厚历史文化底蕴的缩影。

而更进一步探讨，洪山的历史可以说是积淀在当地水的开发与利用基础之上，是一部由水写就的历史。洪山当地治水的历史可以一直追溯到大禹治水的年代，在《介休县水利志》中就有记载："大禹治水，凿开壶口，治理吕梁，到狐岐山。《尚书·禹贡》有治梁及岐的记载。所以洪山泉源神庙祭祀大禹。洪山水利始于大禹治水之时。"① 据洪山当地的村民介绍，洪山现仍有大禹治水的实物遗存：一为挽船橛，一为巨型岩石。相传，介休古代有定阳湖，此处位居湖岸，大禹治水时，坐一小船沿河勘测河道，小船被水冲走难以停留下来，然而当冲到挽船橛的位置时，巨大的岩石挡住了船，大禹得以从船上走下来。他将船挽在此岩石的洞口，站在此处勘测定阳的水势，也就有了流传整个介休的"打开灵石口，空出定阳湖"的治水传说。在挽船橛旁边有一光滑的岩石，上面有类似赤脚印的石坑，脚掌和脚趾印清晰可见。传说，当时禹王治水，勘测河流被水冲到此处，他脚踩此石进行水利勘测，由此留下脚印。

（一）自然资源的水

关于洪山泉的来历有多种传说，最广为流传的即为古时洪山民众求雨之时，一种在神话中无宝不落的仙鸟鸳鸯，连叫三声即展翅飞去，在

---

① 续忠元：《介休县水利志》，内部资料，1986年，第1页。

其落脚之处涌出甘泉，形成池水，称为源神池，又名鹭鹚泉，简称大池，其东有泉名小池。大池和小池合流一渠，名曰架岭河。大池北堰以外，有水涌出，名曰漏堰水。象征祥瑞的鹭鹚给当地带来丰富的水资源，在源神池之上建立了"源神庙"。

此外，洪山泉也有"天神赐水"的说法：古时候，绵山干旱，村民求雨感动了神灵，神灵便通知兴地村、长寿村、旌介村、长孝村等村村民于三月初三的三更之时派人接水。但神灵引水至洞口时，村民们尚在梦乡。神灵等了一个更次，还未见到接水人，一怒之下引水沿绵山向北而去，见绵山北端的洪山村村民已下山挑水吃牛，就将水赐给了洪山村，洪山村便由此有了长流不绝的洪山泉水。

洪山泉从水域分布来看，属汾河水系，大气降水及地表水直接入渗补给，然后转化为岩溶水，为山西省 19 个重点岩溶大泉之一。洪山泉的灌溉历史较为久远，最早可以追溯到唐宋时期，以洪山泉为主要水源补给而形成的网状辐射区域为洪山灌区。洪山灌区东与平遥接壤，西至介休市区，南由洪山泉始，北邻汾河。洪山泉滋养洪山村村民，同时也将水的滋养惠及介休境内乃至邻县，当地丰富的水资源一直是洪山村经济发展的优势自然资源。

洪山泉有大小二池，十八个泉眼，露出高度为海拔 893 米。[1] 整个洪山泉域汇水系统的范围总计 632 平方千米，含水系统面积 700 余平方千米。自 1955 年以来，洪山泉平均流量为 0.97 立方米/秒，最大流量为 1.73 立方米/秒（1958 年）。[2] 洪山泉水质较好，经多次化验，被评定为含锶、硫酸、重碳酸—钙镁型中矿度低钠优质饮用天然矿泉水，素有"胜水流膏"的美称。

195

新中国成立后，在源神池旁建立了洪山灌区的专门水利管理机构——洪山水利管理处，开启了由国家控水管水的水利管理模式，实行计划用水，同时加强水利工程配套改造设施建设。1957 年至 1966 年，新建了新东干渠、永久干渠、湖龙水库、下量水库、洪山水库，改建

---

① 续忠元：《介休县水利志》，内部资料，1986 年，第 45 页。
② 相关数据由洪山水利管理处提供。

东、中、西原有干渠。1970 年至 1976 年，新建了新西干渠，改建洪山泉池、西干渠、二至五干渠、槐柳干渠及三条支渠。1988 年至 1990 年，新建槐柳调剂渠、下梁水库干支渠，修整新东干渠、下梁水库，全面改善了原有渠系。

经过多年配套建设和挖潜改造，至 20 世纪 90 年代初，洪山灌区共有干渠八条、支渠二十三条、水库六座、水井二百五十四眼，有效灌溉面积达十二万二千亩，有十三个乡镇的八十三个村及五个农牧场受益。① 同时，洪山灌区还担负介休化肥厂、洪山陶瓷厂及沿途村庄的工业、副业生产和生活用水。据当时的数据统计，洪山灌区面积占介休市 1/3 的灌溉区域，而粮食产量却占到全市 1/2 以上，是介休市粮食作物主要产区，有"介休粮仓"之称。

1978 年以后，随着国民经济的全面发展，用水结构发生转变，水利方针也由"水利是农业的命脉"开始向"水利是国民经济的基础产业"逐步转化。在政府指导下，1993 年，洪山灌区开始向辖区内人畜缺水严重的张兰、北辛武地区提供人畜饮水；1994 年，按照介休市水源规划，水务局建成城市供水工程，又向介休城区提供生活用水，1995 年达到年供水 120 万立方米；1994 年 12 月，经政府协调，兴建义安供水工程，年供水 200 万立方米，确保安泰、三佳、茂盛三个企业用水。至此，洪山泉水也由单纯为农业服务转向为整个国民经济服务。

至 2010 年，洪山灌区共兴建主要供水线 7 条（义安供水线、连福供水线、佳乾供水线、西北里供水线、北辛武供水线、益隆供水线、城市供水线），总长 40 千米，向三佳、安泰等 17 个企业供水；向洪山、连福、义安、张兰四镇 20 个村 7 万余人畜供应饮用水，这些供水工程为介休乡镇企业迅猛发展及社会稳定提供了有力保障。

（二）经济资源的水

洪山泉素有"胜水流膏"之美誉，成为介休十景之一，依赖这一大自然的特别恩赐，历史以来，洪山泉域的农业生产就较为发达。因洪山

---

① 相关数据由洪山水利管理处提供。

村紧挨洪山泉源，对洪山泉的利用享有充分的优先权，因此洪山的农业生产水平较高，种植的农业作物有小麦、玉米、水稻、豆类、薯类等。洪山村利用人的力量将旱地改为水浇地，灌溉条件明显优于其他村落，在当地有"三不浇"的说法，即刮风不用浇、雨天不用浇、晚上不用浇。当地流传有《姐妹采桑茶》的民间歌谣，"八月里采桑茶成堆，汾州卖茶走一回，哥哥推车前面走，妹妹挑担后面追"①，道出了当地采桑卖桑的繁忙景象，也呈现了"小江南"的气派。直至现在，洪山村村民多喜用农历来记日，当地的赶集日是农历的逢四、逢八日，农历记日与农事生产紧密相连，农历记日在当地的普遍性也能看出当地农业的重要地位。

在满足农业用水的前提下，与水相关的产业也相继发展起来，配合当地丰富的陶瓷黏土、石膏、石灰岩及制香原料，水磨业、制香业、造纸业及陶瓷业在洪山村得到了大力的发展，作为自然资源之用的水被赋予了经济资源的效用。在介休民间歌谣《数村村》中就唱道："洪山的柏香和瓷器，国内国外也有名。"② 嘉庆《介休县志》卷四《物产》项中也有记载："北乡芦苇，西南煤炭，辛武盐场，义棠铁器，洪山磁器，一邑之利溥矣"，"杂产"项中亦有"磁（瓷）器，出石屯、磨沟、洪山等村；香，出洪山"的记录。由水而生的水利经济成为洪山经济社会发展的支撑。

水磨是洪山传统农耕时代的重要生产力，一盘水磨每小时可以磨面粉 20 斤。截至新中国成立前，洪山共有水磨 24 盘，主要集中在南沟、东沟、下桑沟一带。原属于洪山村管辖范围的磨沟村就是因为水磨业的兴盛而命名的。约一半的水磨用来磨粮食，其余一半的水磨用于磨制瓷所用的釉原料及石料、制香所用的木料、造纸所用的原料。从水磨用于农业生产及手工业的数量比例来看，建立在洪山泉基础之上的生计方式呈现多元化特征，这与同时代的农耕社会相比，凸显其

197

---

① 介休民间文学集成编委会：《介休民间歌谣集成》，山西人民出版社 1991 年版，第84 页。

② 同上书，第 122 页。

优越性与独特性。因为洪山的水磨优势，吸引了介休其他乡镇乃至孝义、平遥等周边区域的村民利用人背马驮，将粮食运到洪山村磨成面粉，由此形成了地域之间人群的互动。直到 20 世纪 70 年代，水磨才逐渐被电力取代。

制香以传统的家庭作坊制来完成，制香过程中的木料初加工主要依靠水碾和水磨来完成，因此该行业的兴起与水也有紧密的联系。康熙《介休县志》载，"香出洪山"。洪山香的销路范围极广，北到齐齐哈尔乃至俄罗斯一带，南到印度，亦有很多东北人到洪山来买香，随即转运到日本销售。新中国成立前，在洪山村有比较著名的大字号香业"天成公"，其香远销东亚及东南亚地区。在清末民初，洪山村仅香的生产便达到每天 300 箱，而每箱的重量为 304 克，按照当时人均一天仅能生产 54 克香的工作量可以粗略算出洪山仅生产香的人员就达到 1800 人。① 在洪山，因为制香行业的兴盛，还专有负责香业管理的"副业大队长"。

洪山因盛产陶瓷而有"陶村"之称。在洪山源神庙附近，发现一处古窑遗址。古窑遗址以喊车沟为中心，依地势分布于磁窑沟、龙王沟、琉璃窑、采坪沟等，在东西 250 米，南北 100 米的范围内，总面积约25000 平方米。窑址有盛产陶瓷所需的泥土，从古开采至今未竭。洪山窑址内有黑白釉瓷片，赭釉、青釉刻花、印花瓷片，亦有少量的脱釉或变形的器物。据考古发现，该窑创烧于五代，是北方民间著名瓷窑之一。北宋大中祥符元年《源神碑记》有"丹竈炊频，渌风扇咄，高士云集，兴舡频届，陶剪翠殊，名彰万载"等语，碑阴题名有"磁窑税务任韬""前磁窑税务武忠"。立碑人中有两任磁窑税务，说明宋初以前这里的瓷器制造就已相当兴盛，以至官府要委派专门官员征收瓷器税。该千年古碑成为至今发现仅存的三处记载宋代烧瓷碑刻事宜中最早的一处。据光绪十八年《公同义阁碗窑行公议规条碑记》记载，旧日从事该行业的共 17 家。民国五年新添两家，共 19 家。《公同义阁碗行公议规条碑》是在"合碗行生意渐渐疲滞，又逢荒年，碗货概不能销售，看看歇业"

---

① 此数据由洪山村村民郭恒瑞先生提供。

的背景下制定的。行规明确提出了"限人、限时、限产、限釉"以及罚金的量化指标和要求，对解除危机形成良好规避作用。除瓷窑外，还有碗窑、盆窑、瓮窑等，在明清两代相当兴旺。新中国成立前，洪山村的古窑址集中于两个片区，其中洪山窑片区有 22 座，磨沟窑片区有 11 座。[1] 新中国成立以后，洪山陶瓷的产品增至 20 余种，其生产的黑釉瓷，曾获巴拿马国际博览会奖章。

琉璃制造也是洪山依托水资源发展起来的手工业类型。介休市博物馆馆藏的唐贞元十一年（795 年）洪山《法兴寺碑》有"西至琉璃寺，北至石佛脚"的记载。此碑的背面是《天会十四年（970 年）洪山寺重修佛殿记》，有"铺玳瑁瓦瓮琉璃"的记载。可见，重修的洪山佛殿已经使用质如"玳瑁"的琉璃兽面，洪山烧造琉璃用于建筑已有一千多年的历史。[2] 在洪山窑址的附近就有一个叫琉璃窑的地方，其历史与洪山陶瓷一样悠久。正是洪山富足的水动力，加之丰富的琉璃烧制原料，促成了琉璃烧造行业的兴盛。以洪山琉璃为代表的介休琉璃烧制技艺于 2008 年被评为"国家级非物质文化遗产"。孔雀蓝琉璃成为洪山所特有的琉璃工艺，洪山琉璃制品艺人刘开宝于 2010 年被评为"介休市非物质文化遗产项目传统手工技艺（传统琉璃制作工艺）"代表性传承人。琉璃技艺不仅代表了洪山以水为中心的资源优势，也承载了水利经济的繁荣气象，更是成为洪山文化的代表之一。

除以上手工业之外，洪山村还有土法造纸、编草绳等手工业存在，造的纸用于供应香的包装。据《中河碑记》[3] 记载，清代嘉庆九年，因上游村庄造纸导致水质污染，严重影响下游八村的饮水和灌溉，此事由当时的知县秉公处理，对污染水源者进行了重罚。而编制的草绳用于陶瓷制品的包装，因陶瓷制品产量较大，对草绳的需求量也很大。手工业形成锁链效应，水资源带动陶瓷、制香，陶瓷、制香又带动造纸、编草绳等手工业的出现，有效扩大了当地手工业的从业人数。当地农业与手

199

---

① 窑址数据由王乃兴先生、郭恒瑞先生提供。

② 资料由介休市博物馆提供。

③ 黄竹三等编著：《洪洞介休水利碑刻辑录》，中华书局 2003 年版，第 233—234 页。

工业并举，同一户人家既从事农业也从事手工业，甚至往往从事手工业的人数及付出的时间要多于农业。

洪山因多样的水利经济激发了社会的活力，形成了一定范围内的手工业制造与商业活动中心。在洪山村老人的记忆中，洪山的陶瓷、琉璃、香等手工业产品就在当地生产和销售。从东北等各地来的商贩络绎不绝，他们来时携带货物在洪山销售，走时又带上洪山的产品运往外地销售。洪山生产的各类产品供不应求，洪山当地人已经很难实现正常的产品供给，便有从晋东南一带前来洪山"打工"的人员。明末清初，洪山村的总人口约为 4000 人，其中洪山本地人口约为 2000 人，余下约2000 人则是从外地来到洪山从事水磨、制香、陶瓷、琉璃等手工业的。可见，洪山因当地独具特色的各类手工业的发展，带动了洪山村外来移民现象的产生。在得天独厚的洪山泉基础之上发展起来的水利经济，使洪山村充分实现其经济效益，从而使"近水楼台"的洪山村成为繁荣富庶的地区，有了"晋中小江南""小北京""小香港"等称号。

（三）文化资源的水

洪山泉在洪山村落发展史中，从自然资源的水转变为经济资源的水，在这一过程中，因为人与水的互动机制，形成了一系列水利管理的文化机制，而由洪山泉引发的"分水""水权""水案"，成为其文化机制的核心要素。从水利管理的文化机制中，可以抽离出治水的两条主线：国家治水与地方治水，国家治水为暗线，地方治水为明线。同时，源神庙成为洪山泉水文化的承载物。20 世纪 80 年代末，在源神庙基础之上进行了洪山水利博物馆的创造，又成为提升洪山水文化的契机，至此，源神庙作为水利博物馆的代称被固定下来。此外，水与道德、水与民间信仰，也与作为文化资源的水相互勾连。

1. 分水·水权·水案

分水，成为洪山泉自宋代文潞公以来最为有效的管理方式。"宋文潞公始立石孔，分为三河。……中西两河至石同，立铁孔、分四六。……此三河引渠灌地大较，余水俱流入沙河达于汾也。稽之旧册，东河水地五十三顷六十七亩零，水程五十三程四时一刻；中河水地三十八顷八十五亩零，水程四十程八时；西河水地六十顷七十六亩零，水程六十九程六时四刻。设水老人、渠长，给予印信簿籍。开渠始于三月三日，终于八月一日。……又以八月田苗尚须浇灌，改定九月寒露后止。"[1]《鸳鸯泉水利碑记》也有记载："狐岐山鸳鸯泉胜水，灌溉农田数十村，其利甚溥。自宋文潞公分浚三河，开千百年水利之源。厥后强豪霸争，东河据上流而独行，尚无多虑。中、西两河同源分派，患害迭出，有不可胜言者。"[2] 其后，解决分水的结果是惟其俭曰"公"矣，则人情可平，法行课久。[3] 以诗作《源水流膏》，"谁作三渠分圣水，尽将千倾注绵田"，肯定了"三渠分圣水"的功绩。

在三河分水处建石平，设木匣分流，东河居上游顺流独行，而中、西两河上流同源，至石屯村过环翠桥数百步立夹口一分为二。分水之初，三分归中河，七分归西河。明万历二十六年（1598 年）史记事"照地定水"，水分四六，筑石夹口，铸铁水平，上盖砖窑，下立石栏，一孔四尺归中河，一孔六尺归中河。[4] 以宋代"始分三河"为分界点，"洪山泉域社会即开始从资源共享型社会逐步向资源竞争型社会转变。宋以前，无论人口、土地、水资源还是气候生态环境，均不同于宋以后尤其是明清时期"[5]。"始分三河"便成为调解用水紧张与维护用水秩序的有效方式，直到 20 世纪 90 年代以前，这样的分水方式仍在延续。

水利所在，民讼罔休。因洪山泉历年流量的不均衡，且因为旱涝灾害、泉眼阻塞、渠道不畅、磨盘数量等原因，也造成了一定程度的用水紧张。在明嘉靖二十年（1541 年）的《兴复西河水利记》、清乾隆十六年（1751 年）的《修石屯分水夹口记》、道光十年（1830 年）的《重修三河水平记》等碑刻资料中，就有用水紧张的记载。

---

①　王谋文纂修：《介休县志》（乾隆），侯清柏标断，山西人民出版社 2012 年版，第 35 页。
②　王埴纂修：《介休县志》（康熙），侯清柏标断，山西人民出版社 2012 年版，第 220 页。
③　同上书，第 221 页。
④　王祖川：《神池灵源古文化博大精深陶剪翠殊古窑址三晋瓷都——山西历史文化名村——洪山镇洪山村》，《介休报》2009 年 1 月 9 日第 5 版。
⑤　张俊峰：《水案冲突·源神信仰·泉域社会——基于明清时期山西介休洪山泉域社会的田野考察》，《区域社会史比较研究中青年学者学术讨论会论文集》，第 254 页。

明代，由于岁久弊生，豪家往往侵夺。明嘉靖年间，知县吴绍增曾厘正前法，但又发生卖水、买水之弊。隆庆元年（1567年），知县刘旁将现行水程立为旧管新收，每村造册并查报，讼端少息。事后又出现有地无水、有水无地之问题。万历年间，知县王一魁实行以水随地、以粮随水、立法勒碑。万历二十六年（1598年）大旱，西河民因分水不均起诉，知县史记事经实地调查，以地定水，断中河水4分，西河水6分，并筑石夹口，铸铁水平，上盖砖窑，下立石拦。一孔4尺归中河，一孔6尺归西河，门锁归水老人掌握。①

新中国成立以前，洪山主要延续宋代文彦博时期的分水传统。将泉水分成东河、西河、中河、架岭河、槐柳河5条渠系，从泉口分水。各渠设水老人若干人，轮流负责管理本渠水利事业。下设渠长1人负责跟水浇地。巡渠浇地由若干专业人员负责。每年农历二月在洪山源神庙编制水牌，农历三月三日由知县审批上水，上轮下至，周而复始。各受益村有水利专业管理组织，叫"水公众"，负责本村水利管理。②

从以上史料来看，文潞公三河分水，开始了水权的分配制度。由于气候变迁，加上人口增加，水资源越来越紧缺，水权分配逐渐成为突出的问题。以上史料均提到的"买水、卖水之弊""有地无水、有水无地"等问题，均涉及水权问题。水权是水资源稀缺条件下的产物，主要是指水的所有权和使用权。③ 王亚华认为：明清时期出现的事实上的水权交易，是以特定的历史条件为背景的，同时也是历代技术进步和制度变迁的结果。④ 独立买卖水权可以说是明清时期所特有的现象。张小军对水权的分析认为：水权不是单纯的经济资本现象，国家、认知、信仰、仪式、伦理观念以及相应的庙宇祭祀，都在真实地影响和决定着水权的系统和秩序。⑤ 行龙的分析认为：水权交易现象存在的一个严重弊端是

---

① 参见山西省介休市志编撰委员会编《介休市志》，海潮出版社1996年版，第222页。

② 参见续忠元《介休县水利志》（内部资料）1986年，第74页。

③ 参见张俊峰《前近代华北乡村社会水权的表达与实践——山西"滦池"的历史水权个案研究》，《清华大学学报》（哲学社会科学版）2008年第4期。

④ 参见王亚华《水权解释》，生活·读书·新知三联书店2005年版，第143页。

⑤ 参见张小军《复合产权：一个实质论和资本体系的视角——山西介休洪山泉的历史水权个案研究》，《社会学研究》2007年第4期。

"卖地不卖水，卖水不卖地"，其后果是导致水地分离，一些种水地纳水粮的农户长期得不到水，而一些种旱地纳旱粮的农户却能得灌溉之利，出现了严重的不公和紊乱现象，由此导致水利纠纷不断。① 水权问题带来纠纷的同时，水权占有上的差别亦直接导致了泉域社会不同村庄因利益分配不均带来的贫富分化。而洪山泉以地域优势，享有充分的水权，成为洪山泉利用的最佳受益者。

水案是明清时期介休洪山泉域社会的突出特点。② 行龙对山西水案的研究中，分析了引发水案的社会因素：明清以来引发的众多水案，不仅与整个农业生态环境的恶化有着紧密的联系，而且与其不合理的占有和使用行为有关，分水不均，上下游难以协调，渠首豪强霸占水利，私开私挖盗水抢水等，都是导致大量水案发生的直接因素。历史事实证明，在水资源匮乏的状态下，更应该加倍注意合理地开发和利用水资源。③ 同时，他还阐明水案研究的意义：由于水权问题引发的水案在介休历史上频现，水案亦是我们在山西水利社会史研究中的一个切入点，它为我们动态地了解区域社会变迁提供了可能。传统时代，水权主要是指水的所有权和使用权，多数水案中争夺的主要是水的使用权而非所有权。④

关于水案的处理机制，当地流传的"油锅捞钱"，是一种民间重要的平息水利纷争的手段。张俊峰还对此做过考证："油锅捞钱"倘若真正发生过，其发生年代应该在唐宋时代甚至更早，而不应该在唐宋以后。⑤

① 参见行龙《"水利社会史"探源——兼论以水为中心的山西社会》，《山西大学学报》（哲学社会科学版）2008年第1期。
② 参见张俊峰《介休水案与地方社会——对泉域社会的一项类型学分析》，《史林》2005年第3期。
③ 参见行龙《明清以来山西水资源匮乏及水案初步研究》，《科学技术与辩证法》2000年第6期。
④ 参见行龙《"水利社会史"探源——兼论以水为中心的山西社会》，《山西大学学报》（哲学社会科学版）2008年第1期。
⑤ 参见张俊峰《油锅捞钱与三七分水：明清时期汾河流域的水冲突与水文化》，《中国社会经济史研究》2009年第4期。

油锅捞钱的传说①

传说，原来洪山源神池的水没有统一管理，乱抢乱流，往往因为抢水，村与村打架斗殴，常常伤人损命。后来，人们想了个办法，用一口大锅，锅盛满油，生火把油烧开，锅里撒些铜钱，让各村的好汉在滚油锅里捞钱。谁家捞的钱多，就给谁家多分水。有些村的好汉代表一见吓得跑了，而洪山的五位好汉伸手在滚油锅里捞钱，钱捞出后人也当即被烧死于锅旁。为纪念他们的献身精神，人们便将五人厚葬在源神池的山顶上。

同时，水案的处理亦有国家在场。国家为了稳定社会秩序，严禁单独买卖水权。在介休，明清时期的不少水利碑刻亦能证明地方官府禁止水权买卖的态度。明万历十六年《介休县水利条规碑》② 有记载：汾州介休县为严革宿弊，均水利以息争端，以遂民生事……欲将查出有地无水，原系水地而从来不得使水者，悉均与水程有水无地，或原系平坡碱地篡改水程，或无地可浇甚而卖水者，尽为改正厘革。唯以勘明地粮为则，水地则征水粮，虽旧时无水，至今以后例得使水。平地则征旱粮，虽旧时有水，今皆革去，以后并不得使水。不论水契有无，而唯视其地粮多寡，均定水程，照限轮浇。日后倘有卖水地者，其水即在地内，以绝卖地不卖水，卖水不卖地之夙弊。

2. 治水的两条主线：国家治水与地方治水

从洪山泉的治理过程中，可以梳理出两条主线，一条是以国家为力量参与的治水暗线，一条是以民间为主导力量的治水明线。二者相互配合的同时，民间治水力量尤其凸显。总体而言，治水的主要力量还是来自民间。

（1）国家治水

在乾隆版《介休县志》中，记载了身为知县的王一魁为改变水地相分离弊端而做的努力。王一魁指出了水地相分离的弊端：故有有地无

---

① 介休民间文学集成编委会：《介休民间故事集成》，山西人民出版社 1991 年版，第 59 页。
② 黄竹三等编著：《洪洞介休水利碑刻辑录》，中华书局 2003 年版，第 161—170 页。

水，有水无地诸弊。有地无水者，自来买水券，不能引水溉地，旱则苗槁；有水无地者，自来有买水券，虽无地可浇，得以市利。于是讼者四起矣。王一魁以为地者粮之自出，水者地之资生，粮与地不能判而为两则，地与水能离而为二乎？因此与民众一起商量："自今伊始，不论水券之有无，惟既输水地之粮，即当按程分灌。后凡卖水地者，水即随之，不得卖地不卖水，卖水不卖地，复循夙弊如此。有水无水，皆晓然于人之耳目。纵有好强之徒，亦知法之画一，无所施其狡狯，宁不贫富相安，争夺可息耶？"

在原有水地分离，水易被好强之徒所把持的症结方面，王一魁提出了水地相为一体的主张，这一主张得到了众人的响应，父老听断之下，无不称善。乃与主簿浦君，命书吏取水地图籍，与民朱券校对，计亩分水，仍注诸册，使不能紊乱，大略具矣。但此主张也带来了质疑，当时的巡按御史文公谓："水地与平坡，粮之轻重远甚，册中尚未昭悉。且卖水买地，百姓各为世业，今日骤为更张，民情果贴然服耶？轮浇之法，向先自下而上，今仍如旧耶？"就此，王一魁复按册稽之。面对私买水程的刁民，"不得复分水泽，赎瑗百金，以充源神庙修葺之资"。自此，富室不得争衡，穷檐得安耕凿……至灌溉之法，自下而上，自昔良规，不能易也。[1] 当时的知县王一魁所做的主要事情就是将水、地的产权合二为一。让水地有水，厘正有水（屯水）而无地，以及将旱地改为水地的现象。具体做法是重新丈量土地，并确定粮赋；划分土地等级；重新分配水程，造水册每家一本；规定今后卖水和卖地要同时进行，卖地则连同水一起卖，"务使以水随地，以粮随水"。最后的结果就是制定水册，每家一本，同时"镌勒石碣，竖立发源处，所以垂永久"[2]。

治水成为为官者的重要政绩。在乾隆版的《介休县志》"官迹篇"

---

① 参见王谋文纂修《介休县志》（乾隆），侯清柏标断，山西人民出版社 2012 年版，第329—330 页。

② 张小军：《复合产权：一个实质论和资本体系的视角——山西介休洪山泉的历史水权个案研究》，《社会学研究》2007 年第 4 期。

有记载。彭镛："尝疏水利,凡利于民者无不举焉(祀名宦)。"① 王埴:
"洪山水渠岁久填淤,侵占滋讼。公(王埴)亲度水渠,酌诸舆论一一
裁定,较昔时更为详密,讼端永息。"② 地方官为民间旱情谋略,有记
载巫慧其人:"甫下车,值岁大旱,斗米千钱,穷民食草木,形多骨立。
适运河南陕州米三万五千石过境。公截留,请于上官,移知河南,两行
省壮其胆识,俱允焉。因得减价平粜,民全活以万计。"③ 治水成为为
官者的日常事务之一,是民众认可为官者的要素之一,因感念当地为官
者的治水之功,才有洪山的民众将当地的治水官员文彦博和王一魁的牌
位立于源神庙的正殿。

治水的国家化倾向,直接影响了民间水管理组织即水权管理者的
"乡绅化"和"官员化"。开始的立碑人中,水老人和官员是清楚分开的两
列,但从康熙八年立的碑开始,纠首中开始出现生员、监生等乡绅名号;
到了乾隆八年,不再有单独的官员参与立碑,而各类水管理者中,在任
官员、退休官员和乡绅的名目明显增加。这种情况表明:随着水管理的
民间组织与官府的不断磨合,逐渐形成了水管理组织"乡绅化"和"官
员化"的过程。这是一种基层民间组织变成国家象征的现象,说明了一
类没有国家直接参与但是与国家关系密切的组织形式和象征产权形式。④
乾隆二十七年开始的历次修庙碑中,纠首和水老人已合到一处,充当纠首
者必然是水老人,而且水老人名称前已注明其绅士身份,更有甚者已由具
有官员身份的人充任水老人。水利管理组织的"乡绅化"与"官员化"是
促使水老人在源神庙修庙时由被动到主动,由配角到主角转变的根本原
因。⑤ 从水利管理组织的"乡绅化"和"官员化",可以看到国家力量逐渐
渗透到地方的势头,以及国家势力的介入引起地方势力微妙变化的过程。

206

---

① 王谋文纂修:《介休县志》(乾隆),侯清柏标断,山西人民出版社 2012 年版,第
124 页。
② 同上书,第 128 页。
③ 同上。
④ 参见张小军《复合产权:一个实质论和资本体系的视角——山西介休洪山泉的历史水
权个案研究》,《社会学研究》2007 年第 4 期。
⑤ 参见张俊峰《介休水案与地方社会——对泉域社会的一项类型学分析》,《史林》2005
年第 3 期。

需要注意的一点是，治水过程中虽然有国家力量的渗入，但是国家力量仅作为暗线，治水机制的有效运转还是依托了民间力量。如地方官员解决生活用水设施所需的经费、人力等的常见方法有：由州县官自己捐款，劝谕乡绅、富人、当地百姓捐资，招募当地居民提供劳力等。[①]从表面上看，官府的地位高于民间组织，从兴修水利工程，到任命水利管理人员，再到颁行水利规则以及审断水利纠纷，这些都直接受到官府的管理和监督。但对水资源的管理、水利组织的形成与运营则主要是民间自发的行为，出现水利纠纷也往往依靠地方社会自行调节。此外，在水利碑刻史料中的水利纠纷案中，官府的权威有时又会受到乡村社会的质疑或挑战。在较长的历史时期，政府并没有解决府、州、县行政治所、广大乡村的日常生活用水问题的职能，解决民生用水问题多属于社会自发的、个体的行为。[②]明清时期对水资源的管理模式与之前的朝代发生了很大的变化，官府较少制定关于水资源使用与分配方面的法律法规，官府在水利事务中的身份由原来的主导者转变为监督者，水利事务多依靠基层管理人员和民间组织自行管理。水利管理逐渐形成以民间自行管理为主，官府间接管理为辅的格局。[③]《介休县水利条规碑》（万历十六年）说到建立制度的过程：首先是官府调停，其次是百姓愿意遵守，最后是以一纸"红头文件"行令颁布。其中使用了一个词："庶规制定"，其含义是百姓立规矩，由制度确定下来。这是一个从约定俗成的"习惯法"到制度建立的合理过程。[④]由此可见，在貌似强大的国家力量对水利社会的支配的背后，推动水利社会发展的重要力量仍然是民间力量，民间力量成为介休水利社会维持与发展的中坚力量。国家力量大多只作为间接性因素而非直接性因素参与地方水利社会的管理，其主要以主导政策的形式出现，例如，地与水产权

207

---

①　参见胡英泽《凿池而饮：明清时期北方地区的民生用水》，《中国历史地理论丛》2007年第2期。

②　同上。

③　参见王娜《明清时期晋陕豫水利碑刻法制文献史料考析》，博士学位论文，西南政法大学，2012年，第79页。

④　参见张小军《复合产权：一个实质论和资本体系的视角——山西介休洪山泉的历史水权个案研究》，《社会学研究》2007年第4期。

合二为一的政策指导。维护地方社会用水秩序的仍是根据地方情况出现的乡规民约。

(2) 地方治水

民间力量通过修建寺庙，来神化祭拜的仪式，神化供奉的神灵，并将神灵作为调解纠纷的公证人形象。王一魁的《重建源神庙记（万历十九年）》有记载："山（狐岐山）旧有源神庙，故事每岁上巳，有司率土人诣庙致祭，分三河水势，以时正兴东作也。……由是知源神庙自宋以前已有之。而其为水利，从来最远。"重建后的源神庙，"于是庙卒迁于南皋，负离抱坎，正殿五楹，肖尧、舜、禹三圣人物。盖狐岐为禹治而尧舜命之也。东西庑各三间，殿前数步，甃砖房五，洞中为仪门，洞上树台，为岁时歌舞报享之所。大门三楹，门外地渐下，作石梯数十级，梯竟叠小桥，竖坊其上，榜曰：'溥博渊泉'下即鸳鸯泉也"①。新的用水秩序通过修缮源神庙的活动得到了表达，使广大民众在心目中对源神庙更加尊崇。② 修庙包含多重意义，一是强化民众对源神的信仰，二是暗示现有水利秩序的合法性。③ 修庙与治水构成了该区域社会生活中的两个主要方面，这两种活动是进一步透视以源神信仰为主的洪山泉域社会发展变迁问题的主要线索。④

水因其重要地位，亦被赋予了神话的色彩。在乾隆版《介休县志》的《河村新润济侯庙记》中有记载："初，侯从世祖击西河叛胡白龙，至白彪山下，马忽堕足，跃地出泉，后人遂名其泉曰'马跑泉'，又名'源公池'。疏流浚源，溉田数十顷，立庙以祀。宋崇宁中，镇将许某祈雨，立沛，因榜为'永泽庙'。于是河东经略安抚使李某请于朝，封润济侯。介邑密迩西河，维雨维旸，泽被孔厚，春秋祈报，俎豆维虔，兹

---

① 王谋文纂修：《介休县志》（乾隆），侯清柏标断，山西人民出版社 2012 年版，第 331—332 页。

② 参见张俊峰《介休水案冲突与地方社会——对泉域社会的一项类型学分析》，《史林》 2005 年第 3 期。

③ 同上。

④ 同上。

村之庙所以作也。"① 将水赋予神话的色彩，凸显了民众心目中水的灵性与神性。

《新城南上堡水神庙记》（万历八年）中记载水母庙有倾颓之势而重修的情况：余村自昔建有水亩庙，盖灰南、东柳二泉，资上中下三堡灌溉，实赖灵长之德，有以利济无涯，岁时报享之宜也。顾神向无主名，意水为天下之至柔，有母德焉，故以母道事之欤。维庙宇日就倾颓，众惧无以妥神之灵也。② 水母庙修建完毕之后，并借神灵之威，将用水规则规范化：父老毕集，既焚香奠神，苾臣乃遍告之曰："兹水赖水之灵，吴三堡三分其利，每分三日，周而复始，次第轮流，向无争夺。诚恐日久弊生，致水泽有不均之患，非但人起讼端，而神其馨此黍稷乎？"佥曰："愿子孙世世守此旧规，若有违者，唯神殛之。"因记斯庙之修，而并勒诸石，以垂于后。③ 在重修水母庙的过程中，众乡民一同参与，因为村民的共同参与，进一步强化了水资源作为公共资源不容动摇的位置。公众不容许个人利益凌驾于公共利益基础之上，并以"勒诸石"的方式订立规约，亦成为强化规范的契机。

水利碑铭也起到规范用水规约的作用。《介休县水利条规碑》（万历十六年）中提到"行令立石，以垂永久"，"事完具遵，行过缘由，并刊完书册，及镌立石碣，各印刷数张，送州以凭，转报施行。奉此，拟合刊立石碣为此，除外合行开坐。仰管水老人、渠长及有水人户，一体查照，遵守施行，须至此碑"。可见，碑文似一纸红头公文，上报州府，下示百姓，水利碑铭也是一种具有象征性的文化产权形式。④ 水利碑刻集水神信仰、用水规约、歌功颂德等诸多方面于一身，彰显的正是水利社会治理的特殊之处，即乡规民约控制在前、国家法律惩罚在后的乡土社会管理体系，在乡土社会中发挥着重要的功能。

---

① 参见王谋文纂修《介休县志》（乾隆），侯清柏标断，山西人民出版社 2012 年版，第324—325 页。

② 同上书，第 327 页。

③ 同上。

④ 参见张小军《复合产权：一个实质论和资本体系的视角——山西介休洪山泉的历史水权个案研究》，《社会学研究》2007 年第 4 期。

　　庙宇的权力、神的权威、水利碑刻的规约，是分水的保证和见证。洪山泉所流经的 48 个村，每年三月三在源神庙商议分配当年的用水，然后发放水牌，并举行开水仪式，这意味着当年的灌溉开始。水牌就是水权，它的合法性用神庙权威和仪式来见证和界定。早期的民间用水之争和水权之分，并没有借助寺庙的神判权威，因此冲突频繁。明代开始了一个用水神圣化的阶段，形成比较专门的涉及管理的水利庙宇。源神庙碑中也出现祭祀尧、舜、禹的记载。由源神庙的碑文记载可知，民间水管理组织的出现至少是在明嘉靖年间，但是从嘉靖二十年（1541 年）孔天英所撰《复西河水利记》碑的内容看，简单的水利管理在宋代文潞公分三河的时候已经存在，"顾民不善疏，官不荒度，则水之用微矣"。于是"宋文潞公始作三渠，引水分灌"，百姓深享其利。《介休县志》（嘉庆十九年）卷二《水利》（附）也记载，早在嘉靖二十五年（1545年），就已经出现知县吴绍增为防止豪家侵夺水资源而"厘正前法"的干预行为。说明当时已经有"法"，或应该有执法的水管理组织。在没有法律或政府介入管理的民间社会，用神威来确立和界定用水权的合法性，使水利庙宇具有了管水功能。① 即所谓的民间习惯法，成为洪山用水的普适性条文。

　　3. 从源神庙到洪山水利博物馆

　　源神庙建于洪山泉出水口的位置，自古以来即为祭祀水神之场所，为乡民耕农所景仰，同时作为水务管理的权力象征，备受历朝历代当政者器重。庙宇创建年代较早，在明万历十九年（1591 年）的《新建源神庙记碑》② 中有记载，"源神祠庙，当自宋以前已有之，而其为水利所在，从来最深远"，这是关于源神庙断代的最早文字表述。源神庙自建成后因年久失修塌毁，北宋至道三年（997 年）重新建造，此后又经元至大二年（1309 年）重建，明洪武十八年（1385 年）再修，五百年间进行了三次有碑文可考的源神庙修复，可见历朝历代对源神庙祭祀水

210

　　① 参见张小军《复合产权：一个实质论和资本体系的视角——山西介休洪山泉的历史水权个案研究》，《社会学研究》2007 年第 4 期。
　　② 参见黄竹三、冯俊杰《洪洞介休水利碑刻辑录》，中华书局 2003 年版，第 173—175 页。

神场所的重视。现源神庙的整体建筑较多地保留了明代王一魁任知县时对源神庙进行修复的遗迹。

源神庙各殿廊下，竖列有宋、元、明、清、民国等历代碑碣 20 余通，碑文以洪山泉、源神庙为关注的对象，以水文化为主线，内容涵盖远古神话传说、贤人治水典故、歌颂自然造化、著名水利工程、水法水规制定、水事纠纷解决和水源保护、节约用水、防止污染、民俗民风以及狐岐山麓山水植被、泉水河流、受益村庄等，堪称历代社会政治、经济、文化和治水、管水、用水及水利文化发展史的缩影，是研究洪山水文化不可多得的历史资料。碑刻资料按内容可大致分为五类：第一类是源神庙重修或补葺类，记载源神庙在历史上的多次重修情况；第二类是浚河及修筑水利设施类，《重修架水桥碑》《中河碑记》《重修三河水平记碑》等记述了洪山泉通泉眼、浚河道、修水闸、筑桥梁等过程；第三类是水利纠纷及其处理类，从水利纠纷中可以深入窥探洪山村历史过程中的水利社会图景；第四类是歌颂景致、水利功绩类，富有文学性；第五类是行业碑，如《公同义阉碗行公议规条碑》记载了洪山瓷器生产及管理状况。碑文形式成为影响村民道德的约束机制之一。笔者在洪山村做田野调查期间，几乎每个村民都向笔者提到过源神庙的碑刻是洪山研究中必须研读的资料。源神庙的碑刻资料成为村民公认的可以用来代表洪山村历史文化的丰厚资源，而被置于较高的位置。

自宋以来，介休县的历任官员对洪山水利均予以高度重视，基于对水资源、水权、水利秩序的共同关注，官府和地方士绅的着眼点最后都落在源神庙——这个在泉域社会民众心目中具有特殊意义的象征符号上。[①] 源神庙主要作为历代水利事务办公之用，庙里供奉的主神是尧、舜、禹，奉于正殿位置，这在一般庙宇中是鲜有的。正殿的牌匾为"授受一堂"，意为千古圣君，授受于一堂，结合正殿供奉尧、舜、禹的用意，意在强调治国安邦之事，莫大于治水之举。洪山源神庙立庙之高远

211

---

① 参见张俊峰《水案冲突·源神信仰·泉域社会——基于明清时期山西介休洪山泉域社会的田野考察》，《区域社会史比较研究中青年学者学术讨论会论文集》，第 260 页。

就在于此。"自古除水之害，兴水之利者，其功莫大于神禹。"① 不难发现，将大禹视作源神和"能御大灾捍大患即谓之正祀"这两点是源神信仰被官员和士绅认可的主要依据。

据此，源神庙就成为国家权威的象征，泉水带给民众的所有恩惠都是国家施予的，由地方官、士绅和水利管理人员共同决定的水利秩序通过每年的抛池放水仪式得以确认。在这里，洪山源神庙已成为实现官方意愿和泉域社会控制水权的地方势力意愿的场所，充满强烈的正统色彩。② 源神庙成了官民的互动场，在此利益场内，官方、民间、民间内部各利益团体，实现着利益的共享与博弈。在共享与博弈过程中形成的多层次的水神信仰和祭祀活动，同样表达了不同利益群体对水权的合法性占有。作为一种象征符号，不同类型的水神信仰均可在现实社会中找到相应的利益群体，这代表了一种文化安排。③

在历经风雨后，1988 年洪山水利管理处筹资 28 万元整修庙宇，将源神庙建为全国第一家专以承载古代水文化历史为主题内容的"水利博物馆"。水利博物馆设于源神庙内，既保留了庙殿的建筑风格，又赋予了其新的文化内涵和功能，馆庙合一，浑然一体。从 1988 年开始，历时四年重修，源神庙在原有格局基础之上，发掘与创造水利文化，建成"洪山水利博物馆"。其用意在于突出当地的水文化特色，力图围绕"水"这一主题将源神庙打造为洪山水文化的展示平台。具体通过两个途径来实现：一是发掘神祇信息，将原来具有一定内涵的宗教神祇转变为与治水及水利工程建设有关的历史人物；二是深挖水文化信息，注重对博物馆内各个牌匾题字的文化深解，用文字、图画等形式来表达水文化信息。

在水利博物馆的建设过程中，对供奉的神祇进行了大幅度的废旧立新。在原源神庙的山门处，塑有门神哼哈二将，在改建过程中，修建者

---

① 王埴纂修：《介休县志》（康熙），侯清柏标断，山西人民出版社 2012 年版，第 71 页。

② 参见张俊峰《水案冲突·源神信仰·泉域社会——基于明清时期山西介休洪山泉域社会的田野考察》，《区域社会史比较研究中青年学者学术讨论会论文集》，第 259—260 页。

③ 参见行龙《"水利社会史"探源——兼论以水为中心的山西社会》，《山西大学学报》（哲学社会科学版）2008 年第 1 期。

考察了《尚书》《山海经》等文献，发现大禹之前的治水英雄中，共工和鲧的功绩最大，大禹治水的成功是建立在共工和鲧治水失败经验基础之上的。因此在建水利博物馆时，考虑到共工和鲧的功绩，特将其塑于山门位置，作为守护神。

水利博物馆的修建对正殿神祇也做了相应调整，大殿神坛主位仍是尧、舜、禹，但增加了有功于洪山泉管理方面的地方历史人物文彦博、王一魁，以及孙叔敖、李冰、西门豹、郑国等在水利工程建设方面较有贡献的历史人物。两侧墙壁上还绘有尧舜禅让和大禹治水的典故壁画。洪山水利博物馆的修建过程中，将文彦博与王一魁的塑像置于与尧、舜、禹并重的主神位置，是地方历史人物神化的表征，这与两位地方历史官员对洪山水利的贡献密不可分。文彦博将泉水分为东、西、中三河，止息了近千年的争讼，有"始开三河"的功德，也可以说是洪山泉水利的创始人，因而当地人对文彦博的敬仰和感谢流传至今。王一魁从明万历十六年起任介休县令，在任期间重视教育，兴修水利，治理洪山泉，清理洪山水利积弊，惩处刁悍奸民，订立水规水法，发展了洪山泉水利，庙内现存其所立石碑四通。出于以上因素的考量与修建洪山水利博物馆的初衷，将文彦博与王一魁从"人"向"神"的转化，一方面符合洪山水利博物馆的主题呈现，另一方面表达了当地民众对地方历史上治水功臣的纪念。

南殿为窑神殿，亦称为太上老君殿，奉祀陶器之鼻祖李耳，即老子。神化后的老子即为太上老君，因以"八卦炉"炼丹有术被尊奉为窑神。庄子和列子两位道家代表人物的塑像分列于两侧。窑神殿匾额题"上善若水"四字，为修建洪山水利博物馆新增的内容。"上善若水"的题字意在突出洪山水利博物馆水文化的表达主题，且将水文化附着到历史经典中。语出老子《道德经》第八章："上善若水，水善利万物而不争，处众人之所恶，故几于道。"意思是，人若能效法水的"不争""谦下""利万物"之三大特征，那就可以接近于"道"了，以反映古代借水喻道的朴素哲学思想。北殿为周易馆，内塑周文王、伏羲氏和孔子像。修建洪山水利博物馆期间也加入了匾额题字"礼授尼山"。相传，孔子（名丘，字仲尼，号尼山）曾问礼于老子，老子将周礼传授给了孔子，即"礼授尼山"，先哲先贤的为人之道为后人所仰慕。

与正殿一墙之隔的偏院原为圣母殿，俗称娘娘殿，供奉求子观音，历代有村民前来求子。娘娘殿求子者众多，尤其在每年农历三月二十五，周边村落的村民均汇聚于此，为送子娘娘过生日，俗称"大会会"，反映了民众祈求平安、美满的朴素愿望。修建后的娘娘殿神祇改为女娲、娥皇、女英。女娲又称娲皇、女阴娘娘，传说中女娲不但是补天救世的英雄和抟土造人的女神，还是一个创造万物的自然之神。她神通广大，化生万物，被民间广泛而又长久崇拜为大母神和始先神。娥皇和女英是尧的两个女儿，同嫁舜为妃，后舜外出巡视死于苍梧（今广西梧州），她们赴至南方，投入湘水，成为湘水之神。洪山水利博物馆对娘娘殿的改造一则满足了水利博物馆凸显水文化的主题，二则兼顾了民众前来求子的需要。

除外，洪山水利文化博物馆中的其他文字信息也彰显了水文化的内涵。源神庙的牌坊是"有本者如是"五个楷书镏金大字，苍劲有力，挥洒飘逸，相传为明代理学家王阳明所书。语出《孟子·离娄》，"源泉混混，不舍昼夜，盈科而后进，放乎四海，有本者如是"。牌坊阴面为王一魁手书"溥博渊泉"四个大字，出自《中庸》第三十一章："溥博渊泉，而时出之。溥博如天，渊泉如渊，见而民莫不敬，言而民莫不信，行而民莫不悦。"原意是用渊泉比喻圣人之德，此处则用以歌颂泉水之博大。为建立水利博物馆的需要而于正殿悬挂的对联"开门见山收不尽烟云景色，居心似水乐无边花鸟文章"，也独有赏阅水文化的韵味。

1988年，负责修复源神庙的续忠元先生将修复后的源神庙定位为"一所历代政权以及灌区人民保护水源，发展水利，管理水利的指挥中心，是当地人民赖以生存的源头，是人民饮水思源不忘根本的象征，是介休人民的骄傲，是一所不可多得的名副其实的水利博物馆"[①]。将源神庙赋予水文化的内涵，经过提炼、包装、创造，冠以"洪山水利博物

---

① 续忠元：《介休市洪山水利博物馆简介》，未刊稿。

馆"的名号，使源神庙以旧瓶装新酒的面貌得以重获新颜，且愈加焕发生机。源神庙与洪山水利博物馆也合二为一，共同记录与书写着洪山的水文化。

　　从1996年开始，洪山村借助洪山泉得天独厚的自然环境及源神庙等独具特色的历史人文景观，力图打造洪山旅游区，并有《洪山旅游区总体规划》。洪山旅游区面积1039.1公顷[1]，背靠绵山，下临源神庙。在洪山旅游区中，森林面积为367.1公顷，占洪山旅游区总面积的31.7%[2]。欲"以森林为主体，以文物古迹为依托，把洪山旅游区建成独具特色的森林旅游胜地"[3]。景区内的源神庙、源神池、洪山瓷窑遗址、狐岐山、槐抱柏、洪山水库等，均成为集自然与人文景观于一体的观光对象。2004年6月，山西省人民政府将源神庙列为省级重点文物保护单位。2009年3月，为修复因自然风吹雨蚀造成的残损，洪山水利管理处再次筹资对源神庙进行加固、整修，极力维护古庙原有的风貌，使其与庙外的源神池、狐岐山以及民间水文化传说等共同构成水利博物馆的厚重包容与系统完整。2013年5月，源神庙成为国家级文物保护单位。同时，以源神庙为中心的洪山泉，因其青山绿水、气候宜人，历来成为避暑胜地，"介休十景"中就有洪山泉的"胜水流膏"。

　　4. 用水观念与习俗

　　洪山泉在历史上惠及48个村落的生产生活用水，围绕水资源的合理利用和防治水污染形成了一套约定俗成的用水观念与习俗。历史上，洪山村村民严格遵守按时段用水的规范，每天上午九点以前为取水时间，村民均挑担到邻近的河流取足一天的生活用水。这一时段，除了取水之外不能将水另作他用，这样保障了整个洪山泉流经村落过程中村民取水的水质，尤其是处于洪山泉上游的洪山村村民，一直遵守着良好的用水习惯，亦为中下游村落用水形成示范。九点以后，村民就可以自行

215

---

① 参见洪山旅游区筹备处《山西省介休市洪山旅游区总体规划》，1996年5月，第1页。
② 同上文，第12页。
③ 同上文，第36页。

在河流中清洗蔬菜、衣物等，村民的用水方式也活跃起来，一天到晚，均能见到村民在河里，或是往返于河流而忙碌的身影。

在生产与灌溉用水方面，于每条干渠，均会设水老人一名，负责干渠灌溉诸事宜，水老人一般由干渠流经的村落来轮流选人担任，水老人之下还设渠长若干名。每年农历的二月初二，洪山泉的所有水老人和渠长，均会聚集到源神庙编制水牌，制订一年的用水计划。每条干渠有一个水牌，水牌规定了每户人家浇地的面积与浇地的时间。到了三月初三，为发放水牌日，拥有水牌，就有了灌溉的权力，而灌溉的多寡则用点香的方式来计时，村民均按照这样的用水规范来实现水资源的有效分配。灌溉的周期则采用"计地立程"的方式，即根据土地的多少来立程头，程头作为一个时间概念，一天为一程头，如18个程头，则指18天可以轮到浇地一次。

历史上的洪山村村民，已经有关于水的生态环境意识，碑刻资料中还有保护水源、防治污染的记载。[①] 在洪山村东街路北亦立有永远禁止倾倒灰渣碑。额、首题皆书"永远禁止倾倒灰渣"，碑文楷书，6行，每行19字，记载该村订立条规，禁止倾倒灰渣之事。清道光四年（1824年）立石，原碑被埋于地下，2004年清理道路时挖出重新立于路旁。[②] 因洪山历史上盛产陶瓷，每天产生的灰渣量也较大，一些村民为图方便，便将灰渣直接倒于河中，造成河流中下游河道淤塞，因此，中下游其他村落的村民每年均需要定期清理河道。并且，灰渣也不利于河道中水磨的运转，基于此，便立碑文，将倒灰渣的行为作为村民的道德范畴。将倾倒灰渣的规范用碑文的形式呈现后，村民乱倒灰渣的现象渐少，灰渣均运往专门的灰渣山进行倾倒。同时，从此碑文还可以看到，洪山村早在清代就出现了关于环境管理的习惯法。

5. 水与民间信仰

在洪山村，水与民间信仰紧密相连，本土孕育而生的源神信仰成为洪山村村民间信仰的内容之一。围绕源神信仰形成的"三月初三"

---

① 参见黄竹三、冯俊杰《洪洞介休水利碑刻辑录》，中华书局2003年版，第233—234页。
② 永远禁止乱倒灰渣碑文信息资料由介休市文物局提供。

"八月初一"庙会，就是当地人对水敬之、惜之，并奉为神灵加以呵护的共举之事业。《后汉书·礼仪志》上有记载："是月上巳，官民皆结于东流水上，曰洗濯拔除，去宿垢，为大洁。"旧时村民来祭，焚香鸣炮，以酬神思，祭毕将祭品抛于池内，名曰"神食"，县令也要率官吏来庙祭祀，并点牌上水，唱戏酬神，盛况非凡，宋代以来沿袭相承，形成传统的洪山庙会，也就有了介休"三月三，骑着毛驴赶洪山"的习俗。清代乾隆四十二年，介休知县吕公滋在三月三有诗云："草含新绿柳含翠，远岫春山列画屏。胜水澄清修禊好，风流千载想兰亭。"足见洪山三月三的渊源。

相传，农历三月初三上巳节为源神诞辰日，也为放水之日。每年三月初三，引洪山泉水灌溉的48个村落在源神庙商议分配当年的用水，然后发放水牌，并举行开水仪式，意味着新一年的灌溉开始。水牌的拥有也就意味着水权的拥有，也意味着用水分水等公平伦理的持有与规范化。其合法性是用源神庙神祇的权威性和仪式来维系的，即用文化权威来界定。

在普通乡民的视野中，源神爷是一种至高无上的神秘力量，为了酬谢神恩，泉域民众每年要举行祭祀源神的活动。在文献中记载了三月初三，众人聚集到源神庙举行祭祀水神仪式的场景："在源神庙大殿前摆满了三牲祭品、面塑蒸食、时鲜果品……香烟缭绕，灯烛辉煌，源神庙善人们身穿道袍左右支应。本府同知，本县县令、县丞及诸多当地外任官员按品阶依次排列在前排；县里绅士、村头社首和涉及用水各村的'公人'排在二排，当地香业工会、水磨业公会、瓷业工会的头目及本村乡绅排列在三排。由县衙师爷司仪，共向水神行三拜九叩首大礼，由县令宣读祭表文，祭毕，官员们返回接官厅议事，众多乡民争先焚香叩拜，许多还向庙祝布施，庙祝鸣金还礼：'善哉，善哉！'"[1] 在庄重地祭祀源神爷的同时，很多民间水事纠纷和水利问题便也在热闹非凡的庙会前夕得以稳妥解决。凭借对源神爷的尊崇与祭祀，泉域社会的水利秩

---

① 介休历史文化丛书编委会编，王锡堂搜集整理：《介休民间传统习俗》，介休市三和印务中心 2011 年承印，第 33 页。

序得以有效维护。

明清以来，随着人口、资源与环境关系的日益紧张，水源紧缺导致用水紧张的局面频频出现，村与村、渠与渠、河与河之间的争水斗讼行为屡屡发生，徒祀源神已丝毫无助于缓解冲突，避免竞争，于是泉域社会的用水秩序日益紊乱。正常的用水秩序仅仅依靠民间社会自身的力量已无法恢复，必须通过国家出面来处理。不过，这种局面应是自北宋康定元年（1040 年）在汾州任地方官时的介休人文彦博的"三分胜水"之举开始。文彦博在分水之外，又颁布了相应的水利管理规章："计地立程，次地轮转，设水老人、渠长，给予印信簿籍。开渠始于三月三日，终于八月一日。"官方在处理水案，制定水规的同时，对源神庙也给予了高度的重视。每年三月初三，由官员亲自主持源神庙祭祀仪式并宣布开渠的惯例可能就是自文彦博分水后开始的。[①]

当下的三月初三，亦在洪山村延续着，只是三月初三已经由当初纯粹作为祈雨及形成用水规范的场域，转变为酬神娱乐与商贸活动并存的场域。三月初三的活动地点也由源神庙延展至现在洪山村的主要街道。届时，南来北往的商人到此会聚，实现商品的交换和人员之间的交流。延续至今的庙会，仍有唱戏的传统。洪山村历史上有自己的剧团，后来剧团解散，但村民仍会花钱将外地的戏团请回来，展示着洪山村村民对庙会唱戏的执着追求。

在源神庙的祈雨仪式之外，洪山当地还有六月初六的河神生日，届时村民将蒸制好的面食抛于河中以祭河神爷，晚上还要放河灯。同时，还有超越洪山泉域范围的祈雨仪式。每逢大旱，介休乃至平遥、汾阳、孝义各县的百姓便自发组织起来，到绵山祈祷"空望佛"显灵降雨，他们通常由二十多名年轻力壮的男子组成，赤裸上身，下身只穿一条短裤，由本村一直跑到绵山，沿路有百姓夹道，共唱"空望佛，下大雨，下了大雨救万民"[②] 的《祈雨歌》。

---

① 参见张俊峰《水案冲突·源神信仰·泉域社会——基于明清时期山西介休洪山泉域社会的田野考察》，《区域社会史比较研究中青年学者学术讨论会论文集》，第 259 页。

② 介休民间文学集成编委会：《介休民间歌谣集成》，第 94 页。

二　转折——洪山泉的断流

(一) 断流实况

历史上的洪山泉有过两次断流,一是清康熙五十九年(1720年)连续四年干旱,泉水断流,池水干涸,但在雍正元年(1723年)便逐渐有泉水流出,流量逐渐恢复为历史水平,并一直保持稳定。而在光绪二十六年(1900年)大旱,大旱后泉水显著下降。二是在民国十九年(1930年)因连年干旱,导致泉眼枯竭。到民国二十二年(1933年),因雨量充沛,泉眼复流,且一直延续至今。[①]

新中国成立以来,洪山泉汇水系统面积500平方千米,年平均径流量为4130万立方米,最大径流量为1965年的5490万立方米,最小径流量为1982年的2743万立方米。整体而言,洪山泉流量在1998年以前较为稳定,1998年泉水流量为0.83立方米/秒,但从1998年开始泉水流量急剧下降,2003年时最小流量只有0.08立方米/秒,此后七八年间,泉流一直在0.1~0.14立方米/秒之间波动。而进入2010年,特别是2011年以后,泉水流量又呈现出急剧下降之势。2010年,泉水平均流量0.08立方米/秒,到2011年5月以后,现有测速仪已测不到流量,泉流降至0.03立方米/秒以下,近乎枯竭。

表5-1　1955—2012年洪山泉年均流量表[②]

年　份	年均流量(m³/s)	年　份	年均流量(m³/s)
1955	1.21	1988	0.91
1956	1.46	1989	0.97
1957	1.67	1990	0.91
1958	1.73	1991	0.84

219

---

① 续忠元:《介休县水利志》,内部资料,1986年,第45页。
② 相关流量数据由洪山水利管理处提供。

续　表

年　份	年均流量(m³/s)	年　份	年均流量(m³/s)
1959	1.62	1992	0.82
1960	1.52	1993	0.79
1961	1.33	1994	0.83
1962	1.28	1995	0.913
1963	1.23	1996	0.905
1964	1.45	1997	0.9
1965	1.73	1998	0.83
1974	1.01	1999	0.69
1975	0.94	2000	0.493
1976	1.04	2001	0.281
1977	1.18	2002	0.192
1978	1.2	2003	0.142
1979	1.39	2004	0.156
1980	1.31	2005	0.247
1981	1.08	2006	0.25
1982	0.9	2007	0.12
1983	0.89	2008	0.18
1984	0.96	2009	0.184
1985	0.98	2010	0.08
1986	1.06	2011	0.015
1987	0.97	2012	0.015

说明：1966—1973年因"文革"而停止观测。

洪山泉除了逐渐暴露出来的径流量不断减小的问题之外，还面临着污染问题，在 1996 年制定的《洪山区旅游区旅游规划》中，就指出了洪山泉的问题所在，"洪山水库内有工业废水和生活污水排入；近年来，由于地下水的超量开采，使得地下水位逐年下降，已形成一个漏斗"[①]。

洪山泉断流与洪山灌区大面积的农业用地开发有关，直至 1958 年，洪山泉所要供给的灌溉面积增加至 13 万亩，而在明洪武十八年（1385 年），洪山泉所要供给的灌溉面积为 2.44 万亩[②]，增长了 6 倍多。过快的农业增速，已经造成了洪山泉水供给不足。就洪山村而言，历史上的洪山得益于便利的水利灌溉条件，很多土地都是水浇地，所以村民较为重视土地。20 世纪 70 年代，洪山村共有土地 4000 多亩，人均土地面积 1 亩多。而到现在，因为建筑用地、退耕还林、抛荒弃荒等原因，土地面积锐减到 2000 多亩，人均耕地面积不到 0.5 亩。面对水资源的枯竭，村民在土地上的耕耘已经难以为继，很多人家会将土地免费送给别人耕种，以能够有更多的精力来从事打工经济。甚至有送人土地却送不出去的情况。从表面来看，凡是农业人口均拥有土地，但实际而言，一半以上的村民有土地但已不再耕种，成为不愿意从事农业的"农业人"。

但关键的断流原因在于洪山村周边区域的煤矿开采及打井造成的洪山泉域被破坏。20 世纪 70 年代，在洪山村与运吉村之间有县营的洪山煤矿（现已停办）；在洪山村与杨家庄之间有镇办的洪山镇煤矿（现已停办）；在洪山镇与连福镇接壤处有 20 多个小煤矿，现在仍有五家在运营；在洪山镇与龙凤镇之间有开山取石、开挖小煤窑的情况；在洪山镇与平遥县接壤处，也有一定数量的煤矿。而这些区域，均涉及对洪山泉域保护区的破坏。关于洪山泉域范围内的打井现象，除洪山村外，均有打井的现象。20 世纪 90 年代，有洪山镇与平遥接壤处打井，致使出自洪山村的泉水流量减少的情况，就此，洪山当地还有一场与平遥的官司。

221

---

① 洪山旅游区筹备处：《山西省介休市洪山旅游区总体规划》，1996 年，第 60 页。
② 参见续忠元《介休县水利志》，内部资料，1986 年，第 46 页。

直到 2014 年 2 月，洪山泉彻底断流，原为庇佑洪山村村民用水之所的源神庙也滴水无存，源神庙的守门人也不得不到村落的集中供水点取水。关于洪山泉断流的原因，村民的认知与学者的考察一致，皆在洪山泉周边打井、挖煤，破坏了洪山泉原有的水线。村民的解释认为，洪山村因为洪山泉保护的需要，未打一口井，但洪山泉周围的村落及临近洪山的平遥地区，打了几口井，且开采了许多煤矿，这些是洪山村没法管的。网络有报道："洪水泉泉域范围 600 平方公里，涉及晋中市介休、平遥和长治市沁源三县市。据统计，由于解决人畜饮水问题，泉域范围内先后打深井 15 眼开采地下水，这 15 眼深井大都分布在介休市的管辖范围之外。另外，区域内现有开采矿井，除已知介休市 30 座、平遥县 6 座外，沁源县境内的煤矿介休市政府根本无法统计。基于洪山泉泉域内行政区域不同的原因，介休市政府始终没有很好的办法解决洪山泉水流量减少的问题。"[1]

此次洪山泉的"事出有因"，并非简单如清康熙五十九年（1720 年）和民国十九年（1930 年）时期，因为干旱的自然原因所致，偶有村民对洪山泉复流充满期望，但那似乎也变成了不愿直面现状而勾勒的美好愿景。此次洪山泉断流，是长期的人为因素所致，破坏具有难以逆转性。因此，洪山泉复流在短期之内不可实现。洪山泉断流，给村民造成的影响是颠覆性的，摆在洪山村村民面前最为迫切的命题就是如何解除水危机，同时在解决水危机的基础上如何实现洪山的发展。

（二）断流背景下的现实策略

1. 思泉源：运水、引水、打井

（1）运水

自洪山泉断流后，介休市政府领导班子来到洪山了解情况，会议讨论解决洪山村的吃水问题。由市政府直接出资来解决洪山村的饮水问题，决定利用送水车从邻村输送生活用水，以解村民的吃水难题。笔者

---

[1] 《山西日报》2005 年 11 月 3 日。

2013 年 7 月在洪山村调查期间，每天见得最多的就是奔忙的运水车。运水车一天大致供应村民 100 立方米的饮用水，基本能解决村民的生活用水。村民可以按需取水，对取水的时间与数量都没有具体的规定，什么时候需要多少水，皆可以自由到供水点取水。现在运水成为洪山村村民解决当地用水危机的唯一有效形式。

（2）引水

2013 年，村民面对渐已枯竭的洪山泉，便以村集体的名义向 3 公里开外的杨家庄实施饮水工程，但因为各种技术原因，饮水工程未能如愿完成。2014 年 2 月，洪山泉彻底断流之后，饮水工程由政府出面提供资金支持，责成当地的洪山水利管理处来具体实施。饮水工程从绵山开始，水程约 15 公里，工程现已投入，原计划在 2014 年 7 月完工，但实际上直到笔者 7 月底离开，工程仍未完成。

（3）打井

因土地占用等问题，引水迟迟未在工期内完工，亦有因长距离引水而导致管道故障等偶发情况，造成当地出现用水不便等隐忧。在这样的情况下，村民联名撰写了《洪山村村民关于打井取水的要求与决定》，上报相关部分，以期获得在村落范围内打井的许可。

洪山村村民关于打井取水的要求与决定[①]

　　洪山村是介休市最古老的村落，有 3000 多年历史，洪山村是介休市人口最多的村子，常住人口 5000 余人。

　　洪山历史以来，有得天独厚的源神泉水，曾经灌溉着全市 20 多万亩耕地，孕育了介休广大人民，但从 20 世纪 90 年代末，水位急剧下降，使村里 1000 多亩水浇地变为旱地，特别是从去年（2013 年）年底，源神泉水断流，村民生活用水面临极大困境，村委会速将情况上报政府，积极组织力量寻找水源。经多方协调，在各级政府和水利部门的大力帮助下，今年（2014 年）1 月份从运吉村引来矿井水，但是半个月前该水源又遭断流，用水 3 个月，投资近 20 万元。

223

---

① 资料由洪山村村委会统计员张育政提供。

市政府虽然启动了绵山饮水工程，但工期长，困难大，远水难解近渴；虽然联系了两辆送水车，但远远满足不了五千多人的用水需求。村民从凌晨到深夜，排队取水，老弱病残的村民就更加困难。缺水严重影响着村民的生活与生产，以及村里的稳定与发展。

鉴于上述越来越严重的缺水状况和从运吉引水断流的教训，经过广大村民充分酝酿，认为最快捷最彻底的办法是在本村打井取水，而且刻不容缓，所以决定在东山打一口深井，以解燃眉之急，并为今后的用水奠定基础。

待绵山引来的水源，确实稳定有效后，我们将立刻封闭此井。

从《洪山村村民关于打井取水的要求与决定》来看，因洪山村处于洪山泉域保护的中心范围，打井受洪山泉域保护规约的制约。从洪山泉保护方面来看，打井是不应予以批准的。但在村民生存之需面前，政策规约也以柔性方式让位于村民的生存需要。

2. 消失的水利

因洪山泉流量的日益减少以至断流，各种依托丰富水资源而建的水利设施也已经失去了过去的风华，许多渠道或被填埋，或被加盖成为下水道，或成为垃圾填埋点，原本畅通无阻的渠道不复存在，原有功能被现实枯竭的水资源现状埋没。在 1996 年的《洪山旅游区总体规划》中，就有将现有河槽另作他用的说明。"因源神池旁长 30 米、8 米宽的河槽已经失却功能，便为了增加景观和充分利用现有条件，将河槽覆盖作为小商品零售摊，共计 240 平方米。"[①] 更为堪忧的是，部分原作为山川之间排洪之用的自然沟壑，因长时段无洪可泄，村民亦没有长远考虑，仅出于对现实的考量建了房子，种了庄稼，铺了路。笔者曾花了一整天时间，在村内苦寻一条还在利用且保存完好的沟渠，但未能如愿，而沟渠的消失仅仅在近十几年的时间里。

从洪山村的自然地貌来看，村落四周均环绕由自然力冲击而成的沟壑，沟壑窄则 10 多米，宽则 20 多米，可见水患对于黄土地有很大的侵

---

① 洪山旅游区筹备处：《山西省介休市洪山旅游区总体规划》，1996 年 5 月，第 82 页。

蚀作用。《介休县水利志》有记载："1966 年 3 月 30 日，洪山灌区西湖龙水库西段决堤出水垮坝，口宽二十五米，高七米，跑水二十万立方米，南王星村因此被水淹。"[①] 可见，当地水患灾害不容忽视，河水易疏不易堵。但笔者在实际调查中，发现有将排洪之用的沟渠人为截断或另作他用的情况，从长远来看，对原有大沟大河的不管不顾抑或破坏，都是不妥的。

陪同笔者一起寻访洪山当地水利遗迹的王乃兴先生不无遗憾地叹息道："记得我还是孩子的时候，父母都不让我随便出门，生怕因村里的河流而发生意外，在家里都能听到哗哗的流水声。可如今，滴水不见，原有的河道几乎被填埋。忙活了一天，连一个水磨也没找到。"

随着洪山泉水量的逐年递减，原设于源神庙旁边的洪山水利管理处失去了其存在的优势地位，原洪山泉流量足以灌溉 48 个村落，现在就连洪山本地的基本生活用水也无法正常供给。洪山水利管理处的事务"冷清"了不少，作为新中国成立以后一直到 20 世纪 90 年代仍在当地吃香的水利管理处工作人员，也由原来的 200 多人，递减到现在的不足60 人。洪山水利管理处也从无水的洪山村迁移到了 5 里外的磨沟村。

3. 人口的变化

洪山村的居住人数在 20 世纪 70 年代末至 80 年代初出现了高峰，有 6000 多人。有以下几个方面的原因：一是当时洪山的非农业人口增多，在洪山村的洪山陶瓷厂有 1000 多名员工，大多来自晋东南，这一部分员工中的近 2/3 定居洪山村；二是县营的洪山煤矿，有员工 300 多人，其中的 100 多人也选择定居洪山。可以说，当地围绕水而形成的产业发展成为洪山人口增加的重要因素。

从 20 世纪 80 年代初开始，洪山的人口渐有下降，从 2000 年至今的十多年间下降最为明显。在 2000 年，具有洪山村户口的人数为5112 人。其中，户口在洪山村，但并未住在洪山村的人数为 252 人（其中，外出不满半年的有 27 人；外出半年以上的有 225 人）。[②] 而根

225

---

①　续忠元：《介休县水利志》（内部资料），1986 年，第 21 页。
②　参见《2000 年洪山村户主姓名底册》，由洪山村委会统计员张育政提供。

据全国第六次人口统计资料数据（2010 年），人口普查期间居住在洪山村的总人口为 4434 人，其中 3649 人的户口在洪山村，276 人的户口在洪山镇的其他村，399 人的户口在其他乡镇。在人口普查期间，户口在洪山村，但并未住在洪山村的人口为 1313 人，其中 189 人居住在洪山镇的其他村，1124 人居住在其他乡镇，尤其以居住在介休市区的居多。[①] 从 2000 年到 2010 年，户口在洪山村而实际不在洪山村居住的人数从 252 人增至 1313 人，尤见洪山村人口流失现象严重。

导致洪山人口锐减的原因具体可以归纳为以下几点：一是陶瓷厂于 2004 年停产，造成原住洪山村员工的流失；二是洪山煤矿的关闭造成人口的流失；三是洪山水利管理处搬迁到磨沟村造成的人员流失；四是因集中办学的需要，原处于洪山村的洪山镇中学合并至介休市区，部分家庭为了孩子的教育，也随之迁移到了介休市区居住；五是洪山当地大学生户口的外迁；六是打工潮背景下的外出打工现象；七是洪山村因水断流带来的生存危机，致使一部分人外迁。以上致使人口减少的因素中，水的因素和教育的因素是导致洪山当地人口减少的主要原因。

洪山小学历年新接收的学生人数变化情况，也可以作为当地人口变化的一个侧面来反映。以洪山镇小学的实际情况来看，在 1965 年毕业的学生不足 50 人，仅 1 个班级；到了 1970 年，毕业班的班级数增加到 4 个；到 1978 年和 1979 年，班级数量为 7 个，为历届最多；此后的班级数便一直呈下降趋势，2000 年以后，毕业班仅有一个班级，不足 50 人。与此同时，洪山镇中学也因生源问题而面临停办的危机。

三　文化的视野——洪山水利社会何去何从

首先，从洪山泉域的特点出发，在历史过程中，对洪山泉的开发与利用采用了跨越村庄的多村庄联合形式，现针对当下最为关键的洪山泉域保护问题，也应该"跨越有形边界"，勿让有形的行政地理区划成为

---

① 参见《第六次全国人口普查快速汇总（过录）表》，由洪山村委会统计员张育政提供。

洪山泉域保护的瓶颈。其次，回到洪山村当下，洪山村应依托丰富的文化资源，进行文化的再生产，激活洪山发展活力。

（一）泉域社会——跨越有形边界

泉域社会跨域了村庄，其良好运行建立在村落间的协调与沟通基础之上，那么，现在针对洪山泉断流的生存危机，跨区域合作机制也应该呼之欲出。过去的泉域社会有超出村落的合作机制，现在的泉域社会危机治理仍需要这样的合作机制。洪山泉域的保护，仅以洪山村为保护地，是解决不了问题的，必须跨越以行政区划为限制的有形边界，建立更大区域范围内的联动机制。

在《介休市洪山镇总体规划（2012—2030）》中，有关于以洪山泉作为水源地的保护规划。

一级保护区：将水源地周围 30 米的范围作为一级保护区。禁止建设与取水设施无关的建筑物；禁止从事农牧业活动；禁止倾倒、堆放工业废渣及城镇垃圾、粪便和其他有害废弃物；禁止输送污水的渠道、管道及输油管道通过本区；禁止建设油库；禁止建设墓地。

二级保护区：位于一级保护区外 0.8 平方千米的范围。禁止建设化工、电镀、皮革、造纸、制浆、冶炼、放射性、印染、染料、炼焦、炼油及其他有严重污染的企业；禁止设置垃圾、粪便和易溶、有毒、有害废弃物堆放场和转运站；禁止利用未经净化的污水灌溉农田。目前已经存在的各类污染源必须限期予以拆除或搬迁。

准保护区：位于二级保护区以外的以水源地为主要补给的影响区。基本可参照二级保护区的规定。工业生产及相应污染物的治理和排放必须满足相关环境保护法规和条例的规定；各类垃圾、粪便和易溶、有毒、有害废弃物的堆放场站的设置必须经有关部门批准，并采取防渗漏措施。[①]

面对洪山泉枯竭的问题，洪山当地政府严禁各类小煤矿和小石

227

---

① 参见山西省城乡规划设计院《介休市洪山镇总体规划（2012—2030）》（送审稿），2012 年，规划说明部分第 34 页。

料厂私采乱挖，并采取广植禁牧、保护植被和水土资源等各项政策措施，以此来解决洪山泉水源枯竭的问题。但也因严格限制在洪山村地域范围内开发，而造成招商引资难，暂时难以摆脱所面临的困境。

从洪山泉的保护范围来看，洪山泉的保护范围不止在洪山村内，其实际的保护范围涉及周边村落乃至跨县域的平遥区域。因此，洪山泉的保护应该采取跨区域的策略。

洪山泉的断流从地域来看，仅是洪山村一个地方的事件。但小地方衍射大区域，小事件衍射大问题。洪山泉的断流不单是当地的生态原因及人为原因所致，而是指向更为广阔的地域范围。洪山泉的区域保护范围本是超越了洪山村，甚至超越介休市的更大区域，但是行政、地理等因素将洪山泉的保护范围人为缩小。对于洪山村之外的在泉域保护范围内的地域，其所受的制约较少，打井、挖煤可以一如既往。而洪山村因处于洪山泉域保护的中心，打井被禁止，挖掘资源被禁止，其他工业的发展也被禁止，成为洪山泉域保护的独行军。结果却是，周边区域赚足发展资本的同时，洪山村却要为周边发展导致的洪山泉断流埋单。可以说，洪山村是区域发展的牺牲者，因保护资源而失去了更多自由发展之路。在此，笔者并非力导给洪山村如周边区域一样的发展权利，只是希望洪山村的现实境地能够引起相关关注，同时，从洪山村目前面临的"绝境"来看，发展需要另辟新路。

再远观之，洪山现有的水资源危机，已经成为整个山西面临的发展瓶颈，地下水严重超采，煤的开采与水资源的有效利用形成了不可调和的矛盾。"山西19个岩溶大泉现有3个完全断流，2个基本断流，12个流量严重衰减，历史上的千泉之省目前已很难看到泉水……煤炭开采对地下水资源造成严重破坏使我省（山西）水问题进一步复杂化，汾河、桑干河流域出现了'有河皆干、有水皆污'，由于采煤对含水系统的破坏，每年因煤炭开采破坏的水资源量高达十几亿立方米，直接导致煤矿周边水井报废、泉水断流。"[①] 可以说，洪山泉断流所导致的洪山村及其

---

① http：//www.forestry.gov.cn/portal/main/s/142/content-82138.html.

周边区域的发展困境，仅仅是山西在社会发展过程中诸多困境的一个缩影。

（二）文化再生产

文化人类学的研究一直着眼于民族文化的研究，特别是侧重于"无意识的文化传承"的研究。而在今天，不同国家、地域和民族的文化，其"无意识的传承"传统，常常为来自国家和民间的力量，进行着有意识的创造，这种创造的过程，正是一种"文化的生产"与"文化的再生产"过程。这种"生产"过程，利用原有的文化资源和新的文化创造来展示各自的文化特征，形成一种"文化＋文化"的现象。[①]

目前，洪山呈现一种外附型的发展模式，较为典型的是打工经济的出现。村民的经济来源主要在于打工。对比现有的洪山村，原有的建立在水利基础之上的繁华早已不复存在，我们仅能在老人的叹息声中及历史资料中一窥其繁华的程度。而就现实的洪山村的发展而言，外附型的打工经济仅能满足村民基本的生活需要，难以满足村民进一步发展的需要。洪山村发展还是需要回到内生型的发展模式上。其内生型的发展模式在洪山有可行性，这种模式就是将当地的文化产业开发作为地方发展的立足点，以文化产业开发为动力，实现当地文化的再生产，用文化的再生产带动洪山的整体活力。

从洪山村丰厚的历史底蕴来看，洪山村的文化产业开发的原动力较为充足。尤其是洪山的水利文化，就是有待开发的资源。如以洪山水利文化博物馆为参照范本，同时试图建设洪山香业博物馆、洪山陶瓷博物馆等，当然，洪山水利文化博物馆还可以有更为完善的规划方案，收集古代使用的水磨及其他水利工具，如桔槔、轳辘、龙骨水车、石碓等，来重现传统农耕时代人们与水相关的生产生活图景，随着遗物的流失及文化产业开发的需要，这样的收藏与保护变得尤其有意义。

229

---

① 　参见麻国庆《全球化：文化的生产与文化认同——族群、地方社会与跨国文化圈》，《北京大学学报》2000 年第 4 期。

第六章 北贾村侯氏宗族的变迁

2006 年年初上映的央视大戏《乔家大院》中曾有这么一段剧情：在太平天国动乱期间，晋商票号在东南各省的分号因战争影响损失严重，致使平遥的总号发生挤兑现象。剧中主人公乔致庸从其岳父那里借来银子，银子底下放置石头，这样 20 万两银子就充做了 50 万两，用许多骡马车从老家向平遥的票号运送"银子"，以应付挤兑局面。正是通过这种瞒天过海的手段稳定了人心，说服了将要退股的人，度过了挤兑风潮。这段故事并非虚构，只是被嫁接到了乔家，其原型为介休北贾村的侯氏家族。

一 北贾村与侯氏宗族

据晚清徐珂编撰的《清稗类钞》记载："山西富商，多以经商起家。"在光绪时，山西的 14 家"资产之七八百万两至三十万两者"中，介休、祁县、太谷、榆次，这四个县的晋商资产加起来可以达到 2300 万～2700 万两白银。而介休侯氏就有资产七八百万两，是晋商中仅次于首富亢氏的大户，其资产超过了赫赫有名的灵石王家、祁县乔家和榆次常家等晋商家族。[①] 侯氏城堡式村落的面积也大大超过了灵石的王家大院和榆次的常家庄园。而今的北贾村就是在侯氏城堡的基础上逐步形成的。

北贾何时建村，可以进行如下分析：北贾南面有南贾村，所以

---

① 参见徐珂《清稗类钞》（第 5 册），中华书局 1984 年版，第 2307 页。

"北"应该是指地理方位。贾（音同"股"，而非"假"），应该是指村里经商人众多。然而，北贾确切的起源时间，很难进行追溯。根据1999年编修的《侯氏合族谱》[①]记载：介休侯氏原是南宋孝宗隆兴元年（1163年）由陕西迁入，始祖为侯安。据传，侯安少时贫困，为生活所迫迁到山西，在此娶妻生子，此后世代居于此处。康熙时，家境尚一般，有十七世侯万瞻外出苏杭一带经商，专贩绸缎。万瞻生二子，长子生祥，次子生瑞。二子长大后，与父一起贩运绸缎。他们南贩北运，经过几十年的辛苦，获利颇丰，家业渐兴。到万瞻之孙侯兴域时，侯家已是外有商号数十处，内有大量房产土地的赫赫有名的财主了，介休人称"侯百万"。北贾村在历史上最辉煌的时间是与清代晋商侯家密不可分的。在清代，北贾专指旧堡，旧新堡就是现在的新堡，新堡当时叫中和堡。民国十三年（1925年），介休设立4个区，第四区辖36村，区公所在张兰镇，里面包括北贾村，此时的北贾村是指旧堡、旧新堡、新堡的合称。民国三十七年（1948年），介休设5个区，第一区辖39村，就包括北贾村。1953年实行区乡村志，初划为55个乡，第一区共12个乡，田堡乡有3个村：分别为田堡、北贾、大甫。1958年9月，全县成立了5个人民公社：跃进公社（在张兰）、卫星公社（在城关）、钢铁公社（在义棠）、火箭公社（在义安）、红旗公社（在大靳），北贾属于跃进公社。1981年，成立北贾公社，辖9个大队，33个生产队。1984年，全县举行县乡两级选举，除城镇外，各公社均改为乡，生产大队和生产队改为村委会。1994年，全市设6镇14乡，北贾乡辖旧堡村、新堡村、旧新堡村、南贾、孙村、史村、张村、石场坊村、梁家庄村共9个村委会。2001年，北贾乡并入张兰镇，作为行政意义上的北贾村消失了。不过在当地民众的认识里，北贾仍然存在，是指3个堡村的合称。北贾位于张兰镇东南，东临平遥。地形北低南高，旧堡在最北边，向南依次是新堡和旧新堡。随着村落规模的扩大，三个村之间的边界已经很模糊，尤其是旧堡和旧新堡，已经无法看出确切的边界了。北贾距离张兰镇4.5千

231

---

① 侯清柏编撰：《山西介休北贾村侯氏合族谱》，1999年。

米，距离平遥大约 10 千米，大运高速公路经过这里。村里有公交车直达镇上和介休市，交通便利。目前，旧新堡有村民 670 人，新堡村有 756 人，旧堡村有 1800 人，三个村合计有 3226 人，4357 亩地。

二 侯氏宗族概况

一般来说，华北的宗族不如华南宗族表征形式明显，但是这并不意味着华北不存在宗族。晋商家族中宗族特征就十分明显，不仅具有一般宗族的外显特征，而且具有很强的凝聚力。

（一）侯氏起源

侯氏的家族墓地位于北贾村旧堡东面。原来墓地外围都有围墙，在人民公社化运动时的农田水利基本建设中，墓碑被砸毁，坟地被推平。在"文革"的"破四旧"扫荡中，墓地更是遭到了极大的破坏，如今只剩下一块墓碑。这是一块高 4.4 米的侯氏先祖的墓碑，于嘉庆八年（1803 年），侯氏合族费银四百五十余两、工人三百余人，耗时一年多修建起来的。墓碑整体由两部分组成，塔身和塔基。塔基高 1.6 米，塔身高 2.8 米，石碑坐落在塔身中，碑高 1.87 米，宽 0.77 米，厚达 0.16 米。上面记载了侯氏先祖迁至此地的历史和对于祖先坟墓修建和祭奠的事迹。碑文如下：

碑阳：（见图 6-1）

碑阴：（主要介绍了三方面的内容）

第一，侯氏先祖的简要介绍：余族始祖，安，自宋季立业贾村，传二世祖，资，三世祖，瑜，连丧零落久不合葬，至四世祖，恩，原妥上三世之幽魂，傅五世祖遵道礼志，会鲁林志傅，景，共十有二门嗣，繁衍振振。前明嘉靖壬寅年十世祖，旬，特立墓石以记本源。

第二，介绍立碑背景：近至我辈十有八世，我辈上下现皆四世，人丁之盛，有自来矣。而盗者踩躏竟致冢间成稀，树木萧条，见此景象，盆深水源，木本之恩，先修理者多向有志而未逮，今嘉庆八年，村中公耄约保寺悉属侯姓，褐及此言，莫不欣然。

源远流长
垂裕后昆

侯始祖考讳岁安偕始祖妣张氏之墓

鼻祖流芳绵意载

大清嘉庆九年岁次甲子四月初七日谷旦

耳孙震业旺千秋

合祖孙公立

图 6-1　侯氏先祖墓碑碑阳文字

第三，介绍立碑过程：于是合族出银三百五十余两，奇墓前建石楼一座，东西北三面悉建土墙，南面修理西南开门额曰：光启后裔，西北建塔，以福风水，由春间动工至九年四月初七日告竣，计费银四百五十余两，起工银不足而十八世孙填之，我族之盛兴也。即成，合族勒石以记。十八世孙邑谨叙，十七世孙邑庠廪膳生师濂董沐书。

（二）侯氏宗族沿革

墓志铭记载了侯氏家族于清嘉庆年间修筑祖茔的原因和经过。

图 6-2　侯氏墓地石碑

侯氏起源于山西，史书上记载为春秋时晋国宗族后裔，魏晋南北朝时已散布中原，隋唐时就遍布南方。到了明清时期，山西以东、河南河北、湖广闽南，皆为侯姓聚居地，但以发源地山西为最多，多在介休、平遥一带，此处古时为上古郡，其中，又以介休侯氏最为闻名。据《族谱》记载，介休的侯氏在南宋孝宗隆兴元年（1163 年）由陕西迁入。据考，清康熙年间，侯氏家境尚一般，十七世侯万瞻与两个儿子外出经商苏杭一带，专贩绸缎，几十年功夫，经过他们父子的南贩北运，侯家获利颇丰，家业逐渐兴盛，终于田连阡陌、骡马成群、宅院数座，发展生意字号几十处，家资累计百万，人称"侯百万"，平遥、介休、晋南、河北等地侯家的绸缎店、茶庄和钱铺随处可见，为后来经营蔚字号票号奠定了基础。

侯万瞻之孙——十九世的侯兴域，在继承祖业的基础上，经多年苦心经营，家业进一步扩展。在平遥新设协泰蔚、厚长来、新泰永、新泰义，投资介休张兰镇马家在平遥开设的天成亨布庄和平遥西王智村米家开设的蔚盛长布庄，并逐渐扩大资本取代马家、米家独家经营，在介休张兰镇设立义顺恒、中义永，河北赵州设天兴记，北京等地设隆胜永、蔚新昌、义盛长、蔚新源、同豫昌、源盛义、双余魁、同裕成、同德成、同裕永等一批字号，还在本村设兴长记、德长蔚等，以经营绸缎、布匹、茶叶、钱铺、账局、染坊、药铺、杂货店以及油盐米面店为主，并以 6 个儿子的名义集资在运城设立"六来信"，经营河东池盐，获得巨大利润。

侯兴域之后，由其三子侯庆来（字培余，约 1786—1822 年）掌管家业。侯庆来精明练达，颇有才干，一接手家业即雄心勃勃组建侯家商业体系，把在平遥开设的经营绸缎、茶叶、钱币的协泰厚、厚长来、新泰永、新泰义都改为"蔚"字号，即蔚泰厚、蔚丰厚、新泰厚等，以便于管理、相互支持。侯庆来 36 岁去世后，其子侯荫昌（字古棠，1806—？年）接管家业。道光初年，侯荫昌看到日升昌票号生意日渐兴隆，认识到办票号有利可图，便聘用日升昌二掌柜毛鸿翔任总掌柜，首先将蔚泰厚绸缎庄改组为票号，不久，又把蔚丰厚、新泰厚、蔚盛长绸缎庄和天成亨细布庄全部改为票号，成为赫赫有名的"蔚字五联号"。资本总和达 60 万两白银，超过日升昌的规模。在与日升昌的竞争中，"蔚"字号凭借整体实力，业务突飞猛进，利润激增。经过道光、咸丰到同治 30 多年的发展，"蔚"字号声名大振，分号遍布上海、北京、苏州、杭州、哈尔滨、成都、重庆、西安、广州、兰州、太原等 30 多个

235

城市，给侯家带来滚滚财源。光绪年间，每股分红多达万余两，少则几千两。每次分红，侯家都有几万至十万两白银进账，成为声名显赫的商业巨族。据徐珂《清稗类钞》中对晋中14家"资产之七八百万两至三十万两者"调查统计，介休"侯氏资产七八百万两"，超过介休冀家，祁县乔家、渠家，太谷曹家，榆次常家等，列第一位。此时，侯氏宗族达到鼎盛时期。

侯荫昌后，由二十一世侯从杰（字卓峰，1848—1908年）接管家业。侯从杰后，由其妻王氏代管，人称"侯四太太"。之后，又由二十三世侯崇基主持。自侯从杰起，侯家奢华成风，家业开始衰落。仅侯从杰死后丧葬，即花费万余两白银。特别是侯荫昌的侄孙侯奎，是介休有名的挥金如土的阔少爷。时介休流传有"介休有个三不管，侯奎灵哥二大王"。加之侯家大量输捐，有去无回，已是入不敷出。辛亥革命后，侯家各地商号、票号接连被抢、被烧，纷纷倒闭。兵荒马乱中，成都、重庆票号分号被抢；汉口、昆明、西安、兰州等分号，也都不同程度受损。而各存款户纷纷提款，形成挤兑，致使票号陆续歇业关门。民国十年（1921年）蔚泰厚票号最后停业。侯家商业至此完全垮台。但侯家的太太少爷们，仍过着养尊处优、奢侈豪华的生活。没有收入来源，就靠变卖家产维持。民国二十七年（1938年）年初，日军侵占介休不久，侯家最后一任掌门侯崇基冻饿而死。[①]晋商侯家也就退出了历史舞台。

1949年1月，介休开展土改。侯家的土地及房屋被瓜分，侯氏宗族力量被进一步削弱。不过，对于宗族的改造才刚刚开始。因为宗祠、支祠以及家长族权构成的"家族系统"被认为是中国社会中的腐朽阶层，必须通过强大的政治运动加以改造。在随后的农村合作化运动中，全村人民共同协作，分化了宗族组织内部的协作互助关系。到"大跃进"时期，许多农民大肆破坏侯家大院，将门槛、门柱等都拆下去炼钢铁。"文革"时期，侯家大院遭到更加严重的破坏，侯氏宗族的物化标志被破坏殆尽。

---

① 参见介休市文史资料委员会《介休文史资料》（第四辑），1993年，第54—77页。

改革开放之后，主流意识形态已逐渐发生变化，农村的焦点早已不是宗族问题，而转移到了医疗、教育上。即便是偶尔在村委会换届过程中出现一些宗族的因素影响选举，也是极个别地方的问题，在全国不具有普遍性。不过，20 世纪 90 年代以来，一些地方出现了"强人治村"的状况，从另一个方面却在改变着宗族的生存环境，刺激着宗族的重建。1999 年，侯兴盛、侯清柏共同编撰了《侯氏合族谱》，表明在新环境下宗族意识的觉醒，可是这并不意味着北贾村宗族势力能够再次登上历史舞台。

（三）侯氏宗族特征

就宗族这一社会群体组织而言，在华北地区存在着几种不同的类型，即仕宦大家族、商业大家族和一般的农耕家族。顾名思义，仕宦大家族就是宗族内世代有人为官的名门望族，商业大家族就是因经商致富而发展起来的富商巨贾家族，农耕家族就是世代以农为本，在乡村中占据重要地位的家族。侯氏宗族就是典型的商业大家族。侯家经营绸缎庄、茶庄、布庄、钱铺、染坊等多种商号，后又开设票号，获利颇丰。侯家还在家乡置地建房，因家族人丁兴旺，北贾村旧堡已容纳不下众多的族员，又分别在乾隆元年（1736 年）和乾隆二十一年（1756 年）新建两个堡子，称旧新堡和新堡。尽管随着晋商的衰落和侯家的衰败，侯氏宗族早已失去往日的辉煌，但侯氏宗族在北贾村三个堡内繁衍生息，至今仍在北贾村的政治、经济活动中占据重要地位。

237

通常意义上，姓氏是血缘组织内部认同的一个标志性符号，虽然现实生活中许多血缘关系都是虚拟或创造出来的，但同姓是宗族身份认同遵循的基本原则。[①] 黄宗智、杜赞奇都对华北宗族有过研究[②]，他们的研究以外显的姓氏符号建构华北宗族，虽然对于许多宗族并不适用，还

---

① 参见张银锋、张应强《姓氏、符号、家谱与宗族的建构逻辑——对黔东南一个侗族村寨的田野考察》，《西南民族大学学报》（人文社会科学版）2010 年第 6 期。

② 参见［美］杜赞奇《文化、权力与国家：1900—1942 年的华北农村》，王福明译，江苏人民出版社 1994 年版；黄宗智《华北的小农经济与社会变迁》，中华书局 1992 年版。

会出现同姓不同宗、同姓不一家的情况①，但山西介休的侯氏宗族是可以用姓氏等符号来构建宗族的。北贾村侯氏宗族是由同一始祖侯安延续下来的不同支系构成的，所有宗族成员皆为同姓同宗，侯姓成为宗族的外显符号。

1. 祖先崇拜

据1999年新修的《侯氏合族谱》记载："道光十七年，迁居南贾村之星亮，因年迈行走不便，不能到祠堂参加全族迎神祭祖，专门派人送去告假字帖，言明自己按时在门前拜揖。"② 古人认为，阴界祖先的生活必须靠阳界子孙的供奉，祖先若无人照料其阴间的生活，阳界的子孙也将不能在祖先的庇佑下接续香火，因此侯氏族人一直践行着祖先崇拜的习俗。

每年的清明节与农历七月十五都要上坟祭拜先人。清明节来源于介子推的传说。民间传说介子推与其母隐居于绵山，晋文公前来寻找，遍寻不着，于是放火烧山，大火烧了三天三夜却始终不见介子推出来，后来上山才看见介子推母子俩已经抱着一棵烧焦的柳树死了。晋文公厚葬了介子推母子，并封绵山为介山，下令从介子推被烧死的那天开始，禁止用火三天，人们只好吃冷食喝冷水，这就是寒食节的由来。第二年的寒食节，晋文公到绵山介子推殉难的大柳树下吊祭，发现被烧死的大柳树上已生出了新的柳枝。他回想起介子推生前希望他复国之后施行清明政治的主张，感慨万千，下令封这棵柳树为"清明柳"，把这一天定为"清明节"。直至今天，在清明节这一天，侯氏族人仍会祭祖。他们会带上馒头或面饼，面饼或形如蛇盘，代表男性祭祀者；或形如燕子，代表女性祭祀者，每个碟子里放四个馒头或面饼。祭祖回家后，他们会将面饼放在院里，吹晒干以后再吃，这是源于寒食禁火的典故。不过，今天只是以户进行祭祖，大规模以宗族进行祭祀的方式在新中国成立后就没有举行过。

---

① 参见兰林友《庙无寻处——华北满铁村落的人类学再研究》，黑龙江人民出版社2007年版。

② 侯清柏编撰：《山西介休北贾村侯氏合族谱》，1999年，第187页。

在传统节庆中，农历七月十五是中元节，要祭拜祖先，侯氏家族自然也会进行祭祀。然而随着时代的变迁，七月十五烧香祭拜的渐渐少了，只有一部分村民仍坚持这个传统。据说，侯家七月十五的祭祀传统还与一件事情有关。这个传统被一直延续下来，后代子孙也一直记着先祖创业事迹并以信义传家。清明节和七月十五都是祭祀祖先的日子，不过由于侯氏源远流长、枝繁叶茂，对于远祖有些族人已经不清楚了，所以现在一般只祭拜自己五代之内的祖先。

祖先崇拜在婚丧嫁娶时也能体现出来。祠堂被毁后，每家的祖宗牌位就放于各家。如有几个兄弟，那么一般轮流着在儿子结婚或者女儿出嫁之前，将祖宗牌位从叔伯兄弟家迎回来，在新郎去迎亲或者新娘出门前都需要祭拜祖宗神位，烧三炷香，告知祖宗喜事，充分表示对祖宗的崇敬。

2. 祠堂

祠堂是宗族外显的特征，是全族祭祖的地方，也是族人议事的场所。宗族发达后，一般都会建立自己的宗祠，以祭祀自己的祖先。通过祭祀，活着的后代与去世的祖先得以连接起来，加强家族成员的团结。宗祠还是族内重大事务议事和宗族成员庆典等共同活动的场所，是以家风族规教育后代的场所，同时也是管理宗族事务机构的场所。

侯氏宗族在北贾村旧堡建有侯氏宗祠，祖先的牌位原来就摆放于此。原宗祠里本来还有厨房、饭厅，清明时节，族人会于此祭祀祖先并一起吃饭，慎终追远的同时加强族人之间的团结，联系族人之间的感情。1955年至1956年，侯氏宗祠的一部分被生产大队占了；"文革"时期，宗祠建筑遭到破坏；1971年，在宗祠的地基上建立了村民委员会；2013年，旧的村委会被拆除，又建立了新的旧堡村村民委员会。原来在各堡还建有支祠，不过已在"文革"中破坏殆尽。图6-3为根据会议绘制的北贾村侯氏宗祠格局图以及现今的侯氏宗祠遗址图。

239

大殿（祭祀之地）	大　　殿		
院　　子	房间	过道	房间
	房间		房间
	房间		房间
戏　　台	二门		
	大槐树		大槐树
	大门		

图6-3　侯氏宗祠格局图

村委会办公室	
院子	石碑　大槐树
戏台遗址	大门

图6-4　侯氏宗祠遗址图

3. 族谱

　　族谱又称宗谱、家谱、支谱等，一般记录宗族的男性群体及宗族大事、族内杰出人才的事迹等，可以从中看出宗族的血缘世系及人伦秩序。侯氏宗族曾数次修谱。因人丁蕃多，侯氏从康熙年间开始分中、东、西三大支记谱。传世谱中较为显赫的户有中支杲派万兵、万翼、万翕以下祖孙三世，兴域六门祖孙四世，冲派继周父子，全派得赏、得爵、得功、得智祖孙四世，属东支茂派生灿祖孙四世；有东支彬派甸父子，职天祖孙四世；有西支升派光喜以下祖孙五世，永派理国兄弟……这些家族成员中或接二连三出过举人、贡士或监生，或在当地公益活动中起过举足轻重的作用，成为族中"光前启后"的佼佼者。

　　侯氏族谱，旧有明成化年间修的"名派谱"；有清代康熙十四年（1675 年）修的分支谱；有雍正四年（1726 年）十四代孙侯继周修的"册页谱"和"锦账谱"；乾隆至道光年间，侯氏修谱达到极盛时期，这一时期除有执中、生济、生渡等主持修的"添补谱""重修谱""合族谱"外，还出现了位尊修的"中支特详谱"、生泗修的"西支特详谱"、星照修的"东支能祖派特详谱"、仰曾修的"东叶福增派谱"等支派家藏谱。道光十七年（1837 年），十八世孙侯谨度因以往所修之谱都不存于祠，于是纠合族人，各支各房访寻分谱，得若干册，又访寻锦装分图，得若干轴，"汇而合之，由干及支，沿流溯源，辑为成书，幸无紊缺"，编修镌刊四开线装本宗祠藏板谱全套十函。目前，除道光八年修的"合族谱"、道光十七年修的宗祠藏板谱及少部分家藏的本支谱尚存世外，其余大多数谱本已散失。[1]

　　1999 年，侯氏后人侯兴盛、侯清柏共同编撰《侯氏合族谱》。在续侯氏宗谱记里，表明了此次修谱的原因：距道光十七年最后一次修谱已有 160 多年，侯氏已传至二十几世，与旧谱中十八九世已经续不上宗了。随着时逝年湮，宗法渐废，晚年以来，族中此东彼西，聚会无期者有之；族居同村，不辨等辈者有之；一脉伯仲，不通庆吊者有之；更有甚者，起名乱辈，婚配乱伦，同室操戈，变卖祖坟……有父老感此人易世疏而相议：尽快续好前人传世之谱，让后昆知其归属，明晓利害，正本清源，以光前启后，再展祖业，此乃族人所面临当务之急！[2]

　　此次修谱有敬宗收族之意，两位老先生收集了侯氏宗族的藏板谱、合族谱、修祠筑堡的碑记以及土改以来本村人口变迁资料等，经过反复确认、核对，终于完成此次合族谱的编修。侯清柏先生说："前贤修谱意在'二十余世通血脉，四百余户识亲疏'，此次续谱当愿'祖德芳流千秋，后昆业兴百代'。"[3] 族谱的修撰表达了侯氏族人崇宗敬祖之意，

241

---

① 参见侯清柏编撰《山西介休北贾村侯氏合族谱》，1999 年，第 2—3 页。

② 同上书，第 3 页。

③ 同上。

同时也表达了后代子孙昌盛、家业繁盛的祈愿。

4. 祖坟

祖坟作为先祖逝世后安身之所,是后辈子孙缅怀先祖、表达孝敬之意的场所,是联结先人与后辈、死人与活人的象征性媒介。

侯氏宗族的始祖坟现位于北贾村东北方的玉米地中。这在上文侯氏起源中已经谈到了(详见碑文)。碑文从不同方面向我们介绍了侯氏先祖世系、立碑的背景及建碑的过程。石碑外围有一石楼,石楼的柱子上刻着一副对联,上联是"鼻祖流芳锦亿载",下联是"儿孙振业旺千秋",中间的横批为"垂裕后昆",表达了对先祖追忆及对子孙后世绵延不绝、家业兴旺的期冀。

1999 版族谱载:"嘉庆九年,汾典等经理祖茔,筑墙立碑。墓前建石楼一座,三面墙,西南开门,额曰'光启后裔'。西北建塔以补风水。共用银 450 两。"① 侯氏的始祖坟墓是侯氏宗族保存较好的一座祖坟,是侯氏宗族的象征,也是宗族向心力之所在。

5. 字辈谱

侯氏宗族起名大多按字辈谱。按字辈谱起名可以清楚地知道一个人属于哪支哪辈,有利于宗族内部建立长幼尊卑的伦理秩序。道光十七年(1837 年)修撰族谱时又为侯氏宗族定下了新的字辈。二十一世后,侯氏各支传人命名自序中写道:按道光十七年侯氏宗谱记载:"我宗族代远人繁,近世命名冒犯先祖尊讳者非仅一二,诚属不敬,今族谱修成,金谋拟定数字,以垂成宪。因以中、东、西三字为二十一世,各一支起首集二十字,成五言句,愿族人依序名之,则前此虽不能无咎,后兹或可以无愆。"侯氏中支字辈为"中正怀先德,诒谋燕翼长,钦承能永久,桂毓继兰芳"。东支字辈谱为"东与春相应,祥和远近宜,传家存浑朴,奕世有荣滋"。西支字辈为"西岐兴盛日,宝玉以分亲,所冀同崇本,多为孝友人"。②

从字辈谱可以看出号召族人注重品德、浑朴传家、友爱族人之意。

---

① 侯清柏编撰:《山西介休北贾村侯氏合族谱》,1999 年,第 282 页。
② 同上书,第 307 页。

族人亦多依照字辈取名，认为这样可以很好地区分辈分，并且押韵好听。不过，现今最小的一辈也有很多不按字辈取名的，取名毕竟是个人的自由，随着人们思想越来越开放，许多年轻一代的父母已不愿意按照族谱字辈取名，他们更多地按照自己的意愿取一些好听或者有意义的名字。

6. 族产

族田族产是宗族的经济命脉，与宗族的兴衰有着密切的联系。华北各地的宗族总的来看一般较少族田族产，大多数宗族只有几亩坟地算作宗族公产。[①] 但是在一些大型的商业活动中，家族式的经商活动却较为常见，产业一般为宗族共有。侯氏从万瞻父子三人开始经商，到侯兴域时已经积累了大量财富。侯兴域有六个儿子，嘉庆十三年（1808年），年过花甲的侯兴域给六个儿子分了家，他们六兄弟虽然分立门户，但商业经营仍在一起。[②] 具体办法是各门在各号均有股份。如蔚泰厚光绪五年（1879年）重立的合约中，共有股份十四点二个，除外姓六家的八点一个外，侯氏共有十六点一的股份，其中合有的九点一个，长门零点七个，二门一个，三门一点五个，四门零点六个，五门二个，六门一点二个。这样，各商号均由一人主持管理。侯氏各门的主持又向来由三门主持，即先后由培余、荫昌、从杰掌管。侯氏众兄弟因三门给各门管理商号，特别在各商号给三门另立空股，后来这份空股作为"侯氏宗词"开支，并拿出一些收入作为地方公益开支。侯氏家大，商号又为其家族共有，家中没有总管经理银钱，并规定各门花费限额。侯氏家族商业的一部分收入是侯氏宗族的共有财产，维持侯氏宗族的日常开支，这成为侯氏宗族的经济基础。

243

7. 建筑

自侯兴域兴修侯家大院，到侯荫昌时，侯家大院基本上规模初定，侯家历经三代，先后修建了旧堡、旧新堡和新堡。

村里最古老的建筑属旧堡的一个卖猪肉的店铺，现在它门前是村中老人纳凉聊天的聚集地。据村中老人称，此建筑自明朝开始就一直是卖

---

① 参见乔志强、行龙主编《近代华北农村社会变迁》，人民出版社1998年版，第725页。

② 参见侯清柏编撰《山西介休北贾村侯氏合族谱》，1999年，第15页。

猪肉的店铺，从今天的规模来看，当时应该算是不小的肉铺。从该建筑的外部形态来看，并不像窑洞，但推开门入内却别有洞天，内部依然是窑洞式建筑，冬暖夏凉的特点很明显。

图 6-5　店铺

　　侯家修建的房屋以混合型的四合院为主，分为正院和偏院，正院一般为三进式院落，每进一进院落，地势都会比前一进高，寓意"人往高处走，水往低处流"。侯家资格最老或者当家人住的院落比外面的院落要高 1.1 米，这也是当家人独享的特权。正院的第三进院落有两道门，分别叫大门和二门，古语中说大家闺秀"大门不出，二门不迈"，指的就是第三进院落中的这两道门，古代的女子当真是养在深闺。第三进院落中坐落着正屋，坐北朝南。正屋是一明两暗的三孔窑洞，明为堂屋，两暗为住室，正屋房顶上多有二层楼用于储物、藏书，被当地人称为风水楼。坐南朝北的房子一般作为家中的伙房、礼房等使用。目前的侯家大院破坏比较严重，尤其是第二进院落，都已经无法看出原先的轮廓。第一进院落正对大门的位置，家家户户都有照壁当门。照壁是中国古代汉族传统建筑特有的部分，古时称为"萧墙"，通常被认为有三重意义：一是风水作用。院落当中，一般而言，厕所在西南方位，在八卦上属于白虎位，大门出于东南方位，在八卦上属于青龙位。白虎为阴，青龙为阳，阴阳相处，需要加照壁以阻挡。二是挡煞。旧时，人们认为自己宅中不断有鬼来访，修上一堵墙，以断鬼的来路。因为据说小鬼只走直线，不会转弯。三是藏。受古代封建思想的影响，古人无论是富还是拙，都不宜轻易示人，修建照壁也是为了挡住自家内院，不为外人随意观看。偏房通常是私塾，只用于教书，先生如住在主人家中，主人家会安排上等客房。村内私塾至少有4个，平均每个堡子有一个，可见当年侯家十分注重后代的教育。此种类型的建筑一直伴随着侯家的发迹、发展，见证了侯家的鼎盛以及慢慢衰落，也记录了清代、民国和新中国的更迭。期间，伴随着侯氏的慢慢衰落，侯氏后裔已经没有能力维持三个堡子的地产，渐渐有外姓人从侯氏后裔手中买走侯家老宅子，并且随着每个年代不一样的流行风潮，房子渐渐失去原来的形貌，但从外部来看，形貌基本保存良好，直到新中国成立后经历了大炼钢铁、人民公社化运动、"文化大革命"等时期，在此期间侯家大院遭到了较为严重的破坏。20世纪80年代中期，平遥古城和乔家大院先后开始重修，为了达到修旧如旧的效果，向周边村子收了很多细软摆件、家具古董，建筑构件更是整套挪走，侯家建筑被进一步破坏。

三　侯氏宗族的人际关系网络

245

山西介休侯氏在当地是一个大族，如果按照上文侯氏墓碑碑文推算，侯家北以北贾村发展至今已有八百多年历史，延续了二十九世。

（一）侯氏宗族的亲缘关系

1. 亲缘关系

传统中国是一个以父系血缘为基础的宗法制国家，发展到现在，仍然有着宗法制的残留。在宗族中，宗法制度有着深刻的烙印。宗族是多个小群体、多种社会关系的结合体，是由共同的血缘及地缘关系构成的社会组织。在宗族内部，遵循长幼有序、尊卑有别的宗法伦理制度，并根据宗法制度在宗族内部建构出一个亲属关系网络。亲缘亲属关系根据其联系的纽带可以分为血亲和姻亲，血亲又称为内亲，姻亲称为外亲。血亲是指由血缘关系形成的亲属关系，血亲是本宗族内部的成员。"凡是同一始祖的男系后裔，都属于同一宗族团体，概为族人。其亲属范围则包括自高祖而下的男系后裔。以世代言之，包含自高祖至玄孙的九个世代，所谓九族。以服制言之，由斩衰渐推至缌麻，包含五等服制。"①姻亲是由婚姻关系形成的亲属关系，母亲或者妻子的娘家直、旁系亲属即称为自己的外亲，彼此之间具有姻亲关系。姻亲关系是一个宗族亲属关系的拓展。

侯氏宗族内部十分重视彼此之间的亲缘关系。然而在传承过程中，彼此血缘渐远，因此族内现在不太看重久远的血缘关系，大家关注的是自己与五代之内亲属的关系。这一点在祭祀祖先时得到很好的体现。由于年代久远，加上黄土高原土质疏松，经过雨水冲刷，许多先祖的坟墓被毁坏或者辨识不清，于是人们在祭祖时只祭拜自己以上五代内的亲属，而且他们认为较远的亲属自然有他们的近亲祭祀。在姻亲关系上，则表现为经常走亲戚和交往。

2. 亲属称谓

汉语的语言系统十分发达，在宗法制内部，根据尊卑长幼的轮序形成了错综复杂的亲属称谓，借以区分不同的亲属关系。图 6-6 是以己为中心的中国亲属称谓图的部分。

在汉族亲属称谓图的基础上，各地区综合自己的语言习惯，形成了各具特色的亲属称谓。在侯氏宗族内部，在延续中国基本的亲属称谓时，又形成了具有地方语言特色的亲属称谓。

在汉族的称谓系统中，亲属称谓是以己为中心，上推四代、下推四代。上四代中，对父母的称呼为爹妈或者爸妈。父系方面，父亲的兄弟

---

① 瞿同祖：《中国法律与中国社会》，中华书局 1981 年版，第 1—3 页。

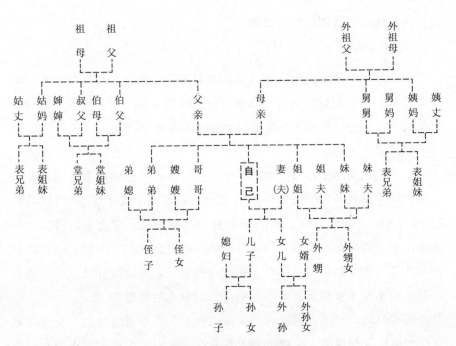

图 6-6　汉族亲属称谓图

及其配偶称伯伯、伯娘或叔叔、婶婶，父亲的姐妹及其配偶称姑妈、姑父，祖父被称为爷爷，祖母被称为奶奶或者娘娘，祖父的兄弟及其配偶称伯爷爷、伯娘娘或者叔爷爷、叔奶奶，曾祖父称为老爷爷，曾祖母称为老奶奶或者老娘娘，高祖父称为太老爷，高祖母称为太老奶奶或者太老娘。下四代分别就是儿子、孙子、曾孙、玄孙，旁系的就是侄子、侄孙、曾侄孙、玄侄孙。除了父系称谓之外，还有在母系和夫家和妻家称谓。母系方面的亲属称谓包括母亲的父母亲称为外公、外婆，当地方言为 jieye 和 baba，母亲的兄弟及其配偶称舅舅、妗子，姐妹及其配偶称姨姨、姨夫。夫家称谓基本上有公公、婆婆、大伯子、小叔子、大小姑子、嫂子、弟妹等。妻家称谓中，称妻子的父母为岳父、岳母或者老丈人、丈母娘，妻子的兄弟称为内兄、内弟或者大舅子、小舅子，妻子的姐妹称为大姨子、小姨子，大小姨子的配偶称为连襟。在北贾村，与自己辈分相同的亲属统称哥哥、姐姐、弟弟、妹妹，不区分堂兄弟姐妹或者姨表、舅表兄弟姐妹，通常是按年龄大小称呼，比自己年长的直接称哥哥、姐姐，比自己年幼的则直接叫名字。亲属称谓的复杂性也说明了侯氏宗族深受宗法制伦理的影响。

3. 血缘亲属

血亲是一个固定性的无法改变的亲属关系，是自个体出生就附带的社会关系。血亲关系包括与父母的直接血缘关系以及与父母有关的间接血缘关系，在一个家庭里主要有父子关系与兄弟关系。

（1）父子关系

父子关系是指父母与子女之间的关系。在传统中国的宗族内部，有着强烈的父权色彩，中国封建主流文化也强调"父父子子、君君臣臣""父为子纲"的伦理秩序。在一个家庭中，父亲是一家之主，拥有绝对地位，子女必须无条件遵从父亲，否则极有可能被视为不孝。在传统社会尤其是清朝乾隆年间，不孝会受到律法惩处，不论是官员还是普通百姓都必须孝顺长辈双亲，而孝顺则会受到众人的称赞。

随着时代的进步，宗族内的父权逐渐丧失其原有的地位，父亲在家庭中的地位受到挑战。父母生育子女并抚养子女长大成人，在子女具有经济能力前支付子女的生活、教育等各种费用。在子女年幼时，父母对子女仍有支配权力，可以让子女按照父母的意愿行事。当子女长大拥有自己的想法时，可能违逆父母的命令，有些父母则会强势地命令孩子，但是更多的父母则拗不过孩子而自己作出退让。"没有父母赢得了孩子"准确地说明了现代家庭的父子关系。在子女成家之后，子女会脱离父母生活，子女对父母会尽到应有的义务，但是父亲的权威在子女那里已经弱化了，这时候子女处在父子关系的主导地位，比如婚姻大事，有的已不再是"父母之命，媒妁之言"了，如果子女自由恋爱父母不同意，最终妥协的也是父母，但父母还是会为孩子准备婚礼。这种父子关系在现代社会已经十分常见。

【案例一】

2014 年 7 月 21 日在田野点我参加了一个满月礼，那家主人十分热情，邀请我吃酒。几天之后，我去他们家做了一个回访，并参观了他们家的房子。他家只有一个儿子，满月第二天儿子就跟儿媳带着孩子回娘家住去了，家里还剩下一个孙女和爷爷奶奶老两口。

在参观过程中，我发现他们家有四间房子，但老人和儿子儿媳已经
分成两家了，尽管大家还在一个院子住着。老人平时的生活也很少
依靠孩子，反而要帮着儿子儿媳照顾孩子，并做一些其他琐事。以
下为住房格局图。

图 6-7　住房格局图

左边为儿子家的，右边是父母的，院子共有，整个房子自成一栋。

在北贾村侯氏宗族内，父子分家居住、老人独居的现象比比皆是。
北贾村近年来兴起一股"建房热"，原因就是许多儿子结婚之后不愿意
和父母居住在一起，他们会在村内另买一块地方建新房居住，让父母住
在原来的窑洞内，有空时才回去看看父母，即使有些父母只有一个儿子
也会和儿子分开住。

【案例二】

　　我们一般都不跟老人一起住，他们住在那边窑洞里，老人家住
在那边，我们家就把房子建到这儿了。也没什么必要住一起，他们
能照顾好自己，我们也经常到那边去，两个孩子常在那儿玩。

（2014 年 7 月 18 日访谈记录）

【案例三】

　　住在一起矛盾多，几个小孩子在一起也经常吵闹，还不如分开让他
们自己过。有空回来看看我们就好了。孩子们见得少，回来了感情还好
一点，不是说"远香近臭"吗？

（2014 年 7 月 20 日访谈记录）

北贾村中，女儿与娘家关系较好。女儿一般不继承家中财产，只在
出嫁时带上嫁妆。女儿出嫁后在婆家住三天或十天后，可回娘家住十天

249

再回婆家，以后也可以经常回娘家住。女儿坐月子时，母亲可以住到婆家去伺候女儿；在孩子满月之后，女儿可以带着孩子回娘家住一个月甚至更久，婆家人不会因此有什么意见。在田野调查中，我就曾见到一个嫁出去的女儿带着孩子一直住在娘家，只偶尔回婆家一趟。

现代的父子关系中已经很少能看到宗法制的影子了，侯氏宗族的父权也随着社会的进步一步步削弱。父亲在家庭中仍然是一家之主，但是对于孩子的控制权减弱，孩子的自主意识增强。父母抚养子女，为子女付出；子女孝顺父母，为父母养老是父子关系的常态。

（2）兄弟关系

兄弟关系是因共同的血缘形成的，中国古代宗法制度讲究兄友弟恭、长幼有序，做兄长的要爱护弟弟，做弟弟的要敬重兄长，在宗族内部尤其重视兄弟之间的和睦团结，"上阵亲兄弟，打仗父子兵"，家族的男儿彼此帮扶是形成宗族凝聚力的重要条件，也是宗族兴盛的基础。在侯氏宗族内，生祥、生瑞兄弟二人共同奋斗打下家业，到侯兴域之后，由三门主事，兄弟几人并未不满。三门打理家业，分红给其他兄弟；其他兄弟感激三门主事的功劳，主动在商号中为其立空股，这是兄友弟恭的典型代表。

虽然兄弟之间的关系有宗法伦理规定，但是随着兄弟各自成家，许多矛盾也会引发，尤其是妯娌之间的关系对兄弟关系产生很大的影响。"亲兄弟，明算账"，兄弟之间的关系不再仅仅是感情所能维系的，彼此间利益分割得越来越清楚。在侯氏宗族，儿子们成家之后就会分家，各自住在新建的房子中，这样兄弟之间联系减少，不再像未分家前一样，争端也会大大减少。

250

4. 姻缘亲属

姻缘亲属是由婚姻缔结而形成的亲属关系。婚姻是姻亲关系形成的前提，由婚姻形成的家庭中的最主要关系是夫妻关系及婆媳关系。

（1）夫妻关系

夫妻关系是家庭中的主要关系，也是形成一个家庭的基础。中国古代女性地位比较低，她们不得不依附于丈夫，而且深受女诫女德的束缚，在夫妻关系中完全处于弱势。随着人们思想的解放，女性地位得到很大的提高，在一个家庭中"妇女能顶半边天"的思想逐渐被人们认同，男女平等思想一步步深入人心，女性在夫妻关系中已经逐渐取得平等地位。

在侯氏宗族内部，夫妻双方地位比较平等，家庭中遵循着"男主外，女主内"的模式。受乡村的经济环境制约，女性没有太强的经济能力，只能待在村里，获得微薄的农业收入或零工收入，还要顺带照顾孩子；而男性可以外出打工，成为家庭经济的支柱。因此，经济地位的不同使得男性在家庭大事上仍有绝对控制权。但是女性熟悉家庭生活琐事及亲属间的迎来送往，在家庭小事中有着绝对的发言权。

（2）婆媳关系

婆媳关系是由婚姻关系带来的妻子与丈夫母亲的关系。婆媳关系历来是引发家庭矛盾的一大重要因素。儿子婚后有了自己的独立小家庭，媳妇在儿子的生活中逐渐占据重要地位，母亲会感到地位受到威胁，害怕媳妇抢走儿子，担心儿子有了媳妇忘了娘，因此对儿媳会产生各种不满，甚至干涉儿子的家庭生活。而媳妇顾及丈夫的感受和礼法的约束，不得不对婆婆恭敬孝顺，但会认为自己的家庭应该自己做主，对于婆婆对自己的不满及对自己家庭生活的干预也会产生不满，这样婆媳双方的矛盾很容易产生。儿子夹在母亲和妻子之间会产生很大压力，家庭关系紧张。由于宗法及血缘、伦理等因素，最后处于劣势的一般会是作为"外人"的媳妇。

251

但近年来，农村的婆媳关系已经发生了极大的变化。在北贾村，由于儿子们成家之后就会搬出去居住，因此父母对于儿子家庭的影响减弱，妻子对丈夫则会产生很大的影响。父母年老时需要靠儿子赡养，但儿子家庭的经济大权一般掌握在媳妇手上，所以婆婆得依附儿子媳妇生活，有些婆婆还经常为媳妇带孩子，做些家庭琐事以体现自己的价值。由于婆婆的退让及分居导致的婆媳接触减少，婆媳双方紧张的关系缓解，婆婆一般处于弱势地位。

5. 姻亲关系的缔结

（1）通婚圈

北贾村侯氏婚姻的缔结都是在一定的范围内，侯氏的通婚圈主要是村内和附近村庄，最远的就是太原、介休。近距离的通婚使得姻亲走动方便，加强了姻亲之间的联系。

村内联姻在北贾村十分常见。侯氏宗族同姓不婚的传统已经消失，现在侯氏主要遵循的是近亲不结婚的原则。北贾村除了侯姓外还有梁、华、展、高、马、赵、张、曹等杂姓，因此侯氏宗族与村内其他姓氏的人家联姻，形成了侯氏庞大的姻亲网络。比如，侯兴盛家的二儿媳是他家对门曹家的女儿，大女儿侯萍嫁给了旧堡的梁支书，梁支书的弟弟又娶了侯兴俊为妻。这样，整个北贾村几乎都是亲戚，侯氏宗族靠着本身的强大及延伸的联姻关系继续占据北贾村的首要地位。

村际联姻也不在少数。北贾村隶属张兰镇，张兰镇还有南贾村、史村、张原村、田堡村、东北里村、西北里村、仙台村等多个村庄。这些村庄在自然环境、生产方式、经济状况、生活习俗等方面都与北贾村相差不大，与北贾村的距离也较近，因此这些村庄都在北贾村的通婚圈内。例如，隔壁的小田堡就与侯氏有着许多的姻亲关系。比如，旧堡的侯怀谨爷爷，他的妻子是小田堡的，儿媳是小田堡的，他的女儿又嫁到了小田堡，他的小姨子嫁给了新堡的高村长。一个家庭就与邻村建立了几重姻亲关系。村际姻亲关系的建立使得几个村子联系更加紧密，村际交流增多。

252

近年来，随着太原、介休经济的发展，许多在北贾村收入不高的人纷纷走出村子，去太原和介休打工，他们在外面建立了新的人际关系，有了新的交往圈子，这些人也大都是太原人或者介休人。新圈子的建立，使得他们有了更多的机会扩展他们的婚姻圈子。一部分年轻人就在太原和介休找到了结婚的对象，婚姻圈扩展到太原、介休等城市。

（2）缔结的条件

婚姻不仅是两个人的事情，更是两个家庭乃至家族的事情。因此，联姻需要考虑多方面因素，门当户对是一个主要标准。联姻的家庭一般来说家庭地位、经济能力都是相当的，不会出现门户差距太大的情况。

【案例四】

门当户对当然很重要了，现在还有点讲究这个的，如果你们家很穷，人家很有钱，到了人家，你婆婆都看不起你，连带着看不起你家人，那你还怎么生活下去？

（2014 年 7 月 9 日访谈记录）

【案例五】

侯××家经济条件比较好，在全村是比较富有的。他的儿子在武警部队当干部；女儿女婿从德国留学回来的，现在在介休开公司；他的一个侄女在介休统计局工作；另一个侄女今年高考考了630 分。几年前，他儿子结婚了，媳妇是山西大学附属第二医院的医生，两家的经济条件、社会地位相当，属于门当户对的婚姻。另外一家的儿子在介休开出租车，每天晚上回家住，他媳妇就是邻村的，两家都是农民，两家的经济条件也差不多。

（2014 年 7 月 9 日访谈记录）

以上两户人家都是在门当户对的基础上缔结婚姻的。虽然时代在进步，但是门当户对的思想仍然存在于侯氏宗族内部，也是他们缔结婚姻时一定会考虑的问题。

侯氏家户之间联姻对象的家庭条件一般不会相差太多，姻亲之间处于相对平等的状态。

（3）缔结的方式

传统的婚姻缔结讲究"父母之命，媒妁之言"，结亲需要三媒六证、三书六礼。随着时代的进步，人们的思想观念发生改变，北贾村对外交流增多，村内的婚姻缔结方式分为自由恋爱与媒人说合两种。

自由恋爱的观念在现代社会已经深入人心。北贾村侯氏自由恋爱结成姻亲的占一半。外出打工的人逐渐增多，他们在外面有了交往对象，会带回家里见父母，然后请父母为他们操办婚事。如果两家人没什么异议，只要经过婚礼流程，双方的姻亲关系就可以确立。

253

【案例六】

在田野调查过程中，我们跟随姓侯的一户人家去隔壁小田堡参加了一个婚礼，我们了解到新郎和新娘就是自由恋爱结婚。新郎今年24岁，去年1月在网上认识了一个平遥的女性朋友，两人一直在网上保持着联系。去年11月，两人相约见面，然后正式交往。今年1月，新郎将女友带回家见了父母，随后父母带上彩礼去新娘家为小侯提亲。之后，新娘父母和哥哥来了男方家，然后双方定亲。新郎家给的定亲礼大概有十万块钱，一次性支付所有费用。经商定之后，两家决定今年7月结婚并领证。婚后，新娘在婆家住了三天之后，由新郎护送回门，在娘家住了十天之后回到婆家。从此，新娘正式成为婆家的人，双方家庭的姻亲关系得以建立。

自由恋爱成为两个家庭联姻的一种方式，但是在北贾村真正建立姻亲关系也需要相应的婚礼流程。

媒人说合的联姻方式在北贾村也十分常见。因为北贾村是一个熟人社会，对于村里的适婚对象大家都比较清楚。留在村里生活的一部分年轻人没有很多机会接触外面世界的人，他们或者忙于生计，或者没有适宜对象，于是不得不请媒人提亲。北贾村有专门的媒人，媒人能说会道，熟悉婚礼中的所有流程和相关禁忌。如果某家看上了另外一家，想结亲，可以先找一个中间人和对方通通气，如果对方也同意，就可以带上媒人提亲，之后的一切事情都可以交给媒人，比如商量婚期、确定聘金等都可以交给媒人全权处理。两家结亲之后，需要给媒人相应的报酬。即使不是专业媒人，也可能成为两家结亲的媒介。

6. 亲属关系的强化

亲属关系的建立依靠的是血缘和婚姻两种纽带，亲属关系要一直延续下去则需要亲属双方共同维护。日常生活中，维护亲属关系的活动一般有走亲戚和人情往来。

（1）走亲戚

走亲戚是亲属中比较常见的一种活动，包括平时的来往和年节时的走动。由于北贾侯氏的通婚范围主要在村内或者附近村庄，姻亲之间的距离

254

较短，因此空闲时他们经常会去走亲戚。这里的亲戚分为内亲和外戚。北贾村侯氏兄弟分家之后不住在一起，但是也会经常走动以联络彼此的感情。在过年过节时，几兄弟会一起去父母家过节、吃团圆饭。亲戚之间经常走动对于维护关系更加重要。亲戚之间如果关系好，那么平常就会来往多一点，走动得也会比较勤一点；如果关系疏远，那么走动就相应地少一点。不管是血亲还是姻亲，都需要多走动来加深彼此的感情。

【案例七】

旧新堡侯大爷今年七十多岁了，他现在已有两个儿子、三个女儿。他有一个哥哥、一个弟弟、一个妹妹，他的哥哥住在旧新堡，离他家不远，妹妹嫁到张村去了，弟弟已于十几年前搬到辽宁去了。虽然侯大爷与他的兄弟各居一方，但是他们兄弟几人之间的关系还是十分亲近。去年，侯大爷与他的小儿子、妹妹一起去辽宁看他的弟弟，并在那边住了一个多月，来往机票均是他的外甥买的。今年春节时，他的弟弟也带着家人回来拜年。平时，他们也会经常打电话问候。兄弟间的感情因经常联系十分亲近。

【案例八】

北贾村有一个十分著名的赶会。在每年的农历六月十九这一天，介休、平遥的大小商贩都会来北贾村摆摊，摊位摆在旧堡与新堡之间的马路两旁，各色小吃、衣服、日常家庭用品、儿童玩具应有尽有。此外，从六月十九这天开始，村里还会请戏班来唱戏，一共唱四天。每家每户都会提前两三天请亲戚来赶会，然后在家扫榻相迎。在赶会那天，附近的亲戚都会赶过来参加，然后大家一起吃饭、看戏。赶会成为聚集亲属、联络感情的一个重要活动。

255

（2）人情往来

人情往来在亲属关系中是最常见的、至关重要的一项活动，它通过利益维系着彼此之间的来往。人情往来发生在红白喜事、考学、当兵、生日、重病等情况下。

互相帮扶是人情往来的一种形式。互相帮扶一般是亲属之间应尽的道义，是交往中的一种人情交换方式，也是维护彼此之间亲属关系的一种方式。互相帮扶一般体现在红白喜事和家庭遭遇重大危难时。红白喜事一般需要较多的人力物力，仅依靠自家人是无法办好的，因此需要请血缘亲属或者交好之家帮忙。血缘亲属在红白喜事中被视为自家人，需要尽心竭力地干活，男性一般帮着招待客人、陪酒、迎来送往、调配物资等，女性则在厨房帮忙。在这个过程中，亲属提供的是劳务帮助，是人情的一种形式。在田野调查过程中，我们就曾参加了一户人家的婚礼，当时，新郎的姐姐就一直在帮忙，帮着处理一些迎亲琐事，后来又帮着新娘梳妆打扮。除了红白喜事，在家庭遭遇重大危难时，首先的求助对象也是血缘亲属，会寻求他们经济、情感上的支持。所谓患难见真情，如果在危难之时给予帮助能让人铭记在心，双方关系将更加稳固。互相帮扶能够加深亲属的感情，维护彼此之间的关系，是北贾村侯家最常见的一种人情交往方式。

　　亲属间的人情往来还有一种随礼的形式。随礼有礼金和物品两种形式。礼金可以为家庭提供经济支撑，除了具有经济上的意义之外，更包含和折射了社会结构方面的意义。每一个送礼者所送出的礼金实际上都被严格限定，与送礼者在现存的社会等级体系中的位置一一对应，礼物经济已经嵌入社会关系之中。因此，礼金的多少，很大程度上由送礼者在现存的亲缘关系体系中的位置以及送礼者的经济地位所决定。[1] 因此，每个亲属在送礼金时都会考虑自己与对方之间关系的亲疏远近及自家的经济能力。以下为一户人家婚礼时的认亲簿，上面写明了彼此的亲属关系及其所送认亲礼金额。

表 6-1　婚礼认亲簿

序号	姓　　名	与新郎的亲属关系	亲属称谓	认亲礼金额（单位：元）
1	刘立新	父亲舅舅家的儿子	叔叔婶婶	100
2	刘安宁	父亲舅舅家的儿子	叔叔婶婶	100
3	刘安顺	父亲舅舅家的儿子	叔叔婶婶	100
4	侯振林	父亲舅舅家的女婿	伯伯伯娘	100

---

　　① 参见黄鹏进《对鄂东南农村婚礼"送礼"的人类学考察》，《黑龙江民族丛刊》2008年第 4 期。

续　表

序号	姓　名	与新郎的亲属关系	亲属称谓	认亲礼金额(单位:元)
5	闫照秋	大姐的婆家公公	伯伯伯娘	200
6	侯兴元	二姐的婆家公公	伯伯伯娘	200
7	×××	外祖母	姥　姥	200
8	曹太鸿	外祖父的兄弟	姥　爷	50
9	曹建仁	舅　舅	大舅妗妗	200
10	李四华	舅舅(被过继出去)	舅舅妗妗	200
11	曹建斌	舅　舅	舅舅妗妗	200
12	王七三	舅舅(被过继出去)	舅舅妗妗	200
13	曹建栋	舅　舅	舅舅妗妗	100
14	曹建忠	舅　舅	舅舅妗妗	100
15	曹建平	舅　舅	舅舅妗妗	100
16	曹建华	舅　舅	舅舅妗妗	200
17	武锦禄	母亲的姑姑的儿子	舅舅妗妗	30
18	武锦寿	母亲的姑姑的儿子	舅舅妗妗	30
19	王启云	师　父	师父师母	400
20	张本栋	二姨夫	姨夫姨姨	200
21	段秀英	大　姐	大姐大姐夫	200
22	任天佑	二姑夫	姑父姑姑	400
23	王宇瑞	三姑父	姑父姑姑	400
24	李治福	四姑父	姑父姑姑	400
25	曹　海	舅舅家的儿子,舅表哥	哥哥嫂嫂	200
26	朱海龙	舅舅家的女婿,舅表姐夫	姐姐姐夫	200

序号	姓　名	与新郎的亲属关系	亲属称谓	认亲礼金额（单位:元）
27	张立生	二姨家的儿子,姨表哥	哥哥嫂嫂	200
28	霍常春	二姨家的女婿,姨表姐夫	姐夫姐姐	200
29	闫　龙	大姐夫	姐夫姐姐	1000
30	侯升堂	二姐夫	姐夫姐姐	1000
31	李肖成	三姐夫	姐夫姐姐	1000
32	段春喜	父亲奶娘的儿子	叔叔婶婶	200
33	朱　爱	祖　母	奶　奶	100

　　注：认亲是婚礼当天要进行的一项仪式，由新郎带着新娘去认识新郎家亲属。认亲时，新郎新娘会用尊称去称呼。如果表中亲属称谓写的是两个人，而前面的名字一栏仅写了女性的名字，则这家表明男主人已经去世。

　　认亲簿是按照由外亲到内亲的顺序写的，从认亲簿中可以看出新郎家与其他亲属的亲疏远近及其家庭的经济能力。如表6-1中的刘立新兄弟、武锦禄兄弟、闫龙等三连襟，分别送了100元、30元、1000元的礼金，是因为与新郎家的关系远近不同，关系远的礼金少一点，关系亲近的礼金多一点。从新郎的几个舅舅所送礼金有100元，也有200元，可以看出曹建栋、曹建忠、曹建平几人家庭经济条件略差或者与新郎家的关系没有其余几个舅舅亲近。在送礼金时，有时会因处于相同的亲属地位而送同样金额的礼，比如闫龙等三个连襟分别送了1000元的认亲礼。

　　礼物在北贾村中也经常充当人情交往的媒介。在村庄内部，赠送礼物是人们交往时的一种最常用方式，也是比较容易实施的一种交往方式，他们不必承担巨大的经济压力，彼此间的交往能够更加持久。比如，在办红白喜事时请别人帮了忙，那么可以给别人一些馍馍或糖果点心作为答谢；过年过节去亲戚家做客时，可以带上烟酒等物。礼物在人际交往过程中传递着彼此的情感。

　　不论是走亲戚还是其他人情交往，都有利于加深亲属间的联系，强化亲属间的关系。

　　（3）生育

　　姻亲关系想要延续下去，必须有新生命来承接这种关系，这就涉及生育。生育是家族延续的象征，也是两个家庭关系可以延续下去的重要载体。媳妇嫁到婆家就是婆家的人，但是只有当媳妇生育下一代之后，在婆家才算真正站稳了脚跟。如果没有生育，那么当婚姻关系结束或者婚姻一方死亡时，两家的关系也会断绝。只有生育下孩子，两方的关系才会延续下去，不管发生什么情况，这种关系都可以通过孩子得到延续。在孩子的生育以及伴随生育而来的洗三、满月、周岁、三岁、十三岁等仪式上，都会聚集在一起为孩子庆祝，加强了双方间的关系。

　　7. 亲属关系的弱化或断绝

　　山西历史上经历过多次较大规模的人口迁移。西晋末的永嘉南迁、唐朝安史之乱后的南迁和北宋靖康年开始的南迁，均使人口密集的山西地区人口分流一些出去；清初至民初，由于国家政策、战争以及生计等方面原因，"走关东""走西口"的浪潮使得一部分人口迁往东北和内蒙古。亲属关系并不是一成不变的，它会随着现实情况的变化而改变。亲属间的交往会强化亲属关系，但有时候亲属关系也会弱化甚至断绝。亲属关系弱化或断绝一般有人口迁移、分家、离异、死亡等几种情况，有时候亲戚之间、兄弟之间有了大的矛盾也会发生断绝关系的情况。

　　（1）人口迁出

　　在社会大潮的影响下，北贾村侯氏宗族在不同的年代都有着人口迁移。由于迁入的人口不会加入侯氏宗族（入赘男性除外），所以除了以后可能结成姻亲关系，迁入的宗族对侯氏宗族内部成员的亲属关系影响不大。因此，弱化侯氏宗族亲属关系的人口迁移主要是指人口的迁出。由于各种原因发生的人口迁出，使得迁出户与原来的亲属群体逐渐疏远。迁出后，虽然有些仍然保持来往和联系，但随着时间的推移逐渐淡化。他们会脱离原有的宗族组织和生存环境，经过数代以后，在迁移地建立新的亲属关系。以下为侯氏宗族历代迁出人口的一览表。

表 6-2　侯氏宗族历世迁往外地户一览表①

世代	户　主　与　迁　往　地
九	能派:福山迁陕西
十二	宪派:汝让迁平遥侯村
十四	杲派:智周、福周、明周、相周、显周、蕃周、屏周、礼周八户迁平遥弓村,宁周迁平遥杜家庄; 宪派:光夫、光亮、光旺迁平遥侯村; 永派:景山、景泰两户外出
十五	杲派:度仁迁平遥弓村; 彬派:立功迁河南巩县; 永派:现金迁本邑北张兰
十六	杲派:万统、万育、万受迁西安府,万国外出; 冲派:子吉迁保安州; 宪派:子福迁本邑孙村; 能派:封公迁介休城内,万达迁本邑田堡村,万吉万千迁口外; 彝派:进佐本邑田堡村; 干派:万富迁本邑张原村,信臣迁本邑史村; 选派:金玉、楚玉外出
十七	冲派:宣起迁平遥杜村,生金迁本邑西北里,维金迁永宁州; 全派:生兴迁平遥桥头村,生渡迁本邑田堡; 能派:生宝迁田堡,生杰迁南贾,生洪迁山东曹县; 永派:仁奇迁本邑义安村,元政、兴政迁口外,生才外出,闵枝、闾枝迁西宁,生昌迁南贾,统斌迁本邑大富村,生齐迁本邑北张兰; 宣派:生惠迁本邑史村,生沂迁南贾
十八	冲派:星富外出; 全派:兆瑞迁张原村,成荫迁北张兰,星灿迁沁水县,星旺外出; 干派:星实迁张原村,星盛迁本邑史村; 彬派:发志迁直隶广平,发奎迁口外,发喜迁平遥梁赵; 永派:福、鸾迁本邑义安村,笨麟迁宣化府,笨湖迁席麻岭; 升派:执桓迁西北里,执谷迁张兰,汾立迁平遥东皋,兆丰迁南贾

---

①　参见侯清柏编撰《山西介休北贾村侯氏合族谱》,1999 年,第 304—306 页。

世代	户　主　与　迁　往　地
十九	冲派:宁远迁本邑霍村,凌耀迁仙台村; 茂派:应昌外出; 彬派:临公迁口外; 永派:丕文及五子迁平遥梁周村,际善迁张原村
二十	英派:长福迁太原; 彬派:朴、桐二户迁口,外肇基迁本邑孙村; 永派:培忠迁北京,培源迁西安,庆和迁平遥梁家堡,启耀、炜礼、致惠迁北京,喜廉迁仙台村; 升派:西泽迁南贾村
廿一	杲派:广纶迁山东烟台,中华迁灵石; 冲派:春锦迁本邑西靳屯; 全派:启成、中耀迁北京,西元迁介休城; 能派:东基、东霞、东福第三子迁北京; 干派:东精迁孙村,东海迁文水上河头; 彬派:增富迁孙村; 彝派:耀保迁田堡; 宣派:西林迁田堡; 永派:西俊、西谦迁榆次,西满迁阳泉,西成迁孝义水峪
廿二	杲派:崇正迁山东烟台,以正迁仙台; 宪派:正华迁介休; 全派:正派、正伟、正疆迁北京,正谦迁平遥杜村,正刚迁哈尔滨,正英迁太原,正严三子迁仙台; 茂派:连迁保定; 能派:金贵迁阳泉; 彝派:春贵迁东北里村; 干派:与明迁榆次,与迁往东北,与林迁太原; 永派:岐俊迁北京,岐龙迁张兰,岐凤迁本邑东扬屯,岐山迁太原,岐山迁阳泉,克武迁太原; 升派:岐丰迁张原村

261

续表

世代	户 主 与 迁 往 地
廿三	昊派:怀蔚迁河北元氏,怀兰、怀质、怀牧、怀茂迁北京,其燮迁台湾,怀文迁本邑中街村,怀仪迁宁夏,怀俦迁南京,清柏迁介休,怀勇迁西安,怀俭迁孝义; 冲派:怀忠迁介休,怀平迁天津; 全派:怀彪迁霍县; 茂派:怀谊迁呼和浩特,怀让迁青海; 能派:春雷迁深圳; 永派:兴鉴迁北京,兴茂、兴诚、兴臣迁介休城,兴福迁太原
廿四	昊派:绍先迁辽宁,景先迁灵石,聿先迁太原
廿五	昊派:德全迁沁源; 彬派:荣枢迁阳泉,荣春迁介休城,荣芬迁包头
廿六	升派:宏伟迁介休

从以上表中可以看出侯氏宗族人口迁出的特点:迁出地大都距离北贾村较近。侯氏宗族迁出人口中的大部分迁往南贾村、田堡、张兰、平遥等地,迁出原因可能是旧堡人口稠密,不利于生存。虽然由于各种原因迁出,但是其内心深处仍受到小农经济及安土重迁思想的影响,不愿意离家乡太远,仍然希望生活在距离迁出地较近的地方。不过也有一些族人伴随着"闯关东""走西口"的浪潮而远离家乡,这主要是由于经商、灾荒、战争等原因,人们纷纷去关外谋生。侯氏族人一部分就迁往东北三省,在那里安家落户,与介休北贾村的侯氏关系已经很疏远了,即使保持联系也仅仅是血缘亲属之间,再远的亲属关系都已断绝联系。

人口的迁出弱化了原有的亲属关系,随着北贾村经济结构及社会生活等各方面的转变,人口的迁出将会越来越多,这也是宗族发展的必然。

（2）分家

血缘亲属之间的血缘关系是斩不断的,但是亲属之间的亲疏关系却会发生变化。分家就是亲属关系发生变化的一种方式。分家会使得兄弟今后以各自家庭为主,兄弟间的关系将会受到各自家庭的影响。

中国古代十分看重家庭的团结性与整体性，因此父母都在世的时候一般是不分家的，只有在父母一方或者双方都去世后才分家。当然，也有父母让子女分家的，尤其是子女之间矛盾比较多的时候，分家反而有利于各自家庭的发展。侯兴域就在晚年的时候给六个儿子分了家，避免了自己死后导致的财产争端。在北贾村侯氏宗族，分家也有相关程序。从前，分家之时需要请村里能说会写的读书人过来写下分家文书。分家文书一般包括分家原因、具体的财产分割方案，如果有老人在世，还要说明老人的赡养问题。有几个兄弟分家，分家文书就有几份。

分家时还会请几个兄弟的舅舅来坐镇，见证分家的公平性，以免以后发生争执。如果在分家的问题上有什么问题无法私下协商解决导致争端，会请族里辈分比较高的人出来裁决。他们在族里德高望重，说话能让人信服。

分家的具体内容有时候也有讲究，比如一家有三间房子、三个儿子，那么一般大儿子分到的是东边的房子，小儿子分到的是西边的房子。不过随着时代的发展，有些仪式礼俗已经被丢弃了。现在每个家庭的财产比较简单，许多人甚至看不上分到的一点财产，干脆就放弃了村里的窑洞与地基，去了城里发展，这样一来，分家时的争端少了很多。在北贾村侯家，一直不分家的现象也很多。

【案例九】

案例七中的旧新堡侯大爷有两个儿子，现今仍然没有分家。他的大儿子腿部有残疾，大儿媳也重病缠身，为了照顾大儿子一家，现今他们兄弟俩都没有分家。"分家也没什么分的，再说老大有病，照顾一下他们也是应该的。他们挺不容易的，在一起住着多少有个照应。"侯大爷的小儿媳如是说。

这样的例子在北贾村侯氏家族内还有不少。从以上案例中我们可以看出，现代北贾村侯家虽然仍是分家生活，但已经出现了一些分不分家对于家族、家庭来说并没有多大影响的趋势。

（3）离异

离异也会使得原本缔结婚姻的两方之间的亲属关系发生改变。婚姻缔结使得两个家庭的成员间建立亲属关系，婚姻关系破裂就代表这种关系结

263

束。如果夫妻离异时没有孩子，那么离异之后，联姻的两家之间的姻亲关系一般也会随之消失，自此之后不再来往；如果夫妻离异时有孩子，那么不论孩子跟着谁，两家之间的姻亲关系都不会完全断绝，只会弱化。孩子的存在使得两个姻亲家庭之间有了血缘的联结。在北贾村，离异的事情也时有发生。但是离异的情况并不多见，因为当地的婚姻成本比较高，离异一方面要考虑是否值得曾经支付的婚姻成本，另一方面又要考虑未来是否能够支付新的婚姻成本。另外，在乡村中，大家的思想普遍比较保守，夫妇之间除非有了实在不可调和的矛盾，不然都会坚持过下去。

（4）死亡

一个人的死亡并不仅仅是个人或者家庭的事，它对原有的社会关系也会产生很大影响。死者的丧葬是个人亲属关系集中展现的一个场合，也是所有亲属最齐全的一个场合，包括作为孝子贤孙的血缘亲属及其配偶，以及前来吊唁的姻缘亲属和宗亲。不论是内亲还是外亲，不论亲属关系亲近还是疏远，在一个人死亡之时，所有亲属都会去送死者最后一程。死亡会带来亲属关系的弱化，在死者死后，与死者有关的亲属关系会疏远或者中断。比如，死者在世时与舅舅家关系比较亲近，那么死者去世之后，他的孩子与他的舅舅家关系就比较远了，两家的交往会慢慢减少直至中断。

【案例十】

在北贾村，我曾听到一件因为分家而断绝亲属关系的事情。

"我奶奶是被抱养的，小时候被她养父母家抱养，本来是算作童养媳的，后来不知道怎么的又嫁给我爷爷了。之后，我奶奶就有两个娘家了。等到我父亲一辈分家时，家里的亲戚就要分开走了。我家就跟奶奶的两个娘家一直保持着不远不近的距离，一般只会过年时拜下年，有事的时候走动一下，来往没有特别勤。前年我奶奶去世了，我们家就慢慢地不再去拜年了，然后他们也不来了，与他们两家的关系就这样断了。其实关系远了也没必要再来往了，人都去世了，也没那么深的感情了。"

从以上案例中可以看出，死亡会使得由死者联系起来的亲属关系弱化，上辈人死后，原有的亲属关系在下一代中也会逐步弱化。

（二）侯氏宗族的地缘关系

侯氏宗族是一个聚族而居的宗族，族人因为先赋的空间关系而聚集在一起，彼此间除了固有的血缘关系，还因为地域而衍生出地缘关系。"在稳定的社会里，地缘不过是血缘的投影，不分离的'生于斯，死于斯'把人和地的因缘固定了。生，也就是血，决定了他的地。世代间人口的繁殖，像一个根上长出的树苗，在地域上靠近在一伙。"[①] 侯氏始祖侯安自迁居北贾村之后，世代在北贾村繁衍下来。因为村庄相对封闭，所以族人之间交流增多，族人之间的交往比较便利。除了宗族成员因地缘关系加深了联系，他姓成员也因地缘关系与侯氏族人建立了友好的邻居关系。北贾村是一个多姓聚居的村庄，虽然侯氏宗族力量比较强大，其他姓氏势力较弱，但是其他姓氏成员在侯氏族人的日常生活中仍占据着比较重要的地位，与血缘亲属共同构成宗族的交际关系网络。由于侯氏宗族与他姓成员交错杂居，所以侯氏与他姓家庭构成邻居关系。俗话说"远亲不如近邻"，在日常生活中，北贾村的人喜欢去邻居家串门，闲暇时与邻居聊聊天，有困难时人们也会寻求邻居的帮助。比如在办红白喜事时需要人在厨房帮忙；除了较近的宗亲，还会请邻居帮忙，办酒宴时邻居也会随礼，随礼多为 20 元、30 元或 50 元，邻居与亲缘亲属一起参与人情往来。侯氏宗族在维持亲缘关系的同时，也会发展同他姓的邻里关系，扩大家族影响。

（三）侯氏宗族的业缘关系

业缘关系是因从事共同职业而形成的关系，包括同行关系、雇佣关系和师徒关系。这三种关系虽不如亲缘关系与地缘关系重要，但在侯氏宗族的发展中仍起着一定的作用。

1. 同行关系

同行关系是指由于从事相同的行业而形成的人际关系，又叫同业关系。近代华北的同业关系表现为既有联合协作，又有相互排斥的特性。

---

① 费孝通：《乡土中国·生育制度》，北京大学出版社 1998 年版，第 70 页。

著名的山西商人群体，一方面，相互联合成为很多专门性的行业群体，如红茶帮、合茶帮、卷茶帮等行业专帮，也形成诸如祁县帮、太谷帮、平遥帮等地域性帮口，各帮内部甚至整个晋帮商人在必要时都会相互支持，"同舟共济"；而另一方面，各个帮口内部以及行帮之间，特别是来自不同地区的行帮之间则存在着剧烈的竞争，各欲把持行市、垄断市场，其竞争显出较强的封建性。[①]侯家在清朝开始从商，在整个晋商发展的环境中，与其他商家呈现出一种合作又竞争的关系。比如，在侯家票号业务遭遇国外银行势力的威胁和国内官办银行的挑战时，侯家票号经理李宏龄就联系祁县票商渠楚南与其商订了办法与章程，并联合祁、太、平三帮票庄向山西总号发函。在面对共同的危难时，侯家与其他同业商家共同面对困难。但侯家与其他商家也存在一种竞争关系，比如在票号发展初期，侯家就从日升昌票号挖走了二掌柜毛鸿翙，从而使侯家的票号发展起来并成为日升昌的最大竞争对手。

随着晋商的衰落及侯家的衰败，侯家的同业关系逐渐断绝。到今天，北贾村内最多的行业就是运输业、建筑业和装潢业。侯家人与其他人从事相同的职业时也呈现出一种竞争与合作的关系。以建筑业为例，村里的建筑职业一般是组建建筑工队做工，属于同一个建筑工队的队友共同合作为一个工程努力，但不同的建筑工队就需要为了工程竞争。同行之间在竞争中合作，在合作中竞争，形成一种不同于亲缘与地缘关系的职业关系。

2. 雇佣关系

雇佣关系是由社会分工形成的。在商号中，掌柜以下的人员均与东家形成雇佣关系。后来，侯家商号改为票号，聘任总经理、经理等人，实际上也是一种新型的雇佣关系。侯家的家业兴盛与其聘用的杰出人才是分不开的，毛鸿翙、李宏龄、郝登五、张宗祺、侯王宾、雷士炜、邢国藩、李益亭、侯绍德、冀麟书等优秀人才，在不同时期为侯氏票号的发展做出了杰出贡献。

---

① 参见乔志强、行龙主编《近代华北农村社会变迁》，人民出版社 1998 年版，第 725 页。

在雇佣关系之下，侯家在票号实施顶身股制度，即每个票号都根据掌柜、管事、伙计的才能及表现，确定其在商业中拥有的股份份额，并参与年终的分红。顶身股不得转让，拥有者去世后，东家一般仍在一定时间内给予分红，称"故身股"，大掌柜去世后享受八年的红利，二掌柜去世后享受七年的红利，其他高级职员享受六年到两年不等的红利。这一制度近似于后世的经理层分红权激励。这是侯家留住人才的一种有效手段。

3. 师徒关系

师徒关系在工商业发达的地区是十分兴盛的，许多以农为生而无法糊口的人家通常会把孩子送到商号或者作坊之类的地方学习一项专门的手艺，等到学成之后就直接从事该行业。做学徒期间是没有工钱的，师父只为其提供基本食宿。在商号或者票号做学徒，需要做洒扫、敬茶、侍奉掌柜等一切事项，另外还需练写字、习记账、演珠算，详记货品及其价格、银之平色与钱之易价，练习对于掌柜、顾客之仪容言语。① 做学徒是一件十分辛苦的事，也需要长期坚持，学徒期至少三年。古人讲究"一日为师，终身为父"，在师徒关系中强调对师父的敬重之心。在侯家的商号中，收纳了许多贫苦人家的孩子做学徒，这些学徒学艺期满就直接留在侯氏商号中，为侯氏商业的发展奠定了基础。在现代，侯氏仍有很多拜师学艺者，这些人一般都是留在村里的，拜师的时候一般由熟人引荐跟着师父学艺，一定期限内学成技艺，然后自己单干，但是师徒名分会一直存在。

商业发展是侯氏兴盛的经济基础，由商业形成的业缘关系对侯氏的发展有着至关重要的作用，为侯氏扩充了人际交往圈，与亲缘关系、地缘关系共同构成侯氏的交际网络。

267

四　侯氏宗族的分化

宗族活动为理解中国社会提供了一个很好的视角，晋商社会也是如此。分析其宗族文化，不仅对于了解中国社会的过去，而且对于认识中

---

① 参见刘大鹏《退想斋日记》，山西人民出版社1990年版，第17页。

国社会的发展具有重要作用。宗族本身也在发展变迁的过程中，尤其是集体化时代以来，随着运动的推行，逐渐趋于解体。

（一）宗族结构单一化

侯氏宗族支系庞大，为了便于管理和区分，侯氏从第六世后就开始按支系区分宗族内部的世系。"据前贤修谱记叙，本族自康熙十四年分支记谱，'此文、颜、廉、敏、鲁之所由分也'。"[①] 嘉庆十四年（1809年）重修谱记载："自五传而下，支派各分，丁多者又分为三大支，曰中、曰东、曰西，支各有谱，谱各有叙。"第六世后，侯氏宗族分为中、东、西三大支，各支又分为不同的祖宗及不同的派别。中支希文祖有旭公派、杲公派、英公派、冲公派、完公派、全公派，孟祖有茂公派和约公派，东支希颜祖有表公派、能公派和彝公派，希廉祖有质公派、钦公派、然公派和干公派，希鲁祖有彬公派，西支希闵祖有宣公派、永公派、升公派和选公派。近代以来，由于族内人口众多，小家庭兴起，宗族的支系概念在人们的观念中已经较为模糊。到现代，由于家庭规模的变迁以及国家政权组织在乡村中的渗透，家庭已经成为村民生活的单位，侯氏宗族已经普遍以家庭为单位参与乡村生活，宗族的内部结构已经趋向单一的家庭结构化。

（二）宗族的小区域分化

侯氏家业兴盛时，在北贾村大兴土木建设大院，兄弟分家时，旧堡的院子分给了老二和老五住，旧新堡的院子分给了老大家，新堡的院子则分给了老三、老四和老六家。这几家的后人各自在三个堡内绵延发展至今。

在北贾村，侯氏族人因为血缘的疏远及地域上的分化出现了宗族的小区域分化现象。族人对旧堡、旧新堡、新堡的地域划分有更大的认同。他们对于地域的认同意识强于宗族意识。他们经常说的就是"我们旧（或旧新堡，或新堡）堡怎样怎样"，而很少说"我们姓侯的怎样怎

268

---

① 侯清柏编撰：《山西介休北贾村侯氏合族谱》，1999年，第3页。

样，姓马的怎样怎样"，三个堡的族人彼此之间更加紧密一些，对于自己堡内的侯家人有更深的认同，侯氏宗族以三个堡为单位出现宗族内部的分化。

（三）宗族意识淡薄

在百年的现代化过程中，尤其是新中国成立后的一系列运动中，宗族势力早已土崩瓦解。改革开放后，虽然一些地方出现了宗族的复兴，恢复各种宗法组织所需要的资源，如重续族谱、重修宗祠等。但是此时的宗族已非彼时的宗族，不论是其功能还是其意义都不可同日而语了。北贾村也一样，改革开放后宗族势力出现了一定程度的复兴。例如，编撰《侯氏合族谱》，还有一些村民合议要重建祠堂，复修侯氏家族曾经的建筑。这些活动都不能改变历史与现状：北方宗族本来实力就弱，加之运动的打压，这些复兴活动其实很难起到传统社会宗族的作用。这里要谈到宗族意识的问题，宗族意识就是指宗族成员对本宗族的认同感，族员之间的相互信任、亲近及关怀意识，它是同族成员的光荣意识和共同利益意识。在历次运动打击下，宗族意识早已淡薄了。

【案例十二】

侯××，是侯荫昌侄孙侯奎的外孙女，今年七十多岁了，一个人住在侯家五宅大院里，她的弟弟现已搬到介休住，祖屋留给她姐姐住。侯奶奶的儿子也不和她一块住，只是偶尔回来看看她。作为与兴盛期的侯家血缘关系较近的人，侯奶奶对侯家曾经的兴盛感到很自豪，但是她认为现在侯氏族人的宗族意识已经非常淡薄。她说："现在大家都没什么侯家人的想法了，姓侯的之间关系也没有特别亲密一些，平时串门就去邻居家转转。现在好多年轻人都出去打工了，几年之后回来我们都不认识他们了，他们更不认得我们这些年老的了。有的就干脆在外面买了房子安家不回来了，这样回来都不认识还怎么亲得起来？"

【案例十三】

在田野调查中，我遇到两兄弟，他们是侯家中支怀字辈的，哥哥三十多岁，弟弟二十七八岁，均未婚。他们谈及侯家时，对侯家曾经的辉煌与有荣焉，大力宣扬侯家票号发展史，对于侯家大院遭到严重破坏的事也发表了看法："现在住在侯家大院里的姓郭、姓赵的想把院子里的石狮子卖掉，在那儿住的姓侯的拦着不让卖，当时是王家大院修复想买，出二十万。我家如果有可以卖的也不会卖，如果只给五六万，也不缺那点钱，何况拆了之后乱七八糟的还要花钱去休整。而且这是祖宗传下来的，值得保护。但是现在有好多被住在里面的人给卖了，有外姓人卖的，也有姓侯的卖的，还有人和外人里外勾结偷东西出去卖。被破坏得厉害了。曾经有人想过修复侯家，但是协商不通，比如关于工作的问题，还有住房补贴的问题，有人想要房，还有一些钉子户，所以这些问题，导致最后不了了之。曾经就有姓侯的台商回来想重建，但是看到周围的土城墙都被推倒了，还有好些大宅破坏严重，就不想重建了。如果有人组织重建侯家大院，我也愿意出钱。"

从以上两个案例，我们可以看出，现在有一部分人对侯氏宗族已经没有那么强的归属感，还有一部分人对宗族还有归属感，但是这种归属感并不足以使他们克服一切困难使宗族再度复兴。这都说明北贾村侯氏宗族的宗族意识逐渐淡薄。

家族是由家庭内血缘关系扩展和世代聚居而来的。由于聚居以及由此产生的经济利益的共同性，使得传统社会中的农民对自己所属的这一血缘共同体具有高度的心理认同，并因此形成了鲜明的宗族意识。宗族意识来源于共同的血缘世系，但侯氏宗族发展到现在，年代久远，彼此间的血缘关系也亲疏远近各有不同，血缘关系较远的平时一般不会联系，再加上现代经济的发展及对外的开放，许多年轻人外出打工或者上学，疏远了与本族人的关系，在外面接触新的事物与人，形成新的人际关系，不再仅仅是邻里间、宗族间的关系，他们的宗族意识越来越淡薄了。

侯氏宗族经历了漫长的历史发展阶段，从单门独户来到北贾村，到发展为枝繁叶茂、家资巨富的当地大户，然后成为名贯四海的晋商巨贾，又因为动乱与运动而衰落。到今天，侯氏宗族虽然宗族特征已不再明显，宗族意识也不强烈，但侯氏家族仍在北贾村占据重要地位。它通过彼此间的亲缘关系、共同的地缘村落以及业缘关系将族人紧紧联系在一起，也与他姓村民、邻村村民发展友好关系。一些有识之士也积极呼吁侯氏族人宗族意识的觉醒与侯氏建筑的保护与重建。不论是宗族的复兴还是家族的建立，我们期待的是发挥其积极的力量，使其有利于和谐社会的建设。

第七章　晋商村落的历史变迁

　　山西在中国历史上曾经占有十分重要的地位[1]，然而近代以来，晋商败落了，山西落伍了，山西何以失去曾经的重要地位？[2] 这不仅与明清以来，山西地区随着人口增长而出现的人口、资源、环境紧张有关，同时也与国际资本主义的入侵有关。山西的落伍是与晋商的败落相伴而生的，也正是受这一问题的启发，课题组选取了山西省介休市大靳村这样一个晋商文化曾经十分辉煌的村落，将其置于地域的、历史的、文化的背景下进行考察，力图展示出传统的时代，尤其是 20 世纪以来这个曾经受晋商文化深刻影响的村落在现代化历程中发生了怎样的变化。地处山西省介休市的大靳村，历史悠久，民风淳朴，有着深厚的文化底蕴。从生态环境方面来看，大靳村属于典型的黄土高原，土质结构疏松，易于耕作，且四季分明，并在此基础之上形成了典型的黄土农耕文化。大靳村的历史可以被视为中国黄土文化的一个缩影，体现在其政治、经济、民俗等各个方面，因此将大靳村的历史变迁作为窗口来探究中国黄土文明的内涵，具有很高的学术研究价值。2012 年以来，中国

---

　　[1]　参见谭其骧《山西在国史上的地位》，《晋阳学刊》1981 年第 2 期。

　　[2]　参见韩毓海《五百年来谁著史：1500 年以来的中国与世界》，九州出版社 2011 年版；行龙《山西何以失去曾经的重要地位》，山西教育出版社 2011 年版。晋商的衰败与清朝的衰败同步而行，从外部条件来讲，鸦片战争之后，西方资本主义势力步步侵入，国内民族矛盾日益突出，清政府陷入内外交困，气运衰微的历史阶段。在多次战争中，晋商损失惨重。从内部的机制而言，这个群体已经失去了创业初期那种寸积铢累开拓进取的精气神，成为不折不扣的土财主，而没有将更多的资金用于发展当地的近代工商业。所以，晋商虽有钱，但山西没发展。加之，在新式银行竞争之下，晋商后人不能与时俱进，随着辛亥革命的到来，晋商最终走向衰败与衰亡。辛亥革命是晋商走向彻底衰败的一个关节点，也是山西近代历史的一个关节点。

学界一批学者就通过学术考察的方式对介休的历史、地理、文化、民族四个层面进行了人类学的调查，并试图将介休文化提升为"黄土文明"范例进行研究。

对于这种村落的变迁过程进行研究，可以从两个方面入手：一是对历史材料进行纵向的研究，二是利用人类学的相关理论进行横向的分析。因此课题组在积极收集、分析散落在民间的相关史料、碑文的同时，也走访了大量的村民，寻找到了一些关键报道人，通过访谈搜集到了很多重要的历史信息，并经过整理和编写，力图展示大靳村这个黄土文明缩影的历史变迁过程。

一 走进大靳

关于大靳村的起源，有村民说在村子附近曾经挖出过一块青砂岩，上面还刻有佛头，因此按照这种说法，村落的历史最早可能起源于北魏时期，但是由于实物已经遗失，所以也就无法考证了。关于大靳村名字的由来，在当地还有一个传说：

> 大靳村原来叫大庄，附近还有一个小庄，也就是现在的小靳村。这两个山庄相距不远，但人口稀少，庄里的农民以耕种土地为生。隋朝末年驻扎在河底村的军队中有个姓靳的将军，看上了这两个山庄，就通过自己的权势拿到了当地农民的土地，作为自己的私田，并且将自己的私宅也建在了大庄。当时耗费巨大，为了节省费用，这位姓靳的将军就地取材，拆毁了三河底村的很多建筑运往大庄，用作修建宅院的材料，现在该村还流传着一句"拆了河村盖大靳"的说法。将军死后，这两个山庄就留给他的两个儿子，永世继承下来。后来大庄就被命名为大靳，小庄就被命名为小靳。

273

从上面的传说可知，大靳村之名来源于民间的"靳姓将军"传说。在大靳村周围有靳凌和河村，靳凌村相传原是靳氏坟地，始称"靳陵"，后来村民嫌"陵"字不详，遂更名为"靳凌"。以上只是传说，对于这个村落兴起与发展的追溯，并没有确切的记载。大靳村中现存最为古老的建筑就是大兴寺，寺里大梁上有"大元至贞七年三月初二日寅时上梁大吉"的题款。元惠宗（1333—1370 年）曾经用过三个年号，分别是元统（1333 年 10 月—1335 年 11 月）、至元（1335 年 11 月—1340 年）、至正（1341—1370 年），如果"至正"与"至贞"在元代民间可以通用，且不是后人为了追溯历史而有意伪造，那么大靳村有文字记载的历史就可以追溯到元代。

清代康熙三十五年（1696 年）的《介休县志》里面"南乡 26 村"里面就包括大靳村和小靳村，但是县志里并没有提到大兴寺。嘉庆三年（1798 年）的《重修东岳庙碑记》中提到："大小靳村东岳庙①，由来旧矣，历唐宋元明，代有补修，类皆规模卑狭，未极恢宏之观，岂一时之人心未齐欤，抑兴废之数，自有其侯欤。"大兴寺出现在《介休县志》里面是在嘉庆二十四年（1819 年），县志载："大兴寺，在大靳村。"②因此，大兴寺也许在清代康熙三十五年（1696 年）到嘉庆二十四年（1819 年）重修或者重建过。

2014 年，大靳村登记的户籍人口有 610 人，245 户。其中王、郭为两大姓，合起来占到了村里总人数的 80%。大靳村王姓自称是灵石王家的发源地，相传在唐朝贞观十三年（639 年），陕西省华阴县剪子乡有王增、王立、王光三兄弟。为了谋生，三兄弟开始向山西迁徙。后来，王光定居在汾阳，另外两兄弟王增、王立则来到介休，定居于大靳村。两兄弟来到大靳后，经过苦心经营，在当地都购置了田产。但不同的是，王增是一名赤脚医生，除了种田以外还有额外的收入，并且有些文化，因此在当地颇有威望。而王立则单纯以耕种为生，成为一个普通的农民。经过数代的繁衍生息和耕作经营，王姓也逐渐成为大靳村的一个大姓，据传在明末清初，该村的王姓村民可以占到 90% 以上。

不过，在清代以前，由于王氏族人没有太高的文化和太大的经济实

---

① 小靳村东岳庙为第六批国保单位，始建年代不详，据现存碑记追溯，该庙在至元七年（1270 年）与大德七年（1303 年）地震后重修过，最晚为清光绪三十四年（1908 年）重修。
② 王堉纂修：《介休县志》（嘉庆版·上），侯清柏标段，山西人民出版社 2012 年版，第 60 页。

力，所以一直没有盖祠堂、编族谱，因此有关祖先的一切传说和记忆并没有文字记载，都是靠口头传说而流传下来的。到了清朝康熙年间，王姓家族一部分人依靠经商积攒了不少钱财，有了一定的经济实力，才开始着手修建祠堂，整理编写族谱。王姓家族曾派人去陕西华阴县剪子乡的王家祠堂联祖认宗，按照那里的祠堂样式绘制了图纸，并通过族人捐赠集资的方式在村东头盖起了王氏宗祠，也就是后来的公悦堂。至此，大靳王氏宗族的历史出现在史籍之中。不过对于王氏祖先有最早文字记载的，是大靳村西门外圪堆地上的一块墓碑，碑文刻有明万历年间的王氏族人王永忠，但是墓碑是后人于清代雍正年间补立的。王氏宗族也把这个立碑之处认作祖坟，每年的清明节和大年初一都到此碑前焚币叩拜，以示对祖先的缅怀之情。[①]

历史人类学认为，不同文化产生"历史"的模式会随着脉络的不同而不同，不同群体会根据自己的记忆机制对历史进行解释。[②] 大靳村村民对于该村历史的记忆也具有选择性和代表性，当地村民对于该村历史变迁的集体记忆主要集中在三个时段：一是清代到民国时期的乡绅时期；二是土地改革后的集体化时代；三是家庭联产承包制推行以后的改革开放时期。清代以前的历史，不要说社会记忆，就是历史传说也很少。

关于大靳村的历史变迁，课题组以上述三个历史时期为主线，对大靳村的历史变迁进行较为详细的论述与分析，以探求每一次历史变迁是如何影响村落社会文化的，以及每一时期的历史事件是如何塑造村民的集体记忆的，同时通过总结，分析文化与历史之间的关系。

275

二　明清时期的区域中心

据《明太祖实录》（卷 140）记载：洪武十四年（1381 年），山西有人口 403 万，相当于河南、河北两省的总和。加之明弘治年间九边重镇

---

① 参见王松龄编撰《介休大靳村王氏家族回忆录》，打印稿，1998 年。

② 参见蓝达居《历史人类学简论》，《广西民族学院学报》（哲学社会科学版）2001 年第1 期。

的设立，都为晋商的出现创造了条件。

（一）乡绅阶层的出现

如果传说为真，大靳村历史就很久远了。从唐代到清代前期，这只是黄土高原上一个很普通的村落。加之村落周边黄土地多年来被冲刷而形成的沟壑丛生的地貌，造成交通不便，这样一个自给自足的小农经济社会简直就是一个"世外桃源"。明代以来，随着晋商的崛起，从商之风渐渐吹入大靳村，一些有文化和胆识的王姓后裔跟随山西平遥的商人外出经商。由于经营有方，这些外出经商的大靳村王姓村民赚取了不少钱财，他们回到大靳村后，就开始买房置地、修桥补路、捐建庙堂。很多村民看到经商利益如此丰厚，也不断加入外出经商的行列。那时大靳村以王氏宗姓为主，村民之间的社会网络也比较紧密，因此一家发财后，带领其他亲戚出去经商的现象比较普遍。随着财富的积累，大靳村的社会结构也发生着变化，以本村商贾为首的社会秩序也悄然形成。随着康熙年间王氏宗族集资修建王氏祠堂——公悦堂，大靳村以商贾为中心的秩序也更加完善和牢固了。

王氏祠堂的建立也标志着大靳村正式步入乡绅社会，这主要表现为祠堂的建立实际上确立了王氏宗族的等级关系，大靳村的社会分层也随之出现。大靳村王氏宗族分两大支派，属王增后裔的支派称为"东王"，受祖上传统影响，其整体文化程度较高；而属王立后裔的支派称为"西王"，多为文化程度不高，以耕作为生的贫苦农民。大靳村外出经商的基本上都为东王支派，所以他们在发家以后，建立的祠堂并不是对所有王氏宗族都开放的，而是仅允许东王宗族的人前来祭祀，并且祠堂内所摆祖先牌位也为王增，因此祠堂的建立也标志着东王宗族与西王宗族的人划开了界限。[①] 实际上，在建立祠堂以前，所谓的"东王""西王"这些称呼并没有什么等级观念的色彩，只是由于大靳村在清代以后贫富差距拉大，才使这些称呼成为富商划分等级的一个工具。这种思想至今仍在影响着大靳村村民。

276

---

① 参见王松龄编撰《介休大靳村王氏家族回忆录》（打印稿），1998年。

个案 1：大靳村王某（43 岁，东王后代）

　　我们大靳村只要是姓王的都知道自己属于东王还是西王。以前干大生意的、有钱的都是我们东王的人，历史上西王的人基本上没有干大事的，只是靠种地打零工挣钱。你要是知道我们村谁家祖上是财主，那他肯定就是东王的后代。

（二）乡绅阶层的繁荣

　　大靳村的"东王"宗族主要发迹于清代乾隆年间，不仅在山西太原开有自己的当铺和票号，甚至还将自己的商业势力伸展到了北京、天津、河北，甚至更远的地方。"东王"宗族经济实力的日益壮大，也使大靳村走入了最为繁华的一个时期。关于大靳村乡绅时期的发展状况，可以表现在以下几个方面。

　　1. 大靳村规模不断扩大

　　大靳村的王姓晋商在发家以后，开始围建堡墙，建造房院，形成了永宁堡（旧堡）。后来随着人口的不断增加，大靳村的王姓晋商在永宁堡附近又修了一个新堡子，也就是现在依然存在的崇宁堡，每个堡子的所有大院都相互连通。乾隆年间，人们在村外所修建的堡墙，共开了五个大门，堡墙上面架起了土炮以防止土匪的骚扰；同时，村内还建有与外界相通的地道，以备急用。进入西门就是村子的主干道，据老人回忆，当时主干道两旁共有 24 家商铺，可见当时的繁荣程度。另外根据县志记载，隋唐宋元，代有高僧，可见佛教在介休一带很早就流行了，明清时期，佛教和道教最为流行。[①] 在清代，很多有身份、有钱的乡绅都会在本村捐建寺庙，因此寺庙的数量和规模也反映了某个村落的经济实力。王姓晋商发家之后，也通过捐建的方式在村内修建了"六庙一楼"，其中六庙分别为龙王庙、菩萨庙、大兴寺、五道庙、山神庙、真武庙，一楼为魁星楼。由此可以看出当时整个村落信仰的多元化，包含了佛教、道教以及汉族的民间信仰，同时从所建寺院的数量和规模也可

277

────────────────

　　① 张赓麟督修：《介休县志》（民国），侯清柏标段，山西人民出版社 2012 年版，第 250 页。

以看出大靳村乡绅社会时期的经济繁荣。在大靳村的建设过程中，王姓晋商做出了很大的贡献。以道光年间的王登元为例，根据村内残存的碑文记载，道光十六年，在修缮菩萨庙的过程中，仅他一人就捐银五百两；道光二十二年，在修缮魁星楼的过程中，他又捐银四十两。可见当时王姓晋商对村落发展的巨大作用。同时，东王支系还在村内建立了私塾，以供族人子弟教育之用。① 大靳村在乾隆年间就基本上形成了集防御、商业、文化、教育等于一体的社区了。

2. 大靳村成为经济中心

由于大靳村商贾云集，生活便利，自清代到民国初年，一直是周围村落的经济中心。每逢过年过节，大靳就会变得热闹非凡。正是因为其富有，村落影响力也不断扩大，吸引了周围村落的财主迁移到大靳居住。如从小靳村迁移而来的陈姓和陶姓，从西欢村迁来的罗姓，从北辛武村迁来的冀姓，从焦家堡来的焦姓和张姓，从董家庄迁来的宋姓，以及从陕西迁来的杨姓。除此之外，由于商业兴盛，大靳还出现了许多依附于商人的其他职业，如手工艺人、镖师、佣工等。佣工里面就包括厨师、清洁工、园艺工、车夫、奶妈等。②

从小靳村迁移到大靳的郭氏宗族，在介休历史上也颇有名气。清代光绪年间，号称"二大王"的大靳乡绅郭可观在全国很多地方开有商铺、票号，还开办了印刷厂，他以义行闻名乡里。③ 郭氏家族的佣人就有几百个，且这些乡绅对待佣人很好，比起周边其他村落，佣人们的生活条件也较优裕。访谈中，村民说是有钱人养活了穷人。

个案 2：小靳村郭姓村民（男，69 岁）

大靳村在清朝那会儿就一直是周围几个村的经济中心，听老人讲，光绪年间大靳村就好着呢，街上有好多店铺，什么布店啊、打铁店啊、卤食店（饭店）啊，真是应有尽有，外村的人想买点啥都

278

① 参见大靳村大兴寺西墙上的碑文。
② 这样的依附关系在其他晋商村落也普遍存在。如祁县乔家在民国年间仅佣人就有 250 多人，太谷曹家仅护院家丁在 1900 年就有 500 多人，榆次聂家王家 1921 年有佣人 200 余人。参见殷俊玲《盛世繁华——晋商与晋中社会叙事》，博士学位论文，山西大学，2005 年，第 27 页。
③ 参见张赓麟督修《介休县志》（民国版），山西人民出版社 2012 年版，第 307 页。

得去大靳村才行。因为大靳村方便而且有名，周边村子的财主也都
愿意搬过去。就像我们小靳村，那时候谁要挣大钱了，那肯定都要
跑到大靳村去买房置地。

3. 乡绅成为村落权威

雍正二年，里民捐谷九千七百余石，在介休设置104所义仓，其
中就包括设在大靳大兴寺的义仓。① 在清代，村里还出现了很多有声
望的财主，如道光年间的王培元、王登元，光绪年间的王家鹤、郭
可观。

随着大靳村晋商的不断发展，其势力也在逐渐增强，表现在当地
的经济、文化、政治等各个方面。在大靳村，曾有很多有声望的财
主，如道光年间的王培元家族、从小靳村移居而来的郭家等。不过最
有经济和政治实力的大靳村财主，应属在咸丰年间崛起的王家鹤
家族。

王家鹤属于"东王"支系第41世，其堂名为王"二酉堂"，在他接
手家业的时候，实际上家道已经开始败落。但是由于他聪明能干，善于
和官府打交道，还捐得了资政大夫正二品"红顶商人"的官职，依仗着
自己的经济实力和政治资源，王家鹤成为当地较有声望的乡绅。据记
载："（王家鹤）出入县城衙门，七品县官也得出庭迎送，坐轿乘车过
路，沿街行人回避，概无阻挡。一般官员来村拜会，只能在'不窥
园'② 上层的小客厅等候，并通过侍从先生或佣人传话后，才会接
见。"③ 可见王家当时的地位与权势。

同时，以王家鹤为代表的乡绅势力还扮演了"保护型经纪人"的角
色。村中族人有什么官司诉讼，就请他出面进行解决。所以村中也流传
着很多关于他靠自己的影响力来保护族人的故事。

279

---

① 参见张赓麟督修《介休县志》（民国版），山西人民出版社2012年版，第218页。
② 清代王氏家族私塾被命名为"不窥园"，访谈中村民说"不窥园"就是不要窥视，以
免影响学生读书。而据王充《论衡·儒增》记载："董仲舒读《春秋》，专精一思，志不在他，
三年不窥园菜。"是说董仲舒年少时读书非常刻苦，虽然他的书房紧靠着花园，但他三年没有
进过花园，甚至没有看过一眼。
③ 王兴兵：《介休市大靳村王氏家族回忆录》（打印稿），1998年。

个案 3：大靳村王姓村民（男，63 岁）

相传在光绪年间，有一次大靳村的王姓族人运煤时和焦家堡的人发生争执，打了起来，结果大靳村的人失手将焦家堡的人打成重伤，双方闹到了县衙。为了给县衙施压造声势，双方都把本村最有地位的人请了过来，焦家堡把在太原绿营当营长的余二麻子请了过来，大靳村就把王家鹤请了过来。最后县衙权衡利弊，还是作出了有利于大靳村村民的判决。

可以看出，在清代，乡绅成为村落秩序建构的主要力量。乡绅的崛起与晋商的发展是相伴而行的。也正是在这一过程中，大靳村的面貌发生了很大变化，成为当地小区域的经济中心，这也是大靳村最辉煌的时期。

4. 教育的发展

大靳村乡绅社会的发展是同相对发达的教育分不开的，大靳村王姓商人发家之后，就在村内设立了私塾，专门聘请老师教授本村王姓宗族的学生，教授内容主要是千字文、百家姓等。那时读书主要起到识字、明理的作用，并非一定要谋取功名。光绪十五年（1889 年）大靳王家第 43 世王丽中中举人，后为辽州学正，[1] 也可以称得上王家私塾教育中的一个较为杰出的成果。

国民革命以后，为了提高村庄的整体文化水平，出现了村公所办的学校，一般一个村有一个学校，一个学校有一个老师，读完小学的人便可担任教师。这种学校招生面覆盖整个村庄，适龄儿童都可上学，没有门第限制。在访谈中，大靳、小靳、万果的一些老人都有对村公所学校的记忆，但由于时代较为久远，被采访者大多回忆不起村公所创设学校的具体时间，但对当时入学平等、老师素质等仍有印象。这种教育形式由于教师水平有限，课程设置不合理，教育层次低等原因很快就被随后诞生的介休市第四高级小学所取代。据《介休市教育志》记载：

---

① 参见介休市教育委员会《介休教育志》，山西新华印刷厂 1992 年印刷，第 28 页。

第四高级小学创建于 1929 年（民国十八年）。由有志兴学的王来福、王迺毅、王迺讷（都是大靳人）、李国柱（保和村人）、乔继贤（崇贤人）、郭恩保（龙头村人）等人，联名请求成立学校，解决二区所属各村初级小学毕业生升学的困难。由县政府转呈省政府获得批准以后，责成原申请人组织筹备委员会，先后在张壁、龙头、龙凤、大靳、小靳、兴地等村勘察寺庙选拔校址。最后几经协商，大家公认大靳村居二区中心附近各村的初级小学基础较好，学生有来源，该村西门口的文昌庙略加修建就可以使用，附近地势宽阔，将来又有发展余地，因此决定将文昌庙作为校址，当即进行建校工作。①

从上文可以看出大靳村在当时是教育中心，拥有较为完整的学校、强大的师资力量以及充足的生源。介休市第四高级小学校是一所完全中学，拥有 1—6 年级，附近的 10 个村庄中只有 1—4 年级，为不完全小学。学生升学到 5—6 年级必须走到几里之外的大靳村（1958 年改为大靳公社）上学。第四高级小学在新中国成立后的很长一段时间内都服务于周围数十个村庄。

（三）乡绅阶层的没落

乡绅时期的大靳村在经历了一段繁华的时光以后，面对内忧外患，最终走向了衰落，其原因主要可以归结为以下几点。

1. 晋商生活的腐化

晋商在乡绅时期积累了大量财富以后，其后代开始过上养尊处优、不思进取、越来越奢侈的生活。在民国年间，由于战乱，加之经营不利，大靳村晋商走向了衰落，可是财主们大多依然过着奢侈的生活。在节庆丧葬之日大肆挥霍，以显摆其地位。为了顾及面子，甚至在已经没落的情况下，借债举行各类仪式活动的例子也比比皆是。其中有这么一个故事：在民国时候，医疗卫生事业还不发达，伤寒病就可以致死，大

281

---

① 介休市教育委员会：《介休教育志》，山西新华印刷厂 1992 年印刷，第 59 页。

靳村也不例外。有一次，因为伤寒病，郭氏家族就死了七口人，院子里棺材都停满了。当时郭家作为大靳村的一个大财主，十分好面子，想在出殡的时候大操大办，却一时凑不出那么多钱，就向大靳村另一富户借了一笔高利贷用作操办葬礼的费用。依靠这笔钱，郭家如愿举行了隆重的丧葬仪式。据老人回忆，出殡时请了数百位道士、和尚、尼姑来作法。但是由于不能及时还贷，两家起了冲突，最后还打了官司才得以解决，最终伤了和气，两家不再来往。

早在清代道光年间，山西的鸦片就已经泛滥，如1839年道光皇帝在其上谕中就指出"朕风闻山西地方沾染恶习，到处栽种"，由此可以看出当时山西烟毒的危害之广，而晋商则为鸦片的重要消费群体。① 大靳村的财主也不例外，他们均染上了吸食鸦片的恶习。到了清末民初，大靳村晋商阶层的生活已经极为腐化，很多财主甚至因为贪食鸦片而荒废家业，最终走上了变卖家产、坐吃山空的绝路。在大靳村，至今还流传着很多因为地主吸食鸦片而败家的故事。其中有一个故事是这样的：有一户王姓财主终日吸食鸦片，挥霍无度，足不出户。有时没有现钱买鸦片，就指使佣工变卖自家的古玩字画、家具等，但是家中物品怎么卖却从不过问，甚至在卖家具的时候里面有没有东西也不管，直接让买的人搬走，结果连家具里贵重的东西，如象牙筷子、金银铜器等物品也一块送人了。

虽然这个故事中的细节有待考证，但是可以看出，大靳村晋商吸食鸦片而败家的事情在村中已经尽人皆知。对村中"东王"宗族后代进行访谈时，他们也多次谈到先人吸食鸦片的事情，而且认为"东王"宗族中一些财主的败落，和吸食鸦片是有直接关系的。

2. 战争的影响

清代后期，由于世界局势的变化和战乱的影响，晋商逐渐趋于衰落。辛亥革命后，晋商退出了历史舞台。不过，商业并未完全中断。1937年日本全面侵华，战火遍及大靳村晋商所涉及的各个省份，直接

---

① 参见中国第一历史档案馆《鸦片战争档案史料》（一），天津古籍出版社1992年版。

影响到了其经营。后来日军进驻山西，大靳村长期安定的环境也被破坏。1938 年农历九月，日军侵犯大靳村，在村内大肆抢劫，纵火焚烧了王氏祠堂（公悦堂）和多处宅院，损失极为惨重。公悦堂的毁灭，也是大靳村王氏宗族衰落的标志。关于当时的情形，王松龄的回忆录中有这样的描述：

> 公悦堂在焚毁以后，当年（1938 年）农历十一月，族长在征求大家意见以后，经值年社首，把后院粮仓的谷物全部按人头分给了族人，对一些贫困户特别照顾了一些。同时停止了对土地的收租，谁家种的地，扣谁家了却。村公所按土地分摊了一切花销，从此公悦堂不复存在。也因此导致了有些族人的后辈连自己的祖父、曾祖父都不知道叫啥名了。[1]

由于战乱，晋商在全国各地的生意也受到了影响，很多在外经商的大靳村财主也被迫回到村里，靠地租或者其他营生维持生活。但是在村里也并非太平，由于日军的不断骚扰和勒索，大靳村内的很多店铺停业关门。可以说，抗战时期的大靳村，其乡绅社会已经走向了没落。

个案 4：大靳村村民王玉基（男，40 岁）

> 我的叔叔王敏政年轻的时候是一个大地主，家里有一百多亩地。他本人也很能干，曾经在长沙干了八年的掌柜。后来他又独自去河北的大名府去做布匹生意，挣了很多的钱。但是后来抗战爆发，他只好停了生意回到村里，当起了教书先生，后来就再也没出去过。

283

3. 封建思想的束缚

大靳村乡绅社会走向没落，其最根本的一个原因，就是封建思想的束缚。从本质上讲，晋商的思想意识是与封建剥削制度相适应的，他们只以获得殖货之利为满足，习惯沿用旧法经营，对国内市场缺乏深入的

---

[1] 王松龄编撰：《介休大靳村王氏家族回忆录》，打印稿，1998 年。

了解，难以应对日新月异的世界局势变化，国内外市场渐为他人所得。[①] 反观大靳村的晋商，其身份都具有两面性，一方面是商人，另一方面是地主。大靳村的晋商和山西其他的晋商一样，都深受中国小农思想的束缚。他们一般经商以后所赚取的钱财并不是再次投入用作扩大再生产，而是将很大一部分用来置办田地和建造宅院；此外，用于吃喝娱乐、节庆丧葬、购买鸦片等方面的消费也很惊人。可以看出，大靳村的财主虽然进行商业活动，但是和不断追求利润的资本家相比有很大的不同。对于大靳村的财主而言，土地才是"本"，是真正的祖业，而商业经营只能算作保本的"末"业而已。所以其经营理念和经营方式也基本上很难做到创新，最终走向没落也是在所难免的。

三 集体化时代的典型村

现代化的进入，首先是从学校开始的，因为"文字下乡"是改造中国社会的表现。[②] 光绪二十九年（1903 年），介休县知事陈模根据"钦定学堂章程"，将绵山书院改建为介休高等小学堂。光绪三十二年（1906 年），介休邮政局在县城北大街设立；民国二年（1913 年），知事陈绍虞创办女子高等学校；民国六年，阎锡山在各村建立村公所；民国二十三年（1934 年），山西省银行介休寄庄成立，南同浦铁路太原到介休段通车。[③] 民国十八年（1929 年），介休第四高级小学校在大靳创建。其原因是，"大家公认大靳居二区中心，附近各村的初级小学基础较好，学生有来源，该村西门口的文昌庙略加修建就可以占用，附近地势宽阔，将来又有发展余地"[④]。随着"传播媒体、交通、邮电等资源的开发，国家更容易快速地渗透到社会中，进一步强化了

284

---

① 刘鹏生、李冬：《晋商兴衰历史考察》，《中国地方志》2003 年 S1 期。
② 参见费孝通《乡土中国》，人民出版社 2007 年版，第 16 页。
③ 参见介休市志编撰委员会《介休市志》，海潮出版社 1996 年版，第 764—766 页。
④ 介休市教育委员会：《介休教育志》，山西新华印刷厂 1992 年印刷，第 59 页。

对民众日常生活的监督"①。

传统社会权威与秩序格局在民国时期已经走了下坡路，不过在1939年，大靳村政权仍然掌握在乡绅手里。② 1949年，介休县开展了土改运动，地主和富农迅速被边缘化，乡绅作为一个阶级退出了历史舞台。而共产主义意识形态与传统社会所提倡的道德伦理之间存在巨大差异。党以及在此基础上建立的大队作为一个行政组织开始在村民的日常生活中起到重要作用，国家在形塑乡村社会秩序中具有了决定性的力量。原有的对于财主、地主的依附也转变为对于干部和党组织的依附。

（一）土改运动——国家控制的开始

1949年，县里组织工作组进入大靳开展土改运动。村里王氏家族中最有钱的财主闻风而逃，但后来大都陆续被抓回村里批斗。和其他地方的土地改革运动一样，大靳的土改运动也大致可分为发动群众、丈量土地、评定土地等级、划分阶级成分、批斗地主富农、分土地分浮财几个环节。在这场运动当中，共产党采取依靠贫雇农，联合中农的策略，对大靳村的阶级成分进行了划分。凡是阶级成分被划分为地主、富农的家庭，要进行彻底的清算。包括将地主、富农拉出来批斗，其财产除生活必需品以外全部没收充公，进行再分配。正是通过这种方式，大靳村财主的宅院、土地等财产转移到了贫农手中。由于大靳村晋商家大业大，很多家庭都被划为地主、富农。根据原大队胡书记回忆，土改时期总共划分了十几户地主和三户富农。被划为地主、富农的家庭，不仅在经济上受到了冲击，精神上也受到了严重的打击。在课题组进行访谈的时候，很多以前被划为地主、富农阶级且仍健在的老人或者其后代都不愿谈及以前那段历史，课题组可以观察到，土改运动作为一场资源再分配的政治运动，对于地主阶级的打击是很深的，并给他们的后代留下了痛苦的记忆。

285

---

① ［英］安东尼·吉登斯：《民族、国家与暴力》，胡宗泽译，生活·读书·新知三联书店1998年版，第214—240页。

② 参见介休市文史资料委员会《介休文史资料》（第1辑），1988年，第48页。

个案 5：陶永生（男，大靳村富农后代）

我家祖上以前是小靳村的，在我祖爷爷那会儿搬到了大靳村，主要是因为大靳村生活环境比小靳村要好。当时我祖爷爷生活比较勤俭，攒下了一笔家产，我爷爷那会儿家里就有几十亩地。我爷爷也过得勤俭，挣了钱也舍不得吃喝，都用来购地建房，对村子里的人也爱斤斤计较，不像王家财主那样乐施济贫，照顾穷人，因此和村里人的关系也不是很好。土改的时候被划成了富农，遭到了批斗，房产和土地也基本上都分给了穷人。由于受不了天天被批斗，我爷爷最后跳井死了。我们整个家庭也因为富农这个成分受到了影响，我爸爸在新中国成立后被安排在村里扫街，而且村里的脏活、重活也都让他干。因为家庭成分的问题，我也不能升高中、去当兵。"文化大革命"结束以后，国家才开始不讲究成分，家里的精神负担也变轻了，但还是忘不了以前痛苦的生活。

（二）人民公社化运动——乡村秩序的重塑

土地改革以后，很多无地或者少地的农民分到了梦寐以求的土地，但是这并不意味着农民从此以后可以自己管理自己的土地了，因为随之而来的是高级社和人民公社的成立，最终国家又将土地收归集体所有。

1956 年秋天，大靳村根据自愿原则组织部分农民成立初级社，1958 年升为高级社，大靳村也正式成立了红旗公社，同年 11 月又根据驻地名称更改为大靳公社，人民公社时期的社队制度开始完全在大靳村建立起来，[①] 全村农民全部入社。在人民公社化时期，大靳村包括土地、牲畜等在内的一切生产资料统归公社所有，大靳村也改为大靳大队，全村按人口和生产资料的比例又分为四个小队（1974 年又合并为两个小队）。

当时，全村主要由大队党支部书记和大队长负责，小队长负责本小队的具体生产，同时每个小队还有妇女队长管理本小队妇女的生产，各小队的记分员负责统计每个劳动者的工分。大队还配有专门的会计和保

286

---

① 参见介休市编纂委员会《介休市志》，海潮出版社 1996 年版，第 10 页。

管员，对大队生产情况进行核算以及进行相关财产的保管。可以看出，人民公社化时期的大靳村建立起了具有高度国家控制力的行政体系。

在具体生产方面，全村所有的劳动力都要集体下地劳作。劳动报酬并不是按照工资以货币形式直接结算，而是由专门的记分员对村中劳动力具体的劳动进行评估、打分，然后将工分折成粮食等食物算作报酬发给农民。一般打分会根据劳动者的年龄、性别进行判断，比如18 岁以下的劳动力被划为"半劳动力"，最高只能打五分；成年女性劳动力一般最多也就能打六七分；而成年男性劳动力最高可以打十分。当时在粮食分配方面，每家每户按人均进行分配，每人每年可以分到 360 斤左右的粮食，当时有句顺口溜就是"够不够，三百六"。由于基本口粮不能满足需要，所以大靳村的农民只能靠在集体土地中通过辛勤的劳动来获得更多的工分以换取更多的粮食。凡是经历过人民公社时期的大靳村农民，无论是男人还是女人，对那段艰苦的岁月都有着深刻的记忆。

个案 6：大靳村村民王来宝（男，69 岁）

当年下地干活很辛苦，清明节之前就要平整土地，然后开沟、播种，苗子长出以后的间苗、松土、除草、施肥都要人工操作，通常一干就是一天。因为庄稼很多在谷底，交通不便，搬运肥料都需要扁担挑，记得当时很多人一口气就能用扁担挑两百斤左右的东西。到了收割的时候也需要用扁担挑，所以那时候干活很费时费力。

个案 7：大靳村焦姓村民（女，74 岁）

人民公社时期女人和男人一样要下地干活，因为家里孩子多，劳动力少，不多干活很难维持生计。每天早上六点左右就得和丈夫一起去劳动，到了中午休息的时候还要赶回家给孩子们做饭，然后带上饭送去地里给丈夫吃。到了下午还要继续干活，晚上回到家还要做晚饭，看孩子。那时候女人比男人要辛苦得多，既要劳动还要顾家里，十分辛苦。

在人民公社化的最初几年，国家又开展了一系列的农村生产运动，但最终都以失败而告终。如 1958 年的"大跃进"运动，全村开始大炼

287

钢铁，村里的劳动力和物资都投入炼钢运动当中，导致村中土地耕作荒废，并引发了严重的粮食危机。1960 年，大靳村又开展了集体食堂的推广运动，全村人统一去集体食堂吃饭，日常饮食也由公共食堂具体安排。在这一时期，村内的粮食问题更加严重，甚至出现了饿死人的现象，1961 年集体食堂被迫取消。

个案 8：大靳村王姓村民（男，72 岁）

"大跃进"的时候，全村的劳力都去村外炼钢，村里的粮食、牲口也都运到了工地。为了能多炼钢，所有人都是加班加点地干，连家里的铁锅都砸烂了去炼钢。那时候为了炼钢，庄稼也荒废了，粮食也紧张了。后来开始搞"大锅饭"（村内的集体食堂）情况就更糟了，吃的都是高粱米和小米秸秆，而且吃不饱，但还要天天下地去集体劳动，很多人又饿又累。有些胆大的人禁不住挨饿，就去冒险偷集体的粮食，结果被抓住了，全村人都来批斗。

人民公社时期，农民的人身自由也受到了很大限制，比如农民不能以个人名义外出打工，外出打工只能以集体的名义由人民公社进行派遣。因此，当时的大靳村村民不能自由流动，外出去城里还需要由大队会计开具相关证明，由村党委书记或者大队长批准才行。在当时，城市里吃饭还需要粮票，因此要去城里兑换全国粮票，办好手续后才能保证外出的饮食和住宿。

从大靳村人民公社化运动以及后续的其他一系列农村生产运动可以看出，国家在这场运动的开展过程中，不仅控制了大靳村的生产资料，也牢牢地控制住了大靳村的劳动力。以工分取代工资以及国家的分配供给制度，对于农民人身自由的控制，实际上就把农民紧紧地拴在了国家所掌控的集体土地上。这场运动也是中国传统农村社会基础重建和再造的过程，它将农民传统的以血缘关系与宗族关系为纽带的自然村落改造为人民公社下属的大队、生产队的基层组织。[①] 因此，在这场运动的浪潮中，大靳村原有的家族式的传统互助文化逐渐被国家行政命令所代替。

288

---

① 参见王立胜《人民公社化运动与中国农村社会基础的再造》，《中共党史研究》2007 年第 3 期。

（三）大寨式典型的诞生

大寨式典型是通过政治运动树立起来的，大靳干部紧跟形势，大靳村民就紧跟干部，大靳也被树立为大寨式的典型。

1964 年 5 月 10 日，中共山西省委批转了《关于昔阳县大寨大队以革命精神改进劳动管理的考察报告》，要求全省普遍学习并加以推广。大寨评工记分秉持的是政治挂帅、思想领先的原则。"文革"中，推行的是"大寨工"。这种评工制度的管理方法在很大程度上"就是依靠超经济的外力，去维持集体劳动的'积极性'"，而这个"超经济的外力"包括很多因素，如政治态度、人际关系。① 其实，早在 1958 年，介休成立了 5 个人民公社，其中大靳被命名为红旗公社。② 因此，大靳被树立为典型有其基础。在学习大寨的过程中，大靳村村民的自留地也全部收归队里，按"评工记分"分配粮食。由于大靳靠山，可以开荒修梯田，相比起周边村落，大靳人生活水平较高。到了 1980 年，大靳村的日工分值为 2 元，这与全国典型的大寨当年的工分值是一样的。那时，周边村庄如小靳、万果村的日工分值基本上在 1 元左右。谈到这段历史，大靳村人常常引以为豪。不过，当时管得太死，用村民的话说就是"群众的生活都攥在干部手里"。村民的生产、生活等大小事宜都由生产队直接管理，对于村民来说，生产队队长就是他们的大家长。每天早上，生产队长要招呼社员出工，给社员分派任务，出工时有专门的记分员记工，晚上队长召集社员开会，给每位社员评定工分。在此情况下，个人的劳动报酬和消费品分配均与劳动工分相挂钩，生产队掌握了每一个社员的经济命脉。在国家的全面控制下，村民通过依附于组织而依附于国家。

1967 年 11 月 8 日，大寨村党支部书记陈永贵来到介休，在西关广场发表讲话。当时村里的干部步行去听陈永贵介绍大寨经验，回来

289

① 参见陈吉元、陈家骥、杨勋《中国农村社会经济变迁（1949—1989）》，山西经济出版社 1993 年版，第 440 页。

② 1958 年，全县成立了 5 个人民公社：跃进公社（在张兰）、卫星公社（在城关）、钢铁公社（在义棠）、火箭公社（在义安）、红旗公社（在大靳）。

后连夜传达。大寨修梯田，大靳也学大寨修梯田。大寨以阶级斗争为纲，大靳干部就派民兵将土改前逃到太原的两个地主抓回来连夜进行批斗，并且将其家人也揪回村里，进行劳动改造。村内还掀起了揭露举报走资派、当权派和阶级敌人的运动。由于揭发举报之风盛行，很多政治成分不好的村民感觉到危机感。1975 年 11 月，介休县召开县、公社、大队、生产队四级干部农业学大寨会议。1977 年 2 月，县里抽调 300 多名机关干部去农村开展农业学大寨运动。[①] 同时，大靳的支部书记胡守福还被派去大寨村进行"取经"，回来后在村里掀起了学大寨的高潮。大靳的政治工作常抓不懈，如为了加强对村民的思想改造，在"文革"期间，村民都要求背诵毛主席语录，甚至有时还有红卫兵在村口站岗，凡是劳动回村的村民都要背毛主席语录，背不过的不许进村。

传统社会里，大靳村的秩序是通过乡绅这样的精英阶层而在普通民众生活中发挥作用的。集体化时代，国家的控制势力渗透到村落的各个层面。此时，乡村的权威是国家所赋予的，乡村的秩序主要是建构性秩序。人民公社时期，一系列极端化运动被推行，各种现代性因素前所未有地大规模进入村庄。然而，由于受极左政治理念的影响，这种极端化的现代性对于农村的生产生活管得过严过死，农民成了劳动的机器。尤其是在"大跃进"吃公共食堂的时代，更是引入了一种军事的乌托邦，农业学大寨就是在推广这样的乌托邦理念。大靳是大寨式的典型，除了晋商社会所延续的"听话"积习外，也与政治运动的推动密不可分。正是在不断的运动中，乡村社会经历了秩序与权威的重构。

（四）集体化时代大靳村的行政体系

同全国其他地方一样，土改完成后，大靳很快进入集体化时期。从1956 年开始，在短短两年间经历了初级社、高级社、人民公社三个阶段以后，大靳村土地所有制由私有制转变为集体所有制。1958 年，大

---

① 参见介休市志编撰委员会《介休市志》，海潮出版社 1996 年版，第 780 页。

靳乡成立大靳公社，下辖 11 个生产大队，19 个生产队；其中大靳村设大靳大队，下辖 4 个生产队①，一个生产队的成员约 50 人。②

人民公社实行的是"三级（公社、大队、生产队）所有、队为基础"的管理体制，由生产队直接组织农业生产和收益分配，大队本级为独立核算单位，对生产队有管理权和干预权。人民公社是一种"政社合一"的组织，公社的三级组织也都是国家行政的下属组织。

生产大队负责人是支部书记和大队长，其他班子成员还有副队长、民兵连长、妇女主任、会计、出纳、保管各一人。生产队则有生产队长、政治队长，前者主管生产，后者主管思想政治工作。当时，干部都由上级部门直接任命，大队各级负责人均实行"工分制"，每月有少量的货币津贴。当时的干部回忆："当时的大队书记工资是领取 80 个劳动日工分补贴，大队长是 50 个劳动日工分补贴，小队长（生产队队长）有 30 个劳动日工分补贴，生产队的副队长就只有 15 个劳动日的工分补贴。"

人民公社的体制和家庭的管理方式非常类似，集体的负责人不仅拥有家长式的权威，也拥有家长式的责任感。一位当时的村干部回忆说："那个时候的干部都是'干部干部，先干一步'，你是干部就要带头先干一步。以前下地干活，除草的时候要从边上开始锄，但是地垄上草多，一般人就不想干，干部就要带头先干，人家才会听你的。"村民们则说："那时候什么都不用操心，每天只管赚工分，其他事情比如上学、参军、外出等等都只管找大队就行。"由此可见，"家长"的角色定位不仅为当时的村干部所认同，也为当时的村民所普遍认可。

在"文革"期间，下乡工作队又进驻了大靳村，使其行政体系更加复杂化。在"文革"时期，由于阶级斗争的需要，政治生活也被放在了首位。其表现为政治结构的细化，如革命委员会的设置，使大靳村的政治格局更加复杂；政治格局的频繁变化，村支书等行政岗位经常发生人事变动；经济体系的政治化，导致全村所有的经济活动都是为政治需要而服务的，一个人劳动的好坏与政治修养也直接挂钩。

291

---

① 为了便于管理，1974 年，大靳大队 4 个生产队合并为两个。

② 参见介休市志编纂委员会《介休市志》，海潮出版社 1996 年版，第 10 页。

表 7-1　新中国成立后大靳村的历届村干部任职情况(1951—2014 年)

年份	村支书	村主任	副书记	大队长	会 计	保 管	妇女主任
1951—1953	冯步根(村主席)						
	王来宁(村支书)						
	王启(人大主席)						
	王裕昌(民政员)						
	王敏书(会计)						
	王秉茂(公安员)						
1954—1963	冯步根			温志进	王敏书		段桂兰
1964—1965	温志进			郭双友	王敏书		段桂兰
1966	温有义(革命委员会主任)						
	温志进、郭双友、胡守福、焦思信(革命委员会副主任)						
1967—1973	温志进		郭福生	郭双友	王敏书		
			焦思信				
1974	郭双友		焦思信	胡守福	王敏书		
1975—1976	温志进		焦思信	胡守福	王敏书	郭生祥(1974—1976)	
1977—1985	胡守福		焦思信(1982)	郭生祥(1977—1983) 宋玉龙(1979)	王敏书(1983) 郭景明(1983)	宋连生	戎广秀
1986—2005	宋玉龙	郭生祥	胡晓勇		郭景明 宋根有(1990)	宋连生	焦改兰
2006—2008	宋玉龙	郭生瑞	胡晓勇		宋根有	焦世祥	焦改兰
2009—2014	胡晓勇	宋玉龙	戎海军		宋根有	焦世祥	马爱花

四　改革开放后村庄秩序的重建

1976 年，开展了十年的"文化大革命"随着"四人帮"的垮台而结束。随着 1978 年党的十一届三中全会的召开，翻开了历史新的一页，大靳村也迎来了新的一轮变革。这一时期的历史变革，最突出的表现为，在 1980 年所推行的家庭联产承包责任制，极大地促进了农民的劳动积极性，同时也宣告了人民公社制度的终结。1984 年 4 月，介休全县进行了县、乡（镇）两级选举，除城镇外，全县各公社均改为乡，于是大靳公社也正式更名为大靳乡，[①] 大靳村延续了其行政中心的地位。在这一期间，大靳乡的乡政府设立在大靳村，管辖着包括大靳村在内的 11 个村委会。[②] 村庄内的基础设施较为完善，发展也较为迅速。那是如今大靳村村民比较怀念的一段时光。随着农村改革的不断深入，农民也不再依附于土地，外出打工的人增多，大靳村的经济也开始呈现出多元化的趋势。2001 年，随着大靳乡的裁撤以及乡政府的搬迁，大靳村不再是行政中心，回归为一个普通的村落。在乡村都市化与农村城镇化背景下，大靳村面临着终结。

1980 年以后，家庭联产承包责任制在大靳村全面推行，与以往的土地集体所有、集体耕作的生产方式不同，家庭联产承包责任制在确保土地所有权归属于集体的前提下，将经营权交给了农民。农民的劳动积极性得到了很大的提高，农业生产也得到了快速的发展。对于家庭联产承包责任制推行的这段时间，大靳村村民都有着非常深刻的记忆，并认为这个制度的推行也改变了自己的命运。

个案 9：大靳村村民王来保（男，71 岁）

大靳村推广的包产到户政策确实让咱老百姓受益了，在人民公社的时候，都是挣工分算酬劳，管得太死。但是包产到户后，农民

293

---

① 参见介休市志编纂委员会《介休市志》，海潮出版社 1996 年版，第 11 页。
② 分别为大靳村、小靳村、万果村、东欢村、陶庄村、神湾村、焦家堡村、河村、保和村、靳凌村、宋家小庄村。

可以种自己的地了，那种感觉就不一样了，所以我感觉还是把土地交给我们农民自己去种更好一些。而且人民公社那会儿集体劳动还很累，几乎每天都要去干活，有的时候过年都要被召集去干活。现在自己种地就灵活多了，种地的时候种地，农闲的时候可以歇着。

随着农村改革的不断推行，大靳村村民的生活也发生了翻天覆地的变化。首先，农民有了自己的经营自主权，收入不断增加，生活水平也不断提高；其次，大靳村的基础设施建设得到很大改善，在撤乡之前，大靳村内设有中学、乡卫生所、公安局、信用社等各种机构，此外还有商店和饭店，生活极为便利。再次，大靳村的思想意识也在改革中得到了很大进步，很多农民已经不再单纯依靠农耕来维持生活，而是投入其他产业当中来赚取更多的收入，如外出务工、搞养殖等。最后，值得一提的是，改革开放之后，随着各种科技的发展，大靳村的文化生活也发生了改变。

关于这一时期大靳村的具体变化，课题组将从政治、经济、文化、教育等方面进行论述。

（一）权力结构的重构

上文谈到，在传统社会时期乡绅成为村里的权威，以及晋商村落中佣人与财主间的关系。土改以后，乡村政治呈现为党的一元化权力结构，民众通过依附于党组织而隶属于国家。1981 年，介休开始实行家庭联产承包责任制，农民也从对于干部的依附中解放出来。随着改革开放政策的深化，越来越多的人开始从事除农业以外的其他行业，外出打工者开始增加。村民人均收入也开始提高，生活水平明显改善。1983年 12 月，县委、县政府命名大靳等 4 个村为首批文明村。① 1998 年《村民委员会组织法》开始实施，集体化时代以来由上级指定干部的做法发生了变化，意味着村落权威经历了从传统型权威到法理型权威的转变。村委会选举，即通过全村投票的方式来选出自己的村干部，这样的选举方式实现了亘古未有的民主。这种通过投票来选举村干部的方法有

294

---

① 参见介休市志编撰委员会《介休市志》，海潮出版社 1996 年版，第 782 页。

利于表达村民的诉求，也有利于乡村民主政治的构建。但是由于长期受小农思想的影响，很多村民没有培养出一种选民意识，也不利于这种制度的顺利推行。当然，大靳村村民政治意识淡薄，也与改革开放后的人口流动以及乡村都市化有着密切的联系。

改革开放以后，人口流动的限制大大降低，越来越多的村民开始离开土地外出务工。当地独特的恋家传统催生了候鸟式的打工经济，受"离土不离乡"的传统观念影响，村里人打工一般都只在县域范围内，很少去省外，一般是每天早上八点左右从家里出发上班，晚上六七点钟下班回来。这样，村里青壮年的主要时间都在村庄外面度过，村庄只是他们晚间休憩的地方，他们的家庭收入、社会关系、生命体验也都主要在村庄之外获得，村民与村庄的联系大为减少，因而对村庄的依恋以及对村公共事务的参与热情降低。当他们积累了足够的资本以后，不是选择把资本投入农村的土地上，而往往是把资本投在城市购置房产，让自己的子女成为"城里人"。平日在村里留守的都是那些没有能力或者没有条件外出务工的所谓"三八六一九九部队"（妇女、孩童和老人）。他们虽然有意愿参与和自身生活息息相关的村庄公共事务，却往往心有余而力不足。至今，村里的老人们都对集体化时代的"大家长"怀有非常美好的记忆，"以前的干部管事，现在的干部不管事"。正如曹锦清在《黄河边上的中国》中所言："没有人管""没有办法"或许是村落社会内最为普遍的一种心态。"没有人管"是说"要有一个人来管他们"，"没有办法"是说他们无力通过合作协商想出一个办法，而只能靠"别人"来替他们做主。[1]

（二）生计方式的多元化

1. 养殖业的发展

大靳村的养殖业发展起来是在近二十多年间，据村民说，村里二十年前开始有人发展养殖业，养殖第一户养殖的是蛋鸡，随后开始有专门

---

[1]　曹锦清：《黄河边上的中国》，上海文艺出版社 2013 年版，第 107 页。

养殖肉鸡或养猪的农户。如今村里不管是养鸡的还是养猪的，无论是从规模上还是技术上，都比二十年前发展迈出了一大步，规模变大了，技术也实现了现代化。大靳村养殖业从起步到现在的初具规模，除了与养殖户们的努力进取分不开之外，另一个重大原因是国家政策的支持。改革开放以后，国家鼓励发展养殖业，出台政策扶植养殖户，为养殖户提供了宝贵的政策支持，其中包括为养殖户提供养殖场地（最近这七八年开始不给提供此政策优惠，原因是用地紧张，但之前为各户提供的场地并没有收回）、提供疫苗、提供水电或者直接补贴，等等。

如今，大靳村的养殖业越来越趋于集中化、专业化，并且在大靳村整体经济结构中占据了重要的位置。以 2013 年为例，大靳村出栏肉猪750 头，猪肉产量 60000 千克；出栏肉羊 180 只，羊肉产量 3600 千克；出栏绵羊 180 只，绵羊肉产量 3600 千克，绵羊毛 300 千克；出栏家禽139066 只，禽肉产量 333750 千克，禽蛋产量 14100 千克。① 如今，大靳村的养殖业可以占到全村总收入的 1/3，养殖的牲畜主要有羊、鸡、猪三种。

个案 10：养羊

大靳村向来有养羊的传统，但是目前有衰落的态势。据村民回顾，养羊最鼎盛的时期是集体化后期，那时候村子里几乎家家都有羊，或多或少，最少的也有十几只，每天除了下地就是放羊。那时候村里的生态还没有发生这么大变化，可以供羊吃的草还比较多，养羊的收入也相对可观。但是改革开放后，伴随着家庭联产承包责任制的实行，农民分到的地增多，地里的活对人工的要求也大大增加，没有多余的劳力再去放羊割草，同时种地的经济效益也上来了，人们逐渐不愿养羊来挣取额外的"辛苦钱"。另外，外面打工赚的钱比养羊挣得多，流动性更大，养羊辛苦，成本高，也不像打工每天都有钱赚。出于这样的原因，村里养羊的农户逐渐减少，到目前仅剩四十多户，数量二十只以上的有 10 户，少点的有十几户。据村里会计统计，全村总共有 350 只羊，其中包括山羊和绵羊，绵

---

① 数据来源于村委会统计数据资料，2013 年农村经济总收入 746 万元，其中牧业（包含养殖）收入 260 万元。

羊数量居多。

个案11：养鸡

村里二十年前开始有人养蛋鸡，肉鸡稍后兴起。政府为养鸡户提供水电和场地。目前，村里养鸡的主要有三户，规模大小不一，多的可达到10000多只，少的也有3000多只，也基本实现了自动化养殖。值得一提的是，养鸡户都有一套固定的经营模式，即"公司＋农户"模式。市里的一个肉鸡养殖公司为养殖户提供鸡苗、饲料、药，负责拉运等；养殖户则主要负责把鸡养大，然后公司以之前约定好的价格回收这些鸡，扣除鸡苗以及饲料等各方面的成本后，养殖户从中赚取差价。因为是养殖前就定好的回收价，所以相关的市场风险（包括鸡肉、饲料等价格的涨跌）实际是由公司承担的，养殖户承担的风险较小，收入也相对可观。

个案12：养猪

在养猪方面，村里养猪的有十几户人家，养得多的达到100～200头，少的十几头。养殖的种类有母猪和肉猪，主要的食物是玉米和饲料。政府为养猪户提供场地和疫苗，同时，母猪每头还给予100元/年的补贴。猪由专门人员来收购，但是价格由市场控制，猪肉价格高的时候能卖到18～19元/千克，价格低的时候只有8～9元/千克，其中的市场风险由养猪户独自承担。从2010年开始，由于猪肉市场呈现低迷状态，猪肉的价格普遍偏低（平均10～12元/千克），加上饲料价格上涨（现在每包猪饲料的价格是200元），养猪户纷纷抱怨处于亏损状态。据大靳村养猪专业户介绍，一头猪有120～125千克，如果按成本算，猪肉价格要在13元/千克，养殖户才能回本。猪的养殖时间在五六个月，一头猪的成本1000多元，现在每头猪出栏后亏损200多元；行情好的时候，猪肉的价格在18～19元/千克，每头猪能赚300～400元。

2. 外出务工的增加

在改革开放期间，经营权下放给了农民，大靳村的村民在经营选择方面有了更大的自主权，首先就是打工人员的增加，很多村民在农闲的时候去附近的电厂、煤矿上班，挣取工资以贴补家用。而打工人员的增加与大靳村附近的工业发展以及交通的便利有着密切的联系。离大靳村约 8 千米的保和村有一个发电厂，由于距离较近，大靳村的村民可以骑摩托车到电厂打工。据统计，大靳村有将近半数的家庭有成员在电厂打工，通常是白天去，晚上回，既不误农活，也可补贴家用。尤其是那些 40 岁左右不愿远离故土的中年村民，在其中占很大比例，这成为村民重要的生计方式。这种固守乡土的情结，体现了当地黄土文明富有内向的聚敛性。[1]

个案 13：大靳村焦某（男，43 岁）

我年轻的时候一直在外面打工，不过没有出过山西，最远也就是去了大同。现在父母年事已高，所以我不想跑太远，就在保和电厂打了一份工，虽然工资和在外面比不是很高，但是能守着家，心里也就踏实了。我们这儿有句俗话，就是不管跑多远也要"落叶归根"嘛！

最后就是从事第三产业的人增多，这些人一般都从事商业和服务业，如在大靳村就有本村村民开的两家商店和一个菜店。同时，很多村民也开始陆续在附近的县城寻找工作，如今村内仅靠农业谋生的年轻人已经很少了。大靳村的运输业也有一定的发展，一些大靳村的人还跑到附近的介休市开出租、跑运输。村里有三户以开出租载客为生的人家，他们的出租车不是我们平时看到的各种颜色的汽车，而是他们自己家买的面包车，因为搭载村里人去市里或镇上，而被称为"出租车"。这种出租车一般只能搭载六七个人，去市里每人收 4 元。

个案 14：大靳村村民王某（41 岁）

现在家里有一辆面包车，用它来载村里的人去市里，再从市里载人回来，从刚开始干一直到现在经开了整整 10 年，每天开三趟车，7：45 发车，10：30 回村；12：00 发车，14：30 回村；16：30 发车，17：30 回村。每个月至少能挣一千多块钱。

在从事其他行业的过程中，大多村民依然种地，因此大靳村村民的

298

---

① 参见晓惠《黄土文明 PK 海洋文明谁占优》，《海洋世界》2012 年第 1 期。

家庭经济一般都呈现出第一产业与第二产业或第三产业并存的多元化状态。这一方面有利于大靳村村民提高自己的家庭经济收入，另一方面也有利于其家庭经济的安全。

（三）生活方式的多元化

改革开放以后，现代化之风也吹到了大靳村，随着村民家庭收入的提高，他们也有机会接触到更多的现代化科技，并享受其给自己带来的便利。如村民通过电视机、电脑、手机等多媒体可以获取外界的大量信息，扩展了自己的视野。如今，大靳村交通便利，每天都有公交车驶过，满足了村民出行的需要，甚至很多村民还购买了自己的摩托车和汽车。另外，大靳村的很多年轻人通过进城务工的方式，长期在城市中生活，并且很快认可了城市的现代化。可以说，信息和交通的便利正在改变着大靳村村民的生活，现代化的流行文化成为主流。然而随着生活节奏的加快，大靳村的传统文化也在不断地削弱甚至已经丧失。

个案 15：大靳村村民刘某（男，67 岁）

以前过年过节，一到大年初三就有踩高跷、背弓和舞狮子，大靳村的舞狮子很有特色，狮子的喜怒哀乐随着音乐都可以体现出来。但是这些民俗活动近几年都没看到，主要是村里人感觉这些活动费事又不挣钱，而且很多年轻人也对这些民俗活动不感兴趣，能表演的人已经不多了。现在，村里过年基本上就是打麻将、玩儿牌，要不就是看电视，然后就赶快出去打工挣钱了。

在娱乐方面，年轻人更喜欢去附近的县城娱乐和消费，而中年人和老年人一般就通过看电视、打麻将、打牌来娱乐和打发时间。因此在农闲时间，村里人聚在村里的街头巷尾打牌或者聊天已经成为常态，另外，在村内还专门有一个麻将馆来供村民娱乐。

个案 16：大靳村麻将馆

大靳村的麻将馆是一位王姓村民开的，在麻将馆里有四张桌子，打一次收 10 元。每天下午一点开到五点，晚上八点开到十二点左右。根据麻将馆的女老板王某介绍，有几种人常来打麻将，第一种是为了照看孩子所以没有办法出门打工的人，早上送孩子去上

299

学后，就在麻将馆打麻将，顺便等着接孩子放学；第二种是五十来岁不外出工作的男人，去地里忙完活，农闲时会聚集在一起打20元一盘的麻将，纯粹为了娱乐；第三种是外出打工的中年人在晚上回来后会来打麻将、赌钱；第四种是上夜班的中年人，白天没有事做就会过来打麻将，等到上班时间就走了。村民们一般不会相约，到了时间就过来麻将馆，凑得够人就开始打，缺一两个就打电话叫人来。

总体而言，改革开放以后大靳村在政治上、经济上、文化上都取得了很大的发展，但是同时也存在着诸多的问题，比如乡村基层选举往往和乡村文化相抵触，从而阻碍了乡村基层选举发挥其功效。而乡村传统文化的衰落也导致了文化上的断层，如今大靳村的很多年轻人已经不懂得本村的民俗文化了，这对于文化的传承与延续构成了极大的威胁。

（四）宗教信仰的多元化

介休自古以来就是庙宇众多的地方，并且庙宇的种类也很多，如关帝庙、龙王庙、后土庙等，反映了当地的多元宗教信仰文化。[①] 在乡绅时期，佛教和道教在大靳村最为流行，当时村内共有七座庙宇，香火连绵，十分热闹。但是到了"文革"时期，宗教以及其他一些民间信仰作为一种"四旧"而被明令禁止，庙宇里的神像也被捣毁，大靳村的宗教生活也被禁止。但是改革开放后，随着信仰自由政策的推行，大靳村的民间信仰开始复兴。

大靳村的民间信仰主要为原始宗教中的多神崇拜：村民家中供奉的神像种类繁多，类别繁杂，有观音娘娘、土地爷、龙王爷、太上老君、关帝爷等。不过，村民并不清楚这些神灵偶像的出处和来源，更不要说神灵所属的教派。

不过近年来，作为外来宗教的基督教在大靳村发展比较迅速，大靳村的常住人口约240人，其中正式的信教群众就有15～16人，约占全

300

---

① 参见张赓麟督修《介休县志》（民国），侯清柏标段，山西人民出版社2012年版，第285页。

村人口总数的 8％。其中约 11 人为女性，还有 5 名男性信徒，40 岁以下的只有 2 人（未正式受洗的不算在内），初中以上文化者只有 3 人，显现出"三多"的特点：年长者多，妇女多，低文化水平者多。这些信徒当初加入基督教的原因也多种多样，但主要是因为身体疾病而加入基督教。

（五）教育资源的优化

1984 年，大靳村的初中和小学分开，小学迁移到现在大靳小学所在地，初中仍然留在原来的校址上。2000 年，在撤乡并镇实施过程中，大靳乡、清树乡、西靳屯乡三个乡各自保留一个初中，大靳乡的初中称为绵山三中。2004 年，绵山三中正式撤并到绵山镇，成为绵山一中，到今年已经有 12 年的历史了。随后在 2007—2009 年，大靳乡原先下属的 11 个村庄的小学进行分批撤并。以前这些村庄小学大部分都有 1—3 年级，只需要在 4—5 年级时到大靳村来上学，但随着撤并政策的实施，除了大靳村外，其他 10 个村庄的小学全部被撤并，村庄中只剩下幼儿园。其他村庄的小学根据距离的远近采取住校或者是家长接送的方式到大靳村上学。很多家庭搬到城里居住，以方便孩子就近上学并接受更好的教育，这直接导致了乡村小学人数的减少。

大靳小学是附近 10 个村庄中唯一的一所小学，是在 2009 年由附近 10 个村庄小学合并而成的，包括焦家堡、保和、河村、宋庄、靳凌、万果、小靳、陶庄等，其中前 6 个村庄与大靳村的距离超过了 5 千米，按照规定允许住校。各个年级的学生人数分别为：一年级 15 人，二年级 26 人，三年级 19 人，四年级 15 人，五年级 13 人，六年级 24 人。目前未发生学生辍学情况。小学共有 14 个老师在编制内，其中 2 个老师由于年纪较大已经提前离岗了，实际上只有 12 个老师在岗，其中居住在村里的老师有 2 个。学校共有 112 名学生，其中 66 个住校生。

从 2010 年开始，大靳小学享受国家的教育补贴，在免除学生学费的同时为住校学生提供生活补助（包括食、宿两方面的补助）。每个学生每学期有 500 元的食物补贴，由教育局直接打在每个学生的饭卡内，学生无法取出，只能在吃饭时刷卡。每天营养早餐都有 1 个鸡蛋，住校

301

生平时在食堂吃饭完全免费，有时也会有牛肉、牛奶等营养补助。住校生不需要交任何住宿费用，除被褥等生活必需品需要学生自备外，不需要额外交钱。对于那些离校未超过 5 千米的学生，按照规定应该配置校车接送，但实际上学校根本没有经济实力来配置，加上山路并不安全，学生的交通安全无法保障，所以外村的学生都是集体步行上学，距离稍远一点的学生会自己包车，每天按时按点接送。学校设置有体育室、图书室、茶水室、值班室等机构，此外，操场和微机室也正在修建。

五　逝去的繁荣与乡村的未来

从上文可以看到，黄土文明孕育下的大靳村被载入史册，与明清时代晋商的发达不可分割。在今天的大靳村，高大恢宏且精雕细琢的建筑都在向我们诉说着这个地方曾经的繁荣。今天的大靳村是一个十分慵懒的乡村社会，用村民的话语来说就是"吃饭、睡觉、磨时间，过了一天算一天"。这样的社会与黄土文明的孕育以及晋商的影响不无关系。在饮食方面，黄土地盛产的小麦、杂粮依然是主食，且一日只进两餐，这与大自然的节律还是较为一致的。在经济方面，虽然其经济结构逐渐形成多元化的趋势，但是村民还是没有放弃农耕经济，并且依然是村民重要的生计方式。在思想观念方面，长期以来深受"安土重迁"观念的影响，表现为对于故土的留恋，对于家乡的依恋，尤其体现在中老年人的意识当中。但是，文化并非一成不变，尤其是改革开放后，更是发生着急速的变化。与社会转型联系在一起的是文化的转型问题，文化机制作为社会转型现象背后的深层结构性逻辑深刻影响着社会转型的方式。①

2001 年，大靳村发生了一场对于该村落而言的历史大事件，那就是大靳乡撤销，乡政府搬迁到了绵山镇，从此大靳村也就失去了行政中心的地位。随着很多行政机构和服务机构的撤出，大靳村村民也陷入低谷。

---

① 参见周大鸣《文化转型：冲突、共存与整合的意义世界》，《民族论坛》2012 年第 11 期。

个案 17：大靳村村民王来保（男，65 岁）

　　乡政府没有搬之前，村子里有医院、派出所、农机站、信用社、兽医院，还有一所初中，生活很方便。乡政府搬迁以后，这些机构也都搬走了，生活就没以前那么方便了。比如平时看病，都要去镇上的医院，很麻烦；中学搬走了，小孩们上学也要去别的地方，所以这件事对我们的生活影响很大。

　　大靳村回归普通村落以后，人口向外流动的速度也开始加快，很多村民开始向城市流动，其流动人群按照流动目的可以分为以下三种：第一种是不满足村里的生活，而跑到城市打工的年轻人；第二种是为了孩子的教育，而专门把孩子送到介休县城上学的父母，他们一般在城里租好房子，一边打工，一边照料自己的孩子；第三种是婚姻所导致的人口流动。进入 21 世纪以来，在大靳村要想结婚，女方家庭一般都会要求男方家庭提供一套在县城的房子，因此大靳村年轻人结婚以后都会搬到城里去住。如今，长期在大靳村定居的年轻人已经很少了，大多都是中年人和老年人。

　　随着年轻人的离开，这个曾经繁华的村落陷入了沉寂。不过，大靳村也有过短暂的热闹，那就是在修高速公路和高速铁路期间外来民工的进入。2001 年，山西省修筑祁县到临汾的高速公路，占用了村西的部分耕地。2010 年，修大同到西安的高速铁路，占用了村东旧堡子（永宁堡）一带的房屋。这两条交通路线也将大靳村一分为三，改变了大靳村以往完整的空间格局。在这两条交通路线修建时期，也给当地的村民提供了很多就业机会，带动了该村的经济发展。但是在修建完以后，大靳村又恢复了以往的沉寂。

303

个案 18：大靳村李姓村民（女，56 岁）

　　以前丈夫在乡政府打工，后来乡政府搬到绵山镇，他的工作也就调到了那里，但是因为工资不高，干了一年就辞职回家开饭店了。那时候村里正好在修高速公路，有很多修路工人在休息的时候就到我们饭店来吃饭，所以那会儿生意很好做，每个月至少两千多块钱。高速公路修好以后，客源就没了，生意也就不行了，再后来干脆就关门不干了。

　　随着大靳乡政府的撤离，大靳村不再像改革开放之前那样，充当着周围村落的经济和文化中心，这个曾经繁华的村落回归到普通的村落。集体化时代，村里的供销社被小靳村一个村民承包以后改为大靳村最大的商店，此外还有一个小商店，这些商店都卖一些日用品，但是商品种类有限，有时还不能满足村民的需要。因此大靳村经常来一些流动商贩，专门贩卖一些村里买不到的东西，如衣服、水果等。同时，其周边的村落由于也有了自己的商店，以及定期入村的流动商贩，基本上满足了村民日常物质需求。由于交通便利，周边村落早已不再依赖于大靳村。大靳村作为区域中心的历史记忆只存在于村民的脑海之中，对于曾经目睹过大靳村昔日繁华的老人来说更是如此。

个案 19：万果村宋姓村民（男，84 岁）

　　大靳村在清代那会儿一直就比较繁华，有好多做买卖的在那里开店铺。万果村的人要是买东西，那就得去大靳村。新中国成立以后，大靳村改成了大靳大队，买东西还要到大靳大队的供销社去。那时候，大靳那块经常放电影，我们就跑过去看。如果几个村的人要开会，就得去大靳集合。在没有撤乡以前，大靳村医院、信用社啥都有，我们看病办事都得去大靳村。撤乡以后，大靳村就不如以前了，可在历史上它就是周边几个村的中心。

　　人类学家萨林斯曾经在分析库克船长故事的过程中提出过一个观点，所谓的历史，是由文化所界定的。[①]反观大靳村的历史，实际上也是由当地村民按照自己的文化而共同界定来书写的。因此课题组努力通过人类学的田野调查，来展示大靳村的历史发展脉络，在此基础上探究村里的未来。课题组有以下几点思考。

　　第一，村民对于大靳村历史的评价，受所处的文化环境的影响。如今的大靳村已经融入了市场经济的浪潮之中，乡村的文化也越来越现代化，思想意识同以往相比也有了很大的变化。例如，谈及乡绅时期的大靳村，对于往日村中晋商的富有以及村落的繁华，村民们都是引以为豪

304

---

　　① Sahlins, Marshall：*Historical metaphors and mythical realities：structure in the early history*，University of Michigan Press.

的。而在改革开放以前，那段历史是被批判的，更多突出表现地主的剥削和农民的贫困，因此那段历史也是最黑暗的。所以说，村民对于历史的评价也是随着时代的变化而变化的。

第二，大靳村村民的记忆方式随着时代的变化而变化，不同时期的文化造就了不同的村落记忆。在乡绅时代，当地人对于历史的记忆方式可以分为两种，一种是以当时的统治阶级所规定的纪年法对历史进行追溯，如清代的皇帝年号以及民国时期的民国纪年法；另一种是以其宗族史作为主要的历史记忆方法，按照族谱对历史进行追溯，并通过祠堂的各种祭祀活动来强化对本宗族历史的集体记忆。同时，这两种不同的记忆方式是相互交融的，因此这一时期的历史记忆也呈现出线性时间的特点。但是新中国成立以后，随着族谱的遗失以及宗族意识的淡薄，村民对于大靳村的历史记忆越来越凸显出非线性的特点，如只对村落历史的某个特殊的片段留有记忆。

第三，大靳村村民受不同文化的影响，形成了对本村落多元化的历史记忆。当今大靳村村民的历史记忆，大概可以分为三种。第一种是属于国家和学校教育所传授的历史记忆，依靠同质的线性时间所记载，如1966年包括大靳村在内的中国发生了"文革"运动等。但是这种历史记忆具有普遍性且过于宽泛，无法涵盖大靳村其历史的特殊性以及各种细节，因此村民很少依靠这种方式对村落历史进行记忆。第二种是属于祖辈所传授的历史记忆，它主要通过祖辈的口传心授而获得的，这种记忆方式也属于一种文化的传承。第三种是村民个人的历史记忆，是通过个人经验而获得的，如个人对人民公社时期的记忆等，但同时，这种记忆也深受不同时期文化的影响。

第四，大靳村的历史变迁同样是文化的转型，在历史长河当中，每一次历史变革都会对大靳村的文化产生影响，随着改革开放后现代化的影响，大靳村的传统文化也受到了前所未有的挑战。其最明显的是，以往的大靳村是典型的乡土社会，采取"差序格局"的方式来处理村落内部的人脉关系。但是随着都市化进程的加快，很多年轻人离开大靳村进入都市谋生，在这期间，原有的乡土社会也在发生着变化，人们不再过分关心本村的发展，年轻人由于长期在外，对传统文化的认同也在不同

305

程度地下降。

　　因此可以看出，文化对于历史书写具有很大的影响。大靳村在历史的进程当中，村民们在不同时期也根据自己所处的文化书写着自己的历史，因此也可以证明这么一句话：历史是由人民书写的，并且是其中的中坚力量。

　　作为一种生存策略，闭塞的地理环境能够避免外来力量的冲击，这在冷兵器时代尤其重要。也正缘于此，有产者为了保全自身的财产不被匪患掠夺，许多村庄都建有堡垒一样的防御体系，大靳村也是如此。借助易守难攻的地理特征，许多移民迁移到这里，加之明清时代郭姓和王姓这样的晋商家族财富的积累，对村落的经营，大靳成为富甲一方之地。然而，地理环境的闭塞也是一把双刃剑，再加上近代以来被设计的现代化，如现代科技对传统农业的革新，教育、科技等现代性要素对于传统村庄知识与技术体系的根本性改造，① 乡村与城市的二元对立理念的形成。也正是在这一理念的驱使下，乡村的萧条、衰落自然成为一个难以摆脱的重要命题。对于长期保有依附心理的大靳人来说，由于受晋商时代形成的文化惰性的影响，在现代化过程中快速衰落也是自然的事情。如今的大靳早已丧失了往日的繁华，村内再也看不到乡绅时代的24 间沿街铺子，也很少能看到人民公社时期作为行政中心的政治印记，只是那长满荒草的老宅、被破坏的石鼓、被打碎的石狮、去除神像的庙宇，这些历史的遗迹都向我们诉说着村落曾经的繁荣和曲折的历史。昨天的辉煌并不等于今天的繁荣，在某种意义上甚至可以成为明天发展的包袱。大靳人在改革开放后保守的思维方式，慵懒的生活习惯，坐吃山空无所事事，甚至连田地也种不好，这样的现实表现不仅是由闭塞的地理环境造成的，更与晋商时代长期依附惯习基础上形成的文化惰性不可分割。今天的大靳人仍然不断地诉说着村落曾经的辉煌历史：乡绅时代的大靳村晋商是如何的富有，村庄是如何的繁华。他们也仍然讲述着人民公社时期大靳成为大寨式的村落，成为周边村落学习的对象。当然，他们也铭记着改革开放后自己获得土地经营权时的欢喜场景。如今，大

306

① 参见吴毅《村治变迁中的权威与秩序》，中国社会科学出版社 2002 年版，第 145 页。

靳村又恢复了平静，但村民依旧为自己的生活而奔波努力，那残留下来的古庙和大院也似乎诉说着大靳村那段曲折的历史变迁。村落是传统文化承载的主体，在乡村都市化的过程中，似乎村落的终结是一个不可避免的命题。然而这些已经步入城市或者即将奔向城市的农民，在什么时候能够成为市民，这不仅指城市要给予他们市民待遇，更指农民要在文化上完成转型。面对这些问题，城市准备好了吗？这些都市里的农民准备好了吗？这样的转型是一个长期的过程，因此如何在城市与农村之间，在市民与农民之间寻得一个平衡，这将是需要我们当下认真考虑的问题。

第八章　结语：展望黄土文明

"文明"一词，在中国文献中最初见于《易经》——"天下文明"。孔颖达解释为："天下文明者，阳气在田，始生万物，故天下文章而光明也。"《周易·贲卦》："文明以止，人文也。"孔颖达又解释为："文明，离也，以止艮也。用以文明之道，裁止于人，是人之文德之教。"①而"文化"与"文明"有着根本的区分，"文化"是人类相对于动物状态的一种禀赋，是人之为人的本质规定；而"文明"是相对于人类自己的野蛮状态而言的，重在文治教化、礼义规范、德行修为之方面。② 现今汉语中用"文明"一词来翻译西文中 Civilization 一词，指人类社会进步的状态，与"野蛮"相对。摩尔根和恩格斯的社会发展史学说将人类社会发展分为蒙昧、野蛮、文明三个时期。人类从野蛮时期的高级阶段经过发明文字和利用文字来记载语言而进入文明时期。现今史学界一般用"文明"一词来指一个社会的氏族制度解体，而进入有国家组织的阶级社会的阶段。这种社会中，除了政治组织上的国家以外，已有城市作为政治（官殿和官署）、经济（手工业以外，又有商业）、文化（包括宗教）各方面活动的中心。它们一般都已经发明文字并能够利用文字作记载（秘鲁似为例外，仅有结绳记事），且都已知道冶炼金属。文明的这些标志中，以文字最为重要。③

关于"文明"的标准，可以归纳为以下几项：一是社会财富的绝对

---

①　启良：《中国文明史·上册》，花城出版社 2001 年版，第 23 页。

②　参见上书，第 24 页。

③　参见夏鼐《中国文明的起源》，文物出版社 1985 年版，第 80—81 页。

增加和相对集中，等级、阶级的形成。二是文字的出现和使用。三是城堡的出现。四是巫师集团的形成以及与之相关的大型祭祀神坛、礼器的出现。五是青铜器的出现。[①] 对世界早期文明的类型与系统的划分，可以从各个角度进行，若以主要粮食为根据，古代世界的早期文明可以划分为三大系统，即美洲吃玉蜀黍者的中美、南美文明，旧大陆东亚、南亚吃小米、大米者的东方文明，以及西亚、北非、欧洲吃小麦、大麦者的西方文明。[②] 古代的中国是东亚文明圈中的核心国，也是世界农耕的主要起源地之一。苏秉琦对中原地区文明起源问题的认识，主要是他在努力开拓重建中国史前史、探索从氏族到国家出现的历史中所形成的看法。他强调黄河流域是粟的发源地。[③]

黄土高原既是中华民族的重要发祥地，也是中华文化的摇篮。它历史悠久，文化源远流长，具有独特的地理、人文环境和历史文化背景，人文历史在当代中国文化发展中占有优越的位置。悠久绵长的历史文化、丰富多彩的民间文化和蓬勃发展的现代文化，融会铸就了具有鲜明特色的黄土文化，有人以"黄帝精神、黄土精神、黄河精神、黄牛精神"来诠释它的特征。先民们喝黄水、耕黄土、住窑洞、沐黄风、裹黄尘，染一身黄土般的肤色，黄色已化为我们民族的遗传基因，成了我们这个文明古国经久不变的历史流行色，是我们民族的图腾。[④] 女娲造人的神话传说，实际上肇始于原始先民的一种价值观念，将人与黄土通过女娲造人这样一个美丽的传说联系起来。这里有两个关键点，一是做人的材料是黄土，二是做人的工匠是一位女神即女娲。这样就形成了中国特有的黄土崇拜和女性崇拜。中国文化即为黄土文化，据说黄帝以土德称王，因土色为黄色而称黄帝。中国历代皇帝皆着黄袍，甚至上帝造就的中国人也以黄皮肤区别于白皮肤蓝眼睛的欧洲人与黑皮肤的非洲人，

309

---

① 参见刘泽民《山西通史·先秦卷》，山西人民出版社 2001 年版，第 455 页。

② 参见《世界上古古纲》编写组《世界上古史纲》（下册），人民出版社 1981 年版，第 94—108 页。

③ 参见朱乃诚《中国文明起源研究》，福建人民出版社 2006 年版，第 316 页。

④ 参见谭世松、龙婧怡《浅论从黄土文化中寻根的产生及原因》，《安徽文学》2010 年第 6 期。

也许黄色可以算是中华文明的标志。

而黄土高原孕育了深厚的黄土文明，黄土文明成为中华文明的代表。在中国历史上，汉、唐文化放射着璀璨的光芒，历史学家普遍认为，汉、唐历史和汉、唐文化，正是以黄土高原为发源地的。向前追溯，旧石器时代的蓝田猿人、大荔人、丁村人和河套人等，在黄土区内创造了光辉的史前文化；在新石器时代，灿烂的仰韶文化也基本上发展于黄土区。六七千年前的人类利用了黄土高原独特的自然环境，创造了与两河流域、印度河流域及尼罗河流域等世界早期农业发源地完全不同的旱作农业，使黄土高原成为世界农业起源区之一。直至唐宋，我国的政治、经济和文化中心一直位于黄土和次生黄土分布区内并非偶然。黄土疏松多孔，质地均匀，易于耕作和形成肥田沃土，十分有利于农业发展，从而影响着社会文化的发展，在生产水平不高的古代社会尤其如此。我国光辉灿烂的古文化能够在几千年内经久不衰，而不像两河流域等地古文化昌盛一时之后便衰落，这在一定程度上与黄土高原独特的自然环境和人民对农业生产的创造性努力密切相关。①

自古以来，我国的文化发展就与黄土有关，在黄土基础之上的人类活动衍生出黄土文明。现今学术界虽未对黄土文明的概念、内涵做一界定，但与黄土文明相关的研究早已开始。在 1986—1989 年间，苏秉琦探索中国文明起源，形成了一系列的研究成果，其中涉及中原地区的主要是对仰韶文化文明火花和陶寺文明火花以及晋南是中华民族总根系的"直根"等方面的阐述。② 马世之在《黄河流域文明起源问题初探》③ 一文中，从原始农业、城市的形成、文明的发明和金属器的使用等方面论述文明的起源。他认为，从裴李岗文化、磁山文化、仰韶文化、龙山文化的考古资料来看，黄河流域的古代文明离不开农业经济的发展。唐嘉弘在《黄河文明与中国传统文化导论》④ 一文中认为，黄河流域是中华民族的摇篮，黄河文明的源头就是夏商周文明。

---

① 参见刘东生等《黄土与环境》，科学出版社 1985 年版，第 1 页。
② 参见朱乃诚《中国文明起源研究》，福建人民出版社 2006 年版，第 304 页。
③ 马世之：《黄河流域文明起源问题初探》，《中州学刊》1989 年第 4 期。
④ 参见唐嘉弘《黄河文明与中国传统文化导论》，《中原文物》1990 年第 2 期。

山西在黄土文明乃至华夏文明的视域范围内，占据重要一席。有学者将山西在华夏文明形成过程中的作用概括为两个方面，一是晋南作为中原地区的重要组成部分，孕育、培植了许多文明的因素；二是晋中、晋北作为连接北方文化圈的纽带和边缘地带，既把中原文化因素源源不断地向北输送，也承担着北方文化与中原文化整合使者的任务。[①]

一　历史的延续：黄土文明底色

黄土本身具柱状节理和垂直节理的特殊性能，土壤呈团粒结构，腐殖质异常丰富，是宜农宜林宜牧的理想土壤。从黄土中长出来的五谷和桑麻从根本上解决了先民们最基本的温饱需要——吃和穿。由于黄土高原及其周边地带粟黍农业开发较早，且开发程度较高，小农经济特色较为鲜明，很早就形成了较为庞大的人口规模和聚落组织。

根据目前的材料，黄河中下游和长江中下游也可以说是世界上最早可以确定的粟、稻发源地，并分别在农业经济的基础上建立了稳定的新石器时代村落社会。这种北粟南稻的农业经济格局，在中国文明形成很久以后，直到小麦在黄河流域普遍种植并取代了粟的地位，及秦汉帝国式政治体制对南北方社会与文化进行深度整合以后，才开始发生根本性的变化。

中国的早期文明和古代文明被视为农业性文明的典型代表，这个文明的基础是稳定的，以个体家庭为基本的劳作和消费单位，以家族作为协作与补充，以农业为主，兼营他业的精耕细作、自给自足式的小农性经济。[②] 到距今八千年左右的新石器早期偏晚阶段，黄河与长江中下游地区已经普遍进入稳定的村落社会，农业生产在经济生活中占据重要地位。

我国的文明最先在黄土高原绽放出绚丽的鲜花，是由于黄土高原特定的自然地理条件适应了当时生产力的发展水平。在石器时代，黄土高

311

① 参见胡泽学《三晋农耕文化》，中国农业出版社 2008 年版，第 395 页。
② 参见曹兵武《小农经济与中国文明的形成及特征——中国早期文明研究札记之三》，《中原文物》2006 年第 4 期。

原区具有半湿润半干旱森林草原地带的环境条件，土壤方面，古称雍州黄壤"厥田上上"，说明其肥沃胜过一般。黄土高原是适于古人类活动的场所，成为古人类文化遗迹的密集区。有史以来，历经周秦两汉隋唐五代十国，这里仍是中国民族文化的熔炉。史地家称黄土高原是中华民族的摇篮和古文化的发祥地，名副其实。

黄土高原这片仅占全国面积约5％的土地上，有全国1/4至1/3的人类遗址，这说明黄土高原是中国乃至世界古人类的故乡，它的旧石器文化基础是很雄厚的。[①] 在中国北方，旧石器文化的很多遗迹都出现在黄土分布区。

黄土高原尤其是山西一带，是较早出现人类活动的地域之一。仰韶文化遗址遍布山西全省。山西在石器时代是全国的一个文化中心。唐尧、虞舜、夏禹时代的首都都在今天的山西南部。夏禹出于西羌，那个时候的西羌应该就是指今天山西境内的羌族。整个夏朝的主要活动范围，就在今天的山西南部和河南西部。所以，从尧舜一直到夏朝，山西，主要是晋南，是当时华北的政治经济文化重心。到了春秋，晋国就发展成为黄河流域最强大的国家。战国初期，韩、赵、魏三家分晋，是谓三晋。三晋都是当时的大国，初期的魏和中期的赵还是数一数二的强国。三晋的首都初期都在山西，赵在晋阳（今太原市晋源），韩在平阳（今临汾），魏在安邑（今夏县北）。山西地区仰韶时期的文化成就是十分突出的。从农业、家畜饲养业到手工业制作和家庭副业，从房屋建筑到狩猎采集，从物质生产到精神生活，都取得了前所未有的辉煌成就。因此，以仰韶文化为代表的粟黍农业社会反而奠定了早期华夏文明的经济基础和凝聚核心，更多地影响了早期中国文明的形成方式、演变路径与一些关键的特征。

（一）民族融合

华夏族是中华民族的主体，而黄土高原是孕育华夏族的区域之一。华夏文化深深地扎根于黄土高原。黄土高原，特别是它的东南缘，是创

---

① 参见周昆叔《黄土高原·华夏之根》，《中原文物》2001年第4期。

造和凝聚中华文明的重要舞台。据先秦文献及考古资料考证，华夏族的远古先民大体生活在包括山西在内的西起陕西陇山、东至山东泰山的黄河中下游地区，这一地区的仰韶文化和龙山文化被认为是汉族远古先民的文化遗存。

　　费孝通先生曾论述过"中华民族的多元一体格局"，他指出："在相当早的时期，距今3000年前，在黄河中游出现了一个由若干民族集团汇集和逐步融合的核心，被称为华夏，像滚雪球一般地越滚越大，把周围的异族吸收进入了这个核心。它在拥有黄河和长江中下游的东亚平原之后，被其他民族称为汉族。汉族继续不断吸收其他民族的成分而且日益壮大，而且渗入其他民族的聚居区，构成起着凝聚和联系作用的网络，奠定了以这个疆域内许多民族联合成的不可分割的统一体的基础，成为一个自在的民族实体，经过民族自觉而成为中华民族。"① 中原即是多元一体文化形成的核心地带。

　　山西南部、豫西、陕西东部被公认是中华民族发祥地之一，是研究华夏文明起源的重要区域。山西南部特别是晋东南，是中国粟作农业起源的核心地区。山西北部、西北部，处于农牧边缘地带，对当时山西乃至全国的农业、牧业生产的发展产生积极影响。其在地域上，处在传统农牧两大区的接壤地带，在经济和文化的交流互动中承担着桥梁和纽带作用；而其自身，也在接纳和内化农牧文明的影响过程中，构成了一个不同于农牧核心社会的边缘性社会体系。在中国历史上，农牧关系处在错综复杂的变化中，山西北部和西北部农牧边缘地带亦随着农牧分界线的叠移而经历了一个形成和发展的变迁过程。边缘地带处于农牧两大区的交叉地带，是两种社会体系最为直接、最为持久的接触区。因此，农业经济和畜牧经济这两种中国古代最为主要的经济形式在此产生的互动影响亦尤为激烈，这就使得边缘地带的经济构成带有了极强的混合色彩。② 在漫长的中国历史进程中，农牧经济间双向度的交流是恒久的，双方的生产技艺、作物品种等以边缘地带为纽带，绵延不绝地互通有

313

---

① 费孝通：《中华民族多元一体格局》，中央民族大学出版社2003年版，第4页。
② 参见李凭《北魏平城时代》，社会科学文献出版社2000年版，第47页。

无，深刻作用于各自的经济结构，这更明显地反映在农牧边缘地带的经济体系之中。①

因农牧经济带的互通有无，山西自古以来就成为中原与北方各民族文化交汇融合的天然通道，是中原农耕经济与北方游牧经济冲撞对接的前沿地带。山西地区的民族交流与民族融合的历史可以追溯到上古时代。在上古时代，山西境内就有过许多少数民族。甲骨文里有许多"羌"，可能就在山西境内。西周时，山西也有很多少数民族在活动。经过长期的接触兼并，戎狄羌胡逐渐同华夏融为一体。②

山西省地处黄河中游，自古以来，即为人类集聚繁衍生息之地。古代山西地区，尤其是晋南、晋东南及晋中地区，自然条件优越，为发展农业生产提供了便利条件；其山川形势和地理位置也具有军事上、政治上的重要战略意义。山西地处我国南北要冲，南部属于中原农耕文化区，是史前人类最早开发的地区之一，也是华夏文明的主要发祥地；北方属于游牧文化区，曾几经游牧区向农耕区的变迁，是戎狄各部族纵横驰骋的活动场所。因此，山西成为中原与北方、华夏与戎狄错综交往的区域，在战国时期经常处于战火之中，各国之间的战争，无不卷入。历史上的山西曾有多个民族建立政权，如两晋时的汉和赵国是匈奴人的政权，北魏的拓跋氏政权为鲜卑人所建，五代时期的后唐、后晋、后汉是沙陀等少数民族在山西地区壮大后，才拓展势力取得的政权。此后的千余年间，山西始终发挥着民族大熔炉的作用，谱写出民族大融合的辉煌篇章。

民族的频繁交流促成了文化的繁荣，山西的"晋文化"就是在民族交流基础之上由各个民族所共享的。"晋文化"首先作为一个考古学的文化范畴在使用，是20世纪70年代，苏秉琦先生踏查沁水县下川旧石器遗址时提出来的。③ 现在，学界通常用"三晋文化"或是"晋文化"指代山西的历史文化。刘纬毅在《三晋文化的特质》④ 一文中，指出三

---

① 参见胡泽学《三晋农耕文化》，中国农业出版社2008年版，第30页。
② 参见谭其骧《山西在国史上的地位》，《晋阳学刊》1981年第2期。
③ 参见王克林《晋文化研究》，《文物季刊》1989年第2期。
④ 刘纬毅：《三晋文化的特质》，《山西师范大学学报》1998年第1期。

晋文化有四个方面的特质，即民族融合性、兼容并包性、地域差异性和黜华尚实性。三晋大地，自古以来就是华夏族和北方游牧民族混合聚居的地方。从民族融合性方面来看，在历史的长河中，华夏族与游牧民族有过征战和对抗，但更长久、更深远的却是彼此和睦共处，取长补短，相互渗透，直至以汉为主，融为一体，共同创造三晋文化，推动历史车轮的向前滚动。

刘纬毅将三晋的民族融合划分为四次高潮。第一次高潮是首创民族和平共处的春秋时的晋国。第二次高潮出现在东汉末年至西晋初年。第三次高潮在北魏。拓跋氏统治集团建都平城（今大同）前后，共有四十一万鲜卑人、九万高车族人定居京畿之地。第四次高潮在辽金元。其时，契丹族、女真族、蒙古族的大量官吏、军队士兵涌入，其文化渗透是很明显的。在三晋文化中，儒家思想始终是占主导地位的，然而三晋文化并不罢黜百家。相反，佛教蕴藏的智慧，对宇宙人生的洞察和对人类理想的反省；道家崇尚自然，主张少私寡欲、清静无为的思想，在三晋的思想文化领域也有着深刻而广泛的影响，形成了儒释道三教兼容的恢宏气势。

战争与民族交往，是促进古代民族间交流和融合的主要途径。中国古代所发生的战争都直接或间接地与山西有关。山西或直接是战争的前沿阵地，或是战争的大后方和后勤补给基地。山西北部和西北部是秦汉以来军事屯垦戍边的重要区域。因此，大量的军事调动、移民屯垦、商贾往来，大大地增加了这里的人口压力。同时，大量的人口流动、交流，也为这里的农业发展提供了条件。人口的增加要求农业更快地发展，扩大农业耕地面积，发展生产工具，改换耕作制度，提高粮食产量，从而推动了山西农业的发展。[①]

山西是历代沟通中原与匈奴、鲜卑、突厥、契丹等北方古老民族的枢纽。北方少数民族南侵，中原民族进行抵御和讨伐抑或是北征，都要在山西这个中间地带展开角逐，这里也就必然成为华夏多民族文化汇合的走廊地带。少数民族与汉族人民在长期的历史进程中相互融合，给山

---

① 参见胡泽学《三晋农耕文化》，中国农业出版社 2008 年版，第 397 页。

西文化的发展以特殊的影响。山西文化中尤其突出的民俗文化、姓氏文化、方言文化、根祖文化等，无一不是这种多民族不同文化之间相互吸收融合、兼容并蓄的结果。民族的融合，同样在介休显露出来。历史上的介休，因特殊的地缘优势，造就了源远流长的农业文化，也形成了北方游牧文明与南方农耕文明的交流碰撞。在互通有无基础上形成民族间与文化间的交流，使该区域成为民族融合的交汇地，形成各民族融合、民族间文化交融、共同谋求共处与发展的区域。

（二）乡土社会

中国的文明博大而精深，且是一种延续的文明，这在世界的文明史进程中是鲜见的。这一持续性文明的存在，其中一个重要的因素是中国的文明是立足于农业的文明。

关于中国农业文明的研究，是多年来中外农业史界和农业考古学界非常关注的一个问题。根据考古资料和中国的生态环境，中国的原始农业可分为四个大的区域：①华南地区（主要指武夷山至南岭一线的以南地区）；②长江流域（主要指长江中下游地区）；③黄河流域；④北方沙漠草原地区。黄河流域作为中国农业的起源，其在农业基础上形成的文明地位毋庸置疑。黄河流域的气候适宜粟、黍、稷之类的耐旱作物的生长，黄河流域是这些农作物的发源地和重要产区。据不完全统计，黄河流域发现粟、黍、稷等农作物遗存的新石器时代的遗址就达 30 多处。[1] 农作物遗存覆盖了整个黄河流域，包括黄河上游的大地湾一期文化、马家窑文化和齐家文化；中游地区的老官台文化、磁山文化、裴李岗文化、仰韶文化；下游地区的北辛文化、大汶口文化和龙山文化等。[2] 与农作物遗存共存的有狗、猪等家畜骨架，有的遗址还出土羊、牛、马等家畜骨骼。[3] 除了节日之外，在民间的很多习俗也与农事、农业紧密相关。

---

① 参见陈文华《中国古代农业考古资料索引（十二）》，《农业考古》1987 年第 1 期。
② 参见吴诗池《山东新石器时代农业考古概述》，《农业考古》1989 年第 2 期。
③ 参见谢崇安《中国原始畜牧业的起源和发展》，《农业考古》1985 年第 1 期。

　　山西是中国农耕文化最早最发达的地区之一，山西农耕文化是中国农耕文化的重要组成部分。中华儿女世世代代在土地上耕耘，不仅实现了持续再发展的物质积累，也在时间的历练中积淀了深厚的农业文化与文明传统。中华自古以来以农立国，农业成为整个民族生存的经济基础，农业为中国的千古文明这棵参天大树提供了肥沃的土壤。因此可以说，中华文明的实质也是一种农业的文明。从目前的考古学资料看，可以这样讲，中国农耕文明有多长，山西农耕文化就有多久。[①] 山西农耕文化在中国农耕文化和中国文明发展征程中的地位，和其在中国历史上的政治、军事和经济地位一样，非常重要，起着不可替代的作用。

　　扎根于黄土地，在黄土地上谋求生存与发展，形成典型的"乡土社会"，生计方式以"土"为中心而展开，民间宗教是乡土社会的诉求的最直接表现，山西介休的后土庙就是这一文化事项的表征。社稷，是古代帝王、诸侯所祭祀的土神和谷神，是上古时代国家的象征与代称。社，就指土地神，又称后土。山西不仅是古代帝王最早祭后土的地方，而且民间奉祀后土的风气极盛，差不多村村都有土地庙，户户每逢过年都要供奉土地神（俗称土地爷）。稷，是谷神，又称为五谷神，后稷便成了中国民间祭祀谷神的继任者。介休的张壁古堡在不到 1 平方千米的范围内就有南北两个宗教建筑群，现存宋元明清时期的寺庙殿堂 21 处。这样的密度，在全国极为罕见。在历史上的洪山村，亦有关于 20 余座宗教建筑的记载。而建立其上的民间信仰多以农事的顺利进行为诉求而展开，供奉的土地神表达了乡民对土地的依附关系，其他诸如水神、谷神等，以及一系列随之展开的宗教仪式，均有乡民对乡土社会的现实祈望与精神诉求。

　　与土紧密联系的乡土社会，亦有其封闭性与自保性。在山西省内各地中，有用"壁"和"堡"来命名的。"壁"者，军垒也。通过壁和堡的形式，将村落以村门、堡墙的空间隔离形式封闭起来，自成一体，用以防御历史上的战事及匪患的侵略。以介休的张壁古堡为例，从"张壁"二字上看，它最初很有可能是功能单一的军事堡垒。张壁古堡建有

317

---

　　① 胡泽学：《三晋农耕文化》，中国农业出版社 2008 年版，第 396 页。

南北两座堡门,北堡门为砖砌,门外建有一座提升防御能力的瓮城,瓮城之上还建筑了多座宗教祠庙。瓮城城门面向正东偏北开设,与北堡门构成了两道堡门。除此之外,张壁古堡还有庞大的地道系统。地道内既有规模较大的屯兵洞、粮仓、马厩,又有陷阱、伏击坑、射箭坑、淹水道、通信道、瞭望孔等军事设施,还有排水道口、逃跑出口,并有井从顶层直通底层,进、退、攻、防、藏、逃灵活多变,可屯兵万人。专家考证,如此庞大而复杂的地下工程,绝非民间建造,而是古代按兵法所说"明堡暗道"而修筑的地下军事设施。

而自明清以来,乡土社会因人地矛盾的制约因素,形成了乡土社会的转型,开始从固守土地的自保性形态转向走出去的移民文化。清朝中期,经济社会的繁荣和稳定以及有关政策的实施,极大地刺激了人口的急剧膨胀,但耕地面积的增加却明显慢于人口的增加,从而导致了当时人均耕地的明显减少,进而对当时的经济、社会、文化等各个方面产生巨大的影响,也促使当时的统治者寻求具体的解决办法,其中的移民政策就是解决办法之一。清朝时期,山西地区的移民主要包括流民性移民和商业性移民。流民性质的移民主要是由于自然灾害或地方封建地主阶级的残酷剥削等原因,致使农民阶层民不聊生而被动地进行迁移。而商业性质的移民,主要是由于人多地少,且土地贫瘠,迫于生存而进行跨行业转移。

移民群体中最为典型的是商人群体,诚如乔志强先生在其主编的《山西通史》①一书"绪论"中所言:"山西自古有经商和贸易的传统。从先秦起山西商人就足迹遍天下,战国时代的段干木就是太原豪商。到了汉代山西已与西方的古罗马帝国有了贸易往来。自唐宋迄至明清,长城内外的商业大都由山西商人进行,明代晋商成为与安徽的徽商相匹敌的最大的商帮,至清又大盛。清朝盐的贩卖几乎由山西商人一手包揽,而当时清政府的盐税收入占全国税收的一半。"乔先生还谈道:"山西的票号自清中叶之后执中国金融之牛耳。中国历史上第一家票号——日升昌,在道光初诞生在山西晋中,自那以后,山西的票号不仅遍布国内市

---

① 乔志强:《山西通史》,中华书局 1997 年版。

场，而且逐渐伸向日本、俄国、朝鲜、新加坡等国际金融市场，时称'汇通天下'。中国历来为人们所注目的是宦海仕途，而清代山西的民情风尚却是重商轻官。"

由此，特殊的时代背景孕育了晋商，晋商的辉煌，有其重要原因：一是境内商品经济发展推动的结果，有诸多商品需要通过商人的中介作用销往各地，并在推销境内商品的过程中积累了资本；二是明清以来，政治军事的或经济地理的因素，也为山西商人的发展提供了机遇。[①]

二 黄土文明的转型：艰难的抉择

悠悠黄土地创造了山西历史悠久的农业文化，早在远古时期就创造了辉煌灿烂的农业文明。四千年前的夏朝就出现了先进的耕作业，主要农作物稻、谷、黍、粟、豆、高粱、桑麻、瓜、果、菜等已广泛种植，与农业密切相关的家庭手工业，如酿造、纺织、染色、制麻、制革等逐步发展起来。进入近代以来，经过长期的生产实践，逐步形成了一批具有强烈地方特色的闻名中外的名优品牌，如杏花村汾酒、山西老陈醋、平遥牛肉、稷山板枣、汾阳核桃、沁州黄小米等。

我们追溯历史，同时思考当下，展望未来。黄土地具有优厚的自然资源，孕育悠久的农业文明，形成厚重的黄土文明。然而在当下，如果说资源的枯竭与环境的污染是发展过程中不能承受之重，那么黄土文明这种内敛型文化更是转型过程中的制约因素。

以山西的水资源为例。山西在较长的历史时期，水资源较为丰腴，成为孕育黄土文明的优势资源。但从明清以来，水资源的匮乏逐渐显露出来。晋水流域水资源日趋匮乏的现实既是区域环境和历史发展的结果，也是制度与文化、国家与社会纠葛互动的反映。晋水流域 36 村水利祭祀系统的背后，隐藏的是多村庄争夺有限水资源的激烈冲突，而这种冲突又是明、清以来该区域人口、资源、环境状况日益恶化的表征。

319

---

① 参见黄鉴晖《明清山西商人研究》，山西经济出版社 2002 年版，第 2 页。

只有将晋水流域祭祀系统纳入整个中国社会的总体变迁趋势中，才有可能揭示祭祀背后丰富的历史内容。[1]

当下的山西水资源，总体而言，属资源型缺水区域。山西是全国乃至全世界水资源奇缺的地区之一，水资源总量为 88.53 亿 m^3，占全国水资源总量的 0.45%，在 31 个省（市、自治区）中（除京、津、沪三个直辖市），仅比宁夏多。按人均量计算，山西省人均占有水资源量为 261m^3/人，相当于全国人均的 17.16%，世界人均水平的 3.5%。河川径流量人均 114m^3，相当于全国人均河川径流量的 6.89%，在全国居倒数第二位。根据中科院《2008 年中国可持续发展战略报告》，山西省在全国区域水资源指数排序中居倒数第 3 位。太原、大同、朔州三个中心城市的水资源短缺最为严重。[2]

山西水资源严重短缺，供需矛盾突出。自 20 世纪 80 年代以来，水资源总量呈衰减趋势，而用水量却呈缓慢增长的态势，20 世纪最后 10 年与 1956—1969 年的 14 年平均值相比，年均降水量减少了 14.09%，河川径流量减少了 49.43%，水资源总量减少了 37.12%，人均水资源占有量减少了 59.40%，但总用水量平均增长了 0.96%。2006 年，全省农业用水占 57.8%，工业用水占 25.9%，城乡生活用水占 16.3%。目前实际供水量不足 60 亿 m^3，年缺水量约为 20 亿 m^3。全省人均年供水量为 190m^3，仅相当于全国平均水平的 45%。工业、农业和城乡生活供水全面短缺，供水不足已经成为制约经济社会可持续发展的重要因素。[3]

我们不得不正视黄土文明视域下的山西发展状况。当在历史中独具优势的资源渐已不复存在，甚至成为当下社会发展的制约因素时，我们需要做何反思，且诉诸怎样的行动，是摆在现实发展面前的紧迫课题。

320

---

[1]　参见行龙《以水为中心的晋水流域》，山西人民出版社 2007 年版，第 58—59 页。
[2]　参见陈新凤《经济转型期山西省可持续发展研究》，山西人民出版社 2010 年版，第 21 页。
[3]　同上书，第 54—55 页。

三　黄土文明：在传统与现代之间

在西方的目光中，黑格尔将中国指称为"东方文明""亚细亚社会"的代表。"亚细亚社会"象征着黄土文明，而欧洲象征着蓝色海洋文明；土地代表的只是"永无止境的依赖性"，而海洋却引领人们"超脱了大地的制约"。中国尽管以海为邻，但清朝政府对开拓海洋毫无兴趣，海洋不过是大地的尽头，直到西方舰船、使团等诸种势力介入，中国才如梦初醒。

按照黑格尔的观点：海洋文化的发生与发展，与海上贸易直接相关，但不一定相互覆盖，例如对海神的崇拜、海外文化的传播。从狭义文化学的观点来说，它可以与海洋经济融合，同时又有自己独特的空间。它是人类征服、依赖海洋，开展经济活动的一种系统方式，以特定的文化消费形式出现并存在。由于中国地理环境与西方（特别是欧洲）的差异，两者民族文化必然具有独特性。这种独特性的明显标志是，中国人往往把黄土文明作为民族的代表文化，也就是在主流文化中，我国的航海与海上贸易活动虽然早于西方民族，但由于其黄土文明主流文化的覆盖，其原始海洋文化中浸润了黄土文明的烙印，使其与西方（欧洲）的原始海洋文化存在差异。[①]

黄土文明从历史中走来，直到现在仍具有生命力，有中国传统的延续与传递，是中国传统之一部分。中国传统文化之所以有生命力，是因为它不断发展、充实。传统文化中的优秀成分，等于是把历史上无数杰出人物的宝贵心血、深刻思想和令人惊叹的创造珍藏了起来，为了未来的生命、未来的发展。中国传统文化有着强大的活力，其重要原因是这种文化是多民族的文化合成体。汉族文化是中国文化的主体，但中国文化又是多民族文化的合成体。中国文化是由汉、蒙、回、藏、维吾尔、苗、满、朝鲜等50多个民族共同创造的。各民族文化发展程度不同，但都有悠久的历史，都对中华民族的形成和文化的发展做出了贡献。从

321

---

① 参见黄浙苏《信守与包容——浙东妈祖信俗研究》，浙江大学出版社2011年版，第55页。

石器时代开始，这种多民族的多元文化合成已开其端。遍布祖国的上百个文化遗址，足以证明中国文化是多民族的合成文化。各民族的文化交融，使其色彩斑斓，内容丰富，生命力旺盛。

作为华夏文明核心的"黄土文明"，在中华民族多元的文化合成中，起到了至关重要的作用。在中国古代文明的发展中，黄土文明是最有代表性、最具影响力的主体文化。由于它的发展，带动、制约了其他文化的发展；同时作为主体文化，不断吸收其他文化的优点和长处来丰富充实自己，最终以一种文化为主，融会其他各种文化，构筑为一体化的文明体系。黄土文明在中国古代多元一体化的文化发展中，正扮演了这种角色，其主体地位和领导作用是不容忽视的。

黄土文明具有强大的凝聚和辐射作用，造就了中国古代文明由多元化不断走向大融合的历史趋势。由于长期的相互影响、相互渗透，在黄土区域内，多元文化之间形成了"你中有我，我中有你"的格局，发展为政治上"胡汉越夷共一家"；血缘上"华宗上姓与毡裘之种相乱"；经济上以农业为主，农牧渔业并举；习俗上"相忘相代，而亦不易而别"的民族文化大融合局面。① 这种以黄土文明为核心的多元一体文化系统，既有其主体特征，又有广泛的代表性，最终造成了中华文明的统一性和不可分割性，成为中华民族赖以生存和发展的源泉，是中华民族凝聚力所在。

从历史中走来的黄土文明向我们展示了"传统"中的东西并不都是过时的、陈腐的、僵死的、无用的。例如，在黄土文明的发展历程中，不管是其在农业发展方面呈现出的高度智慧，还是自成系统的乡土社会生活，或是在战事与灾难中培育出的民族情感和意志，都是现代社会的一笔宝贵精神遗产。最古老与悠久的文明往往会给当下的思想提供某种启迪，需注意从古代文化中汲取创造的灵感。而"现代"的东西也并不都是美好的、完善的，甚至也并不都是有益的。当前中西方知识界对"现代化"的批判并非没有充足的理由：自然环境的恶化、生态平衡的

322

① 参见贵州省中华文化研究会《传统文化与时代精神学术讨论会文集》，贵州人民出版社 1996 年版，第 96—98 页。

破坏、人际关系的冷漠、理想信念的破灭、生存意义的丧失、物欲的恶性膨胀，这一切都说明为世人所推崇的"现代化"社会远非人类的"理想国"或"伊甸园"，况且，西方的"现代化"经验要移植到东方的这块国土上，经常会面临水土不服的问题。

传统社会，比如以黄土文明为典型表征的乡土社会，人与自然紧密相连，社会稳定，人际和谐，情感生活真实而浓郁，宗教和艺术在乡民生活中占据更多的空间。近代以来，尤其是改革开放后，人与商品直接相关，金钱与权力结合，科学技术在使文化艺术生活普及化的同时也使它类化、单一化。信仰危机，道德沉沦，人们的物质生活虽然空前富裕起来，人的心灵世界反而显得空洞起来。看来，现代化的此种状态远非完美的状态。"商业化""工业化"还必须与民族丰富的文化底蕴结合起来，"现代"与"传统"的相容，不仅是可能的，而且是必要的，也是当务之急。①

传统与现代并不是截然对立的两个概念，现代实际上是由古代到无限的将来这一无穷延续中的一部分。在一些发展中国家，传统与现代之争常常是本土文化与外来文化两大文化系统相互碰撞引起的纠葛与冲突。但"传统"毕竟是一个社会赖以生存的根基，是一切社会变革的前提。对一个社会来说，传统具有保守性，也具有稳定性；对一个民族来说，传统具有封闭性，也具有凝聚性。现代化过程的核心问题，是如何使传统文化适应现代的生活方式，现代化的过程实质上是"传统系统"适应"现代环境"变化的过程，是"传统系统"适应"现代环境"变化的过程。传统并不是现代的敌人，反倒有可能在现代化过程中扮演重要角色，外来的"现代文化"如果不能与本土的传统文化系统很好地合作，甚至发生某种"迁就"性的变化，就不可能在那块土地上生根发芽。

传统的东西不应当被遗弃，传统在现实中也是割不断的。尤其像黄土区域内延续下来的历史悠久、内涵丰富、生命力旺盛的传统文化，更不是轻而易举地宣布一下"死亡"就可以忽略不计的。黄土文明仍在延

---

① 参见鲁枢元、陈先德主编《黄河史》，河南人民出版社 2001 年版，第 14—15 页。

续，尽管它不时会遭遇外部的冲击。问题的关键在于将"传统"赋予新的内涵。"传统至上论"与"传统取消论"均是不可取的，它们均将"传统"与"现代"截然地对立起来了。

传统的东西不应该被遗弃，我们当下的创造与发展需要从传统元素中汲取营养和灵感。而黄土文明的复归，重要的一点应该是朝向以土为代表的自然生态的复归，实现人与生态的和谐相处。回归乡土社会对自然敬畏的情怀，和自然融为一体，保持人与自然之间的和谐同步，是未来我们不得不走的一条路。

回归本课题"黄土文明·介休范例"，范例并不是某一文明本身。但是，它可以被看作根据从某一文明社会的历史中得到启示的若干特征，进行归纳与概括后加以实践。所以，范例是一种抽象，但同时又在相当程度上反映了某一文明社会的历史性格。反过来说，正由于范例具有这种性格，才使范例具有深入研究的价值。因此，不能只从范例能在多大程度上适用于某种文明去判断其价值，重要的是，为了能够理解适用于该范例因而成为该模式对象的文明的构造和性质，应该根据该范例究竟有多大指导意义，能给予怎样的启示，去判断该范例的价值。

后　记

清代顾祖禹提出："是故天下之形势，必有取于山西也。"从人文地理、经济地理的角度看，山西自古以来就是中华民族大融合的重要区域，不论北上塞外，还是南下中原，山西既是一个转折点，也是落脚点。在中国历史的长河中，许多伟大的帝国王朝在这里升起又衰落，山西是一个令人胸怀天下的所在，在中国历史上曾经占有十分重要的地位，然而近代以来，晋商败落了，山西落伍了，山西何以失去曾经的重要地位？[①]这不仅与明清以来山西地区出现的人口、资源、环境问题有关，同时也与国际资本主义的入侵有关。民国年间，阎锡山主政山西期间，这个内陆的省份被评为"模范省"，也曾有过短暂的辉煌。不过，这样的辉煌并没有持续多久，随着日本帝国主义占领山西，"模范省"也沦陷了。抗日战争时期，山西是革命老区，为全国抗战做出了重要贡献。从根据地时期到集体化时代，山西涌现了一批典型，西沟、大寨均是其杰出代表。然而，改革开放后的山西始终没能重现历史的辉煌。且近年来由于人口、资源、环境三者之间矛盾的加剧，山西始终面临着沉重的转型。山西将向何处去，转型的突破点在哪儿，这一直是政界和学界探讨的重要话题。

[①]　晋商的衰败与清朝的衰败同步而行，从外部条件来讲，鸦片战争之后，西方资本主义势力步步侵入，国内民族矛盾日益突出，清政府陷入内外交困、气运衰微的历史阶段。在多次战争中，晋商损失惨重。从内部的机制而言，这个群体已经失去了创业初期那种寸积铢累开拓进取的精气神，成为不折不扣的土财主，而没有将更多的资金用于发展当地的近代工商业。所以，晋商虽有钱，但山西没发展。加之，在新式银行竞争之下，晋商后人不能与时俱进，随着辛亥革命的到来，晋商最终走向衰败与衰亡。辛亥革命是晋商走向彻底衰败的一个关节点，也是山西近代历史的一个关节点。

面对现实困境，我们需要回溯历史，从历史中提取可供挖掘的资源以为现实服务。我们经常听到这样的话语："十年中国看深圳，百年中国看上海，千年中国看北京，三千年中国看陕西，五千年中国看山西。"历史地看，山西作为黄土文明的典型地带和华夏文明的重要发祥地，可谓历史久远。其文化渊源可追溯至 180 万年前的西侯度遗址，而新石器时代的遗址遍布山西。山西"表里山河"，且处于皇权旁，长期以来不仅是经济上也是政治上的中心。而且不论是从神话传说、考古发现，还是从文献记载来看，在"长时段"的演变过程中，山西的历史展示出延续性的特征。如何厘清历史发展的脉络，发掘、挖掘区域历史发展的规律，将学术自觉与文化自觉结合起来，进而为山西的转型发展提供知识与智识，这是我们需要思考的问题。从 2012 年开始，由介休市政府、我国台湾世新大学与人类学高级论坛合作，以"黄土文明"研究为学术焦点，围绕介休未来的文化发展战略开展研究，其目的在于以介休本土的文化传统为资源，既从人类学角度总结出黄土文明的理论成果，也为介休的未来发展提出独特而深厚的文化方案，这是一次从文化自觉到自觉发展的尝试。

在介休这样一个距今已有 2500 多年历史，素有"三贤故里"① 美誉的区域，蕴含着丰富的历史文化遗产。介休作为黄土文明范例所展示出来的独特内涵不仅可以丰富我们对于人类文明历史演进的理解，而且在全球化时代，这种区域性城市所展示出的独特魅力引发了我们对于西方式发展方式的重新思考，学术自觉、文化自觉与介休政府的自觉发展理念密切地联系在了一起。费孝通先生指出，"'文化自觉'指生活在一定文化中的人对其文化有'自知之明'，明白它的来历、形成过程、所具有的特色和它的发展趋向"。而"黄土文明·介休范例"这样的文化方案为人类文化与文明的研究搭建了一个平台。在多次、长期的调查过程中，不仅仅是政府官员对于人类学有了新的认识，通过实地走进"异文化"和"他者的世界"，也使人类学这门基础学科被介休普通民众所认知。

---

① "三贤故里"分别指春秋时期割股奉君的介子推、东汉时期博通典籍的郭林宗、北宋时期出将入相五十载的文彦博。

　　2014 年 9 月，在"人类学与黄土文明·第十三届人类学高级论坛"开幕式上，笔者在发言中对于黄土文明的研究阐述了三个方面的意义："第一，在中国文明的重要发祥地创立中国人类学研究的实验地，希望人们可以一代一代地研究下去；第二，中国的黄土文明是一种延续的文明，极具代表性和世界性，通过黄土文明研究可以与世界学术界进行对话；第三，通过创立中国人类学研究的实验地，与历史学、地理学、生态学等其他学科对话。"

　　介休范例的研究体现了人类学研究方法、中国人类学的本土化和国际化、中国社会历史文化研究三者的统一。改革开放后，人类学的本土化形成一股讨论的热潮。本土化应该包含两方面的内容，"一方面是保持学术上的独立地位以及本土的特色来为本土服务；另一方面要注意学术的普遍性或者说世界性，使本土人类学能与世界同行交流，并为世界做出贡献"。介休范例的研究其实是继承了吴文藻、费孝通、林耀华等前辈学者所走过的道路，借鉴学者在华南、西南、西北等区域的研究经验，进入华北这样一个黄土文明孕育下历史文化区域展开的多学科研究。

　　中国历史的悠久、社会的广博、多元文化的差异，为中国人类学乃至中国文明史研究，均提出了充满机遇和挑战的方法论问题。而"黄土文明·介休范例"恰好提供了这样一个宝贵的机会和平台，以黄土文明为宏观视野和解释框架，立足介休地方社会史和民族文化发展脉络，展开跨学科综合性区域文化研究，为中华文明的起源提供新的解释路径，为中国人类学更加开放的学科研究体系开辟空间。在此意义上说，介休范例的研究为回应乔健先生所提出的"中国人类学的困境"进行了初步的实践。而这样的研究也可以像乔健先生期望的那样："拓展中华文明起源和文化模式的科学研究，为世界文明史提供中国经验与历史依据，并为共同推进中国人类学走向更高程度的本土化和国际化奠定研究基础。"而要实现这样的期许，首先应该进行的是"眼光向下的革命"——走向田野，走向民众，回到历史现场去感受黄土文明的浑厚，让文化持有者发出自己的声音，而这些工作是课题开展的前提与基础。

　　"黄土文明·介休范例——历史篇"课题组负责人是中山大学人类学系周大鸣教授，课题组参与人员有山西大学中国社会史研究中心教师郭永平，中山大学人类学系博士后王真真、博士李陶红。从 2013 年 11 月开始，课题组成员就在周大鸣教授的带领下，深入介休的城市与乡村，展开了实地调查。在此之后，课题组成员又多次到介休开展调查。正是通过文献与田野之间相互融合、历史与现实解读视野相结合的路径，实现了对区域社会历史与现实的深度理解。在这里应该提及的是，2014 年 7 月，周大鸣教授、程瑜副教授在炎热的夏季，亲自带领中山大学本科生赴介休进行了为期一个月的调查。这次调查分成了两个组，分别是大靳村调查组，由周大鸣教授带队；北贾村调查组，由程瑜副教授带队。同时，周大鸣教授的博士后王真真对介休建筑以及人居环境进行了调查，博士生李陶红对洪山村这个介休的古村落进行了考察。大靳村和北贾村的调查报告各 20 余万字。通过调查，让当代大学生加深了对于介休这样一个黄土文明孕育下的区域社会的了解，同时也将人类学的学科理念、知识脉络、研究方法传播给了介休的乡村民众。尤为重要的是，调查中对于地方历史文化的关注、对于地方民众现实生活的关怀，以及在此基础上就地方社会发展提出的一些意见与建议，本就是践行着人类学的人文理念与现实关怀。

本课题能够立项、本报告能够顺利完成，首先我们要感谢课题的发起者和倡导者——我国台湾世新大学讲座教授乔健先生。乔先生的学术地位早已是学界共知，在耄耋之年，他仍然一如既往地将自己的满腔热情投入学术的殿堂中，主持了这样一个大型的跨学科项目，他的赤子情怀、学人风范，永远是我们学习的榜样！乔先生的祖籍是介休，介休不仅历史久远，文化底蕴深厚，更重要的是介休的广大领导能够高瞻远瞩，多年来实践着"文化自觉到自觉发展"的理念，在课题开展过程中，更是全力以赴予以支持。在此，我们感谢介休市政府！感谢介休市市长王怀民先生对课题研究给予的充分理解、关注和支持！没有来自介休市政府和政协的真诚合作与鼎力协助，如此大型的综合课题的顺利开展和如期完成是难以想象的。而在课题组成员多次赴介休调查过程中，都受到家人般的亲切接待和悉心照料。调查中，不论是回到历史现场，还是走进"他者的世界"，都离不开介休市政协的大力支持。为了确保我们在考察点顺利开展调查，介休市政协相关领导和工作人员，多次牺牲自己宝贵的节假日亲自陪同调查。而在我们开展调查前，政协副主席郝继文先生和文史办公室主任张志东先生已经多次前往各考察点，亲自为我们落实交通、食宿等具体事宜，帮助我们预先解决了许多实际问题。在此，我们要特别向郝继文先生和张志东先生致以真诚感谢！同时，感谢介休市政协一直以来提供的真诚帮助！

在历次实地调研的过程中，我们还得到了镇、乡、村各位领导、相关单位和同志的认可与支持。没有他们的切实帮助和引导，我们不可能在短时间内迅速对介休建立全面、深入的认识与了解。他们分别是绵山镇大靳村、张兰镇北贾村、洪山镇洪山村、义安镇北辛武村各级管理部门、负责人和相关单位，谢谢他们给予我们的照顾与关怀！

最后，谨以历史篇课题组全体成员的共同名义，向所有曾经帮助过我们的各位领导、各相关单位，以及老师、同人、朋友，特别是各位德高望重的前辈学者，表示真诚感谢！同时，还要感谢介休的普通民众，他们才是文化的持有者与历史的创造者！

总之，以介休这样的区域研究为切入点，以黄土文明厚重的历史积淀为依托，深入分析历史发展逻辑和文化模式所蕴含的自身规律，可以提升人类学的理论水平，更新现代人类学的知识架构。这将为人类学学科体系的完善和中国学界话语体系的建立做出重要贡献，为人类文明史的研究提供典型范例。这种学术自觉正是秉承着当年马林诺夫斯基对费孝通"文明社会"研究的期待，也是在回应乔健先生提出的"中国人类学的困境"，更能通达弗里德曼所预言的"社会人类学的中国时代"的到来。此外具有现实意义的是，深入开展地方社会史和民族文化传统系统研究，对于今天处于快速城市化进程中的地方社会至关重要。这不仅有助于激发当地社会形成文化自觉意识，积极构建主体身份认同，应对城市均质化发展的挑战，也为区域民族文化传统的保护、传承和科学发展提供了专业依据和决策参考。这种理论价值与应用价值的并重，学术自觉与文化自觉的双重考量，是中国人类学的突出特征。而"介休范例"的实验，还只是一个良好的开始。

329

2015 年 6 月 12 日